书中自有 Economics 经济学

梁小民 著

梁小民趣讲 50 本经济学书

生活·讀書·新知 三联书店

Copyright © 2023 by SDX Joint Publishing Company.
All Rights Reserved.

本作品版权由生活·读书·新知三联书店所有。
未经许可，不得翻印。

图书在版编目（CIP）数据

书中自有经济学：梁小民趣讲 50 本经济学书 / 梁小民著. — 北京：生活·读书·新知三联书店, 2023.9
ISBN 978-7-108-07565-9

Ⅰ.①书… Ⅱ.①梁… Ⅲ.①经济学－通俗读物 Ⅳ.① F0-49

中国国家版本馆 CIP 数据核字 (2023) 第 110814 号

责任编辑	李	佳
装帧设计	刘	洋
责任校对	张	睿
责任印制	卢	岳
出版发行	生活·讀書·新知 三联书店	
	（北京市东城区美术馆东街 22 号 100010）	
网　　址	www.sdxjpc.com	
经　　销	新华书店	
印　　刷	河北松源印刷有限公司	
版　　次	2023 年 9 月北京第 1 版	
	2023 年 9 月北京第 1 次印刷	
开　　本	635 毫米 × 965 毫米　1/16　印张 18.25	
字　　数	242 千字	
印　　数	0,001 - 6,000 册	
定　　价	59.00 元	

（印装查询：01064002715；邮购查询：01084010542）

目　录

1_ 序　言　书中有什么？

5_ 从教科书开始
　　——《经济学原理》及其他

16_ 用侦探小说讲经济学
　　——《边际谋杀》《致命的均衡》《夺命的冷漠》《看不见的手》

30_ 博弈论初步
　　——《博弈论与生活》《策略思维》

41_ 走近真实的亚当·斯密
　　——《亚当·斯密传》《拯救亚当·斯密》

52_ 创新的机遇
　　——《战争的果实》《现代医学的偶然发现》

64_ 艺术与金钱
　　——《疯狂经济学》《名利场》

76_ 流行病如何影响历史
　　——《传染病与人类历史》《黑死病》

*87_* 人与环境
　　——《寂静的春天》《汤姆斯河》

*98_* 气候与经济：历史
　　——《气候创造历史》《全球危机》

*109_* 气候与经济：现在
　　——《气候赌场》《气候经济与人类未来》

*120_* 从远古的国际贸易到全球化
　　——《茶叶、石油、WTO》《一件T恤的全球经济之旅》

*131_* 全球化的两个节点
　　——《公元1000年》《1493》

*141_* 工业革命与全球化
　　——《征服海洋》《钢铁之路》

*152_* 回望丝绸之路
　　——《丝绸之路新史》《穿越丝路》

*163_* 英国的现代化
　　——《现代世界的诞生》《工业与帝国》

*176_* 民粹主义害了拉美
　　——《掉队的拉美》《安第斯山脉的生与死》

*187_* 从历史和现实看诈骗

　　——《骗局》《钓愚》

*198_* 金融诈骗

　　——《庞兹的骗局》《贼巢》

*209_* 锅中有致死的毒物

　　——《美味欺诈》《屠场》

*220_* 历史塑造企业

　　——《公司简史》《跌荡一百年》

*230_* 民国时期企业与政府的关系

　　——《上海资本家与国民政府》《枪炮与货币》

*241_* 民国时期上海民众的生活

　　——《上海工人生活研究》《上海社会与文人生活》

*252_* 商业名门望族：中国

　　——《儒商常家》《江南席家》

*263_* 商业名门望族：欧洲

　　——《美第奇银行的兴衰》《罗斯柴尔德家族》

*275_* 从小说看商帮

　　——《白银谷》《大清商埠》

序　言

书中有什么？

书中有什么？古人告诉我们，有"黄金屋"，有"颜如玉"。可惜几千年过去了，在书中找到"黄金屋"和"颜如玉"的人凤毛麟角。用这样的功利心劝人读书未见其有效。

书中有什么？其实书中有的不是金钱、美女之类，书中有的是知识和思想这类精神上的东西。有了知识和思想，实现的就不会仅仅是"黄金屋"和"颜如玉"，而是让这世界更美好，让你的人生上一个更高的层次。读书改变人生，不是让你一夜暴富，艳遇无数，而是让你从无知变为有知，从无能变为超能，从庸俗变为高雅，成为一个全新的人。我的书是给你经济学知识的，让你学会用经济学的方式思考人生与世界，所以取名为"书中自有经济学"。

这本书的起源也有点缘由。大约是前年下半年，一家著名的读书网络公司找我，建议我做个节目，介绍与经济学相关的书。我觉得这个建议很好，于是开始选书，写讲稿，也做了试讲。但后来我发现他们负责审稿的主管，不懂这个讲座的意思，也不懂经济学，但自视甚高。每篇稿子都提出了不靠谱的意见，还要我按他的意思改。比如，我在介绍曼昆的《经济学原理》时，为了说明这本书如何有趣地介绍经济学，用了其中的一个案例"亚当·斯密也会喜爱优步"。他居然提出，网上约车也有犯罪活动出现，要我加上网约车的问题，并提出改进建议。这不是荒唐透顶吗？我并不是讲网约车，而且这个课程也不是分析现实经济问题，只是讲书，涉及那么多网约车问题，岂不是画蛇添足吗？几乎我写的每一篇稿子都有如此让人哭笑不得的"圣旨"。于是，我中断了这个合作，一切努力付诸东流了，我浪费了点时间。不过好在我已是个八旬老人，时间不是稀缺资源了。但介绍与经济学相关的书，这个想法很好。于是我决定以此为题写一本书，并定名为"书中自有经济学"。所以，能写出这本书还要感谢这家网络公司的好主意。

这本书该如何写呢？近年来，我写过几本介绍书的书，有的以介绍内容为主，如《读经济学书》（东方出版中心，2019年）、《书海拾贝》（东方出版中心，2021年）、《书山寻宝》（中国友谊出版社，2022年）；有的以评论为主，如《随书而飞》（北京大学出版社，2014年）、《无用才读书》（北京大学出版社，2017年）、《想读》（上海书店出版社，2013年）。这本书我想以"主题"为中心，以介绍为主，兼有议论。

这本书也是介绍评论书的，但与过去的不同在于，过去书中的介绍，完全从自己的兴趣出发，介绍得相当杂，不仅有经济的，也有其他的。这次介绍的书则都要与经济学相关。当然这里说的"与经济学相关"并不一定是直接写经济问题的书，也可以是包括了经济学思想的其他书，如历史、文化、小说等。或者作者写书时并没有包含经济学的意思，是我从中挖出经济学的意思。

写法定了，就要确定与经济学相关的题目，这里说的经济学是极其广义的，所以可选的题目范围也极广，我选了25个题目。选择的标准并不是在经济学中的重要性，而是：其一，估计大家能有兴趣，也极为关注的；其二，能找到合适的书的。

原来的想法是选50个题目，但后来只选了25个。这一是因为如果是50个题目100本书，这个篇幅就有点大，书太厚了。二是许多题目尽管重要，但还没找到合适的书，例如货币、养老、妇女、企业、消费、分配等。如果读者朋友觉得这种写法不错，可以接受，我会再写下去。

既然是分题目介绍与经济学相关的书,大部分文章就分为三部分。第一部分介绍与这个题目相关的经济学知识,第二、三部分各介绍一本书。介绍书以介绍内容为主,兼有与书相关的知识和评论。对每本书的介绍并不一样,这取决于书本身的特点。有的书是按章介绍的,有的书进行综合介绍,还有的书以介绍背景知识为主。我的目的是通过这些介绍,让你对这本书有所了解,然后选书去读。我也知道,朋友们太忙,很难有多少时间去读这些书。所以介绍一本书的内容,就是让你没时间读书也可以粗略了解这本书的内容。我先代你读,告诉你这本书写什么。你有时间自己再认真读,没时间就算知道这本书写什么了。我是做了你的"读书秘书"的工作。

本书最难写的也是介绍一本书的内容这一部分。一本几十万字的书,要在两千多字的文章里介绍好并不容易。这本书的关键与精华是什么?如何概括性地介绍出来,如何很忠实地告诉读者这本书的内容,都是费心的。不少书看了许多次,也写了几个介绍的草稿,但要达到满意还不容易。最后也只能就这样了。大家读了我的文章再读原著,一定会感到有许多不足之处,尚待改进。

这本书也是我下力气最大的一本书。过去写文章,写书,都是构思好了,一次完成。但这本书写了三次。第一次为讲课写讲稿,当然仅仅是草稿,有个较详细的思路和内容而已。第二次是正式认真地写,这就算完成了初稿,要在过去就这样交上去了。但这次写完初稿,放了些天再看,自己也不甚满意。于是根据初稿又重写一次,当然重写又要重新读书。也许对其他作者来说,还会写第四甚至第五稿。但我觉得,限于自己的水平,年老了又智力衰退,再写会好些,但大体不过如此吧,于是就算是最后一稿了。

书中的每篇文章都在8000字以上,有点长,不算是老太太的裹脚布,但也不是林语堂先生要求的少女的裙子——越短越好。主观愿望是尽量多地给读者读书提供一些资料,尽量把我知道的、觉得有用的都告诉大家。最后一次写时,不仅没减少,还增加了一些。对本书未介绍的与题目相关的书,都把书名写上了,有些同一作者的书，我觉得重要，也把书名写上了。这就是给读者提供一个延伸阅读的书单。

  我是三联书店四十多年的老读者、老作者。承蒙他们的关心与支持，这本书仍由他们出版。三联的副总编何奎先生是经济学博士，他出于专业眼光对这个选题表示了支持，并对全书提出了许多有意义的建议，谨表深深的谢意。三联文化分社原社长徐国强先生是我多年的老朋友，我对他主编的"新知文库"景仰有加，我的《经济学夜话》也是他编辑的。如今他已离开三联，但仍关心本书的写作。这份友情永远温暖着我的心。我至今不会打字，且以"老狗难学新把戏"为由不学。用笔写作已成习惯。在稿纸前拿起笔就能思考，能写下去。但坐在电脑前就成了"白痴"，满脑子茫然无知。写了一辈子字，写字毫无长进，让我汗颜。这就要辛苦责编李佳女士，对这些字进行辨认、加工，真是太辛苦了。

  书写出来了，还希望各位朋友指正。

2020年2月20日
怀柔居所

从教科书开始
——《经济学原理》及其他

读与经济学相关的书会遇到许多经济学的专业名词、概念和理论。只有掌握这些基本知识,并学会用经济学的思维来考虑问题,书才能读好,也才能全面而深刻地理解书中所蕴含的思想,得到启发。所以,读与经济学相关的书,先从经济学教科书开始。

一

任何一门学科都有自己的研究对象与方法,由此形成了自己学科独有的专业术语、概念和基本理论。学习一门学科就要从掌握这些基本知识入手。系统、全面地掌握一门学科的这些基本知识,最方便的捷径就是从读这门学科中最好的一本教科书入手。学习经济学,读与经济学相关的书,也必须从读一本好的教科书开始。

每一门学科都有大量适用于不同层次人的教科书。这些不同的教科书可以分为高级、中级与初级入门的。对于从未学过这门学科的人来说,一定要从初级入门的教科书开始。

即使初级入门教科书也有大量不同的版本,各有不同的适用性,也各有自己的特点。适于初学者读的优秀教科书,应该同时具有以下四个特点。

第一,要能全面而详细地介绍这门学科的所有基本知识。这就是说，对一门学科的介绍要全面，不能漏掉任何重要的内容。同时，对重要基本知识的介绍要详细，不能一笔带过。

一般而言，针对研究生的中高级教材，有自己要突出的重点，而忽略或故意略去在初级教科书中已讲过的内容。对初学者而言，有点"阳春白雪"，并不适用。针对普通公众的普及性小册子，往往有自己介绍的重点，而且也不必要求面面俱到的全面性，也不适合初学者。适合初学者的，一般来说是大学一年级新生所用的教科书。以经济学而言，就是美国各大学"经济学101"课程使用的教科书。

第二，版本要新，要能反映出这门学科最新的进展。每一门学科都在不断发展，淘汰过时的旧内容，采纳新出现的内容。同一学科不同时期写的教科书反映了当时这门学科发展的最新动态，但不一定适合以后使用。教科书的更新十分重要，不能几年，甚至十几年、几十年一贯制。在经济学中，许多重要的教科书一般是三年一个新版本。每个新版本都根据这三年中经济现实与经济学本身的变化进行修改。有些教科书，即使名气很大，但也不可能永远适用。远的比如英国经济学家马歇尔的《经济学原理》，在20世纪30年代之前是最权威、最著名的教科书，几乎全世界的大学都把它作为教科书。但30年代凯恩斯主义出现后，它就过时了，作为教科书被淘汰了。现在有人读，是把它作为经典著作，并不是作为教科书。近的如美国著名经济学家萨缪尔森的《经济学》。这本书初版于1948年，创建了一个把微观经济学与宏观经济学综合在一起的"新古典综合"体系，反映了当时经济学的最新发展，迅速取代马歇尔的《经济学原理》，成为畅销全球的教科书。尽管以后每三年更新一版，而且从第12版起著名经济学家诺德豪斯也加入合作，进行了全面改版，但从今天来看，它的整个体系已有些过时，所以现在用这本教材的大学也不多了。长江后浪推前浪，总有更好的教科书出现。

第三，教科书是为初学者而写的，内容，尤其是基本概念的介绍一定要准确而简练。"准确"，就是对这些概念的解释要分毫不差，不能有歧义存在，引起初学者误解，否则会给他们以后的学习带来困难。"简练",就是要言简意赅,或者说简单明了,让初学者一看就懂。对初学者来说,解释得过于复杂,要求面面俱到,反而会使他们摸不着门道,抓不住中心。

第四,在写法上要通俗而有趣。有些教科书写得过于深奥,摆出一副高深莫测的样子,让人望而生畏,哪敢走进这个学科的门?有的教科书把简单的问题复杂化,把读者绕进去了,让读者一头雾水。还有的教科书,写作风格学术化、教学化,只有干巴巴的定义,空洞又抽象,一点趣味也没有,谁能读下去?现在的许多教科书都用案例教学法,用日常生活中人们熟悉的例子来说明这些基本知识,处处结合实际,这才能受到欢迎。

谁写的教科书好呢?写教科书并不是简单的胶水加剪刀式的编撰,而是一种认真的写作。尽管教科书是综合性的,并没有多少东西是作者自己独创的,但写教科书是一门大学问。作者在一个学科中并不一定是某个方面的开创者或权威,但一定要对整个学科有全面而深入的了解,并不断跟踪本学科的最新进展。他们不一定是对某个方面有极深造诣的"刺猬",但一定是在本学科甚至相关学科涉猎面极广的"狐狸"。而且要对本学科的基本知识有全面、系统又准确的理解。有些专业词汇、概念,别人不一定了解如此透彻,但教科书作者一定要清楚。同时,教科书作者还应该有广博的知识,通俗、幽默有趣的文风,写出来的教科书才受人欢迎。这与对专家的要求不同,所以名牌大师不一定能写出,也不一定愿意写教科书,许多获得诺贝尔经济学奖的经济学家就没有写过,也不想写教科书。写教科书与专著是两回事。

有些顶尖级专家具有写教科书的能力,也愿意写,所以他们也写出了极优秀的教科书,且由于他们的名气,他们的教科书更容易畅销。比如马歇尔的《经济学原理》、萨缪尔森的《经济学》、斯蒂格利茨的《经济学》等。但大量教科书还是本领域内的一般学者写的。他们并非这一学科的权威学者,也没有什么开创性研究,但他们具备了写教科书的条件,且长期从事教学工作,了解学生需要什么，如何讲给学生才有效，所以也写出了极优秀且畅销的教科书。90年代我在美国进修时，许多大学用的是加拿大经济学家迈克尔·帕金的《经济学》。我曾经听过康奈尔大学的老师用这本书作教材讲的"经济学101"课程，也认真读过这本书，觉得这本书比萨缪尔森的《经济学》有极大进步，非常适于初学者作为入门教材。回国后我翻译了这本书，并由人民邮电出版社出版，市场反应也甚好。迈克尔·帕金并非顶级经济学者，但他长期在加拿大西安大略大学，美国布朗大学，英国曼彻斯特大学、埃塞克斯大学任教，有丰富的教学经验，写出了这本曾在欧美流行的经济学教科书。

在众多经济学入门教科书中，我们只选一本，这是哪一本呢？

二

20世纪70年代以来，美国通胀严重、失业率高，许多经济学家对国家干预经济的政策提出质疑，代表凯恩斯国家干预主义的新古典综合派受到责难。这个学派在美国经济学界一统天下的时代已经过去，代表这个学派的萨缪尔森《经济学》在学界的地位也随之动摇。加之这本书尽管每三年修改一次，且出版了修改相当大的第12版，但人们感到它的体系、内容、整体框架都有些过时。于是，大量新版的经济学教科书面世，其中斯蒂格利茨的《经济学》和迈克尔·帕金的《经济学》也曾相当流行。但90年代之后，一本全新的经济学教科书上市，迅速受到欢迎，成为各大学"经济学101"课程的教材，畅销全球。这本书就是美国经济学家曼昆的《经济学原理》（上、下册，梁小民、梁砾译，第八版，北京大学出版社）。我们推荐的正是这一本教材。

这本书的作者格里高利·曼昆毕业于普林斯顿大学和麻省理工学院，获博士学位。他在博士论文中提出了"菜单成本"的概念，用于解释总供给对价格变动反应的滞后性，进而解释总供给的特点与经济周期。这是新凯恩斯主义经济学把宏观经济学建立在微观经济学基础上的重大发展之一，已进入教科书。他在哈佛大学两年就被擢升为正教授（一般博士毕业后，从助理教授到正教授需要十年）。他还出任过小布什政府总统经济顾问委员会主任，参与并主持美国经济政策的制定。他是现在占经济学主流地位的新凯恩斯主义经济学派的代表人物，是大师级经济学家，由他写的教科书当然是大师之作。

这本书的出版经历也不平凡。1995年，美国一家出版社向经济学家征求一本集通俗性、知识性和趣味性于一体的经济学普及著作，出价130万美元。曼昆教授写的书中标。书写成后，这家出版社把它转让给德累顿出版社。德累顿出版社认为，如果把书写成教科书形式，会更畅销。于是要求曼昆保留原书风格，改为教科书，并再加10万美元。最后该书初版成交价为140万美元。1998年该书出版，首印20万册，一销而空。它很快代替萨缪尔森的《经济学》和其他已畅销的经济学教科书，成为各大学"经济学101"课程的教科书。到现在这本书已被译为15种文字，畅销全球。

我国在1999年由三联书店和北京大学出版社共同出版了我译的该书第一版。该书出版后迅速被许多大学作为"西方经济学"课程的教材，极为畅销，以后各版在国内多次获奖，包括第二版获中国图书奖，且为唯一获奖的译著。至今该书已出到最新的第八版，八版的总销售在千万册以上，还有大量盗版书。

这本教科书能在众多教科书中独占鳌头，靠的不是广告，不是营销技巧，而是书本身符合优秀教科书的标准，有其他教科书无法替代的优点。

这本教科书的一个独创是把复杂的经济学内容概括为经济学十大原理。这十大原理是：人们面临权衡取舍；某种东西的成本是为了得到它所放弃的东西，即机会成本；理性人考虑边际量；人们会对激励做出反应；贸易可以使每个人的状况都变得更好；市场通常是组织经济活动的一种好方法；政府有时可以改善市场结果；一国的生活水平取决于它生产物品与劳务的能力；当政府发行了过多货币时,物价上升;社会面临通货膨胀与失业之间的短期权衡取舍。

这十大原理中,前七个是关于微观经济学的,后三个是关于宏观经济学的。这十大原理是经济生活中最重要的十个问题,也是经济学研究的十大问题。经济学是选择的科学,这十大原理就是对选择问题的具体化。而且,这十大原理抓住了经济学的核心,有纲举目张的作用。初学者记住这十大原理就便于掌握和理解经济学的内容,在复杂的经济学中不迷路。

经济学涉及许多对初学者来说陌生而又不好理解的概念与专业名词。对这些概念和专业名词的理解是学习经济学的关键。这本书对这些概念和专业名词下的定义准确、清晰、简单。"准确"就不会给初学者带来误解;"清晰"让初学者易于理解,一看就懂;"简单"则好记,不易忘掉。这体现了这本书科学性与通俗性的统一,而且也有利于纠正一些误解。比如,它为"理性人"下的定义为"系统而有目的地尽最大努力实现其目标的人"。这就纠正了许多理解的两个误解。第一,许多人把理性人等同于经济人。"经济人"是追求个人利益最大化的人,但理性人追求的目的不一定全是经济利益。当他以经济利益为唯一目的时,他就是经济人,但当他的目的并不是经济利益时,他就不是经济人。这时理性人就不等同于经济人。这种区别十分重要,可惜不少人都忽略了。第二,许多人把理性人等同于"正确的人",这也是一种误解,当他的目的正确,且实现目的手段也合适时,他是正确的人。但当他的目的不正确,或者实现目的手段不正确时,理性人就不等于正确的人。这个准确而简单明了的定义澄清了这两点误解,对初学者十分重要。

这本书遵循了经济学教科书的传统,三年出一个新版,这就反映了经济现实和经济学的不断发展更新。这本书的各版都保留了初版的基本框架和结构,保持了读者习惯的一贯风格。但有两次重要的变动。一次是第 3 版,增加了两章。第 22 章"微观经济学前沿",介绍了微观经济学的三个重要发展,即介绍信息不对称理论的不对称信息经济学,介绍用更广泛的理论分析人类行为的行为经济学,以及介绍公共选择理论的政治经济学。这三种理论是80年代后微观经济学最新的发展，且得到经济学界公认。这些理论的创建者都获得了诺贝尔经济学奖，加入这些内容可以使初学者了解经济学的最新进展。第27章"基本金融工具"，包括现值评估、风险管理和资产定价，对了解金融市场的运行、做出投资决策，以及了解宏观经济学，极为重要，初学者应有初步了解。另一次是2009年第5版，增加了2007—2008年全球金融危机及政策变化的内容。这既反映了经济中新出现的重大事件，又可以使初学者对这次金融危机有所认识。每一版在正文论述文字以及所用的案例上都有改动，以使初学者读来有新鲜感。

《经济学原理》并不是学究式的只讲理论，而是通过许多我们熟悉的事情、故事来讲经济学。如用网球名将威廉姆斯与邻居女孩玛丽的交易来说明交易有利于双方，用NBA球星罗德尼不上名牌大学而去NBA打球说明机会成本，等等。这样的写法贯穿了全书。特别应该指出，作者在书中开设了三个专栏："案例研究""新闻摘录"和"参考资料"。"案例研究"用案例分析说明经济学道理，这些案例都是我们在日常生活中熟悉的。用这些案例分析讲经济学，让初学者感到经济学就在日常事务中。经过作者分析，你了解了这些事例所包含的经济学含义和道理。"新闻摘录"是从知名报刊上摘录的相关内容，分析其所说明的经济学道理。这些事例都是发生不久的事，读起来可以贴近时代脉搏。"参考资料"是对所涉及知识的延伸介绍，可以扩大初学者的知识面，知道某个经济学理论的来龙去脉。而且这三个专栏每一版大约更换三分之一，让读者跟上了时代的步伐。

全书在每一章之后都有"内容提要"和"关键概念"，有利于初学者掌握重点。同时还有"快速单选""复习题"，以及"问题与应用"，初学者可以通过这些题目来掌握内容、理解内容、学会应用，也有助于学生应付考试时的复习。

翻译这本书时，我深感作者还是一位语言大师。文字简练、通俗，而又不失幽默与风趣，读来既不艰深，又没有学究式的枯燥，不仅内容上实现了通俗性与趣味性，而且文字上也做到了。如果你读一下英文原版，就可以体会到这一点。

这本书分上下两册，一百多万字。对许多人来说，认真读完还是不容易的。不过作者想到了这一点，所以出了一个名为《经济学基础》（梁小民、梁砾译，北京大学出版社，2020年）的缩写本，挑出了原书的重点篇章，内容只有原书的一半。当然，也可以买一本详细的，没有时间读，没关系，当读书遇到不明白的问题，再找书读读相关章节，当一本"经济学百科全书"来用。

三

大家都会注意到，本书中大部分文章副标题都是两本书名，而这篇是一个书名加一个"及其他"。这有什么不同呢？两本书名作为副标题是说，这两本书是围绕同一主题的，虽然在介绍时有先后，但重要性相同。这篇文章是一个书名加"及其他"，表明只推荐一本书，其他是作为参考，当然就只有这一本重要，其他是让你知道，还有其他书有助于你了解经济学的基本知识。这篇文章的"其他"包括三种书，都是普及经济学的，也都各有自己的特色。

第一种是美国经济学家史蒂芬·列维特和记者史蒂芬·都伯纳合写的《魔鬼经济学》。这套书共包括四本："01：揭示隐藏在表象之下的真实世界"（王晓鹂译，中信出版集团，2016年）；"02：拥有清晰思维的艺术"（曾贤明译，中信出版集团，2016年）；"03：用反常思维解决问题"（汤珑译，中信出版集团，2016年）；"04：用'有色眼镜'看清世界"（王晓鹂译，中信出版集团，2016年）。

这套书的作者之一史蒂芬·列维特是芝加哥大学教授，曾获得约翰·贝茨·克拉克奖。该奖授给美国40岁以下最负盛名的经济学家，有"小诺贝尔奖"之称，因为获得此奖的不少经济学家以后都获得了诺贝尔经济学奖，可见列维特是一位相当有才华、有贡献的经济学家。另一位史蒂芬·都伯纳是一位作家、记者、电台和电视名人，曾任职于《纽约时报》。这两位作者共同合作，结合了经济学专业知识和记者的文采，使这套书在美国极为畅销。引进中国后，中文版也相当畅销。这套书并不是一套系统的经济学教科书类型的书，而是用经济学去分析美国社会的事例，揭示这些事例所包含的经济学道理。这是一套普及经济学的书，写得生动、活泼而有趣，所进行的分析也颇有见解。在读完教科书，了解经济学基本知识的基础上，读这套书是有益的。这套书的例子都是美国社会的，有些也许有点陌生，但还是有助于我们了解美国社会的真实情况。

第二种是国内学者薛兆丰先生的《薛兆丰经济学讲义》（中信出版集团，2018年）。这本书的内容曾在网络上播讲，听众超过25万人，可见其内容也十分受欢迎。写成书出版后也相当畅销，这本书2018年7月出版，我拿到的是11月的重印本，已经是第9次印刷。

这本书不是按教科书的标准模式写的，全书共10章。重点在与人们日常生活关系更密切的微观经济学上，共9章。宏观经济学只有最后第10章这一章。这一章只有讲货币和经济周期的真正属于宏观经济学，最后一节"公共选择"传统上仍属于微观经济学。微观经济学的内容也并不按传统微观经济学顺序讲，而是有自己重点要介绍的内容。从现实中最需要解释的问题入手来选择要讲的内容，完全摆脱了传统的教科书写法正是本书的优点，也是它能吸引读者的原因。

这本书的目的是让读者学会运用经济学的思维方式，理解现象背后的经济逻辑，在复杂的世界里做一个明白人。全书介绍了经济学的一些核心概念，如稀缺、成本、价格、交易、信息不对称、收入等。全书用案例分析的方法，从我们日常生活中常遇到的事情中分析其中所包含的经济理念与逻辑，让读者读起来既有趣，又能有收获。即使从未学过经济学的，从这本书中也能受到许多有益的启示。

第三种是我最新出版的《经济学夜话》（上册"微观篇"，下册"宏观篇"，三联书店，2022年）。我一直重视普及经济学，这对大众极为重要。为什么现在网络诈骗如此猖狂，许多人上当受骗？说到底还是不明白经济学的两个基本道理：天下没有免费的午餐以及市场上信息是不对称的。不了解前一点，就总想"天上掉馅饼，正好砸我头上"，这就容易被骗子诱惑了。不了解后一点，不知道骗子如何做局，甚至上了当还不明白。

在普及经济学方面，我写了《经济学是什么》《寓言中的经济学》《写给企业家的经济学》《微观经济学纵横谈》《宏观经济学纵横谈》等书，这些书在市场上相当受欢迎，都在台湾和香港出了繁体字版，《寓言中的经济学》还被译为韩文在韩国出版，《微观经济学纵横谈》被收入"中国文库"。其中有些书还有盗版，我就买到过一本盗版的《寓言中的经济学》。

《经济学夜话》是最新写的。全书共分上下两册：上册为"微观篇"，包括"导论篇"和"微观篇"，介绍经济学研究对象与方法，一些重要的概念，以及微观经济学的内容；下册为"宏观篇"，包括介绍宏观经济学内容的"宏观篇"和介绍经济史故事与经济学家故事的"史传篇"。全书共200篇文章，每篇1800—2000字，围绕一个问题。各篇都是独立的，但前后之间仍然有联系。

这本书也不是教科书，但包括了入门级教科书应该包括的内容，让大家对经济学有全面的了解。在这一点上不同于以上两种书。

我一向主张所读的书要有意义，能给人知识或启发，又要有趣味，让人读起来兴趣盎然，津津有味。我写书也努力达到这两个目的。所以，写法就不是只讲道理，不用任何数学公式和图表，而是用案例、故事来说明经济学的道理。每篇文章讲一件事，并介绍相关的经济学概念和知识。我所用的事例中有一些是我自己亲身经历的事。我想用这些事例告诉大家，其实我们每个人所经历的事情中都有经济学道理。只要你有了经济学知识，就可以体会出这一点，习惯于用经济学的思维方式观察世界，在现实中运用经济学。

我选的题目力求接近大众。我有许多学生与朋友，与他们相处时，他们也常问我一些有关经济学的问题。比如，为什么不能吃、不能用的艺术品卖到天价？为什么老太太买几个土豆也要逛完整个菜市？为什么我们的人均GDP已达到1万美元，我们的收入却没有那么多？为什么我感觉的物价上升总比政府公布的消费价格指数高？这许多问题就成为我写文章的题目。当然，这本书好不好读还要大家评说。

　　找几本普及经济学的书读读，有趣又有益，给你的生活增加一点色彩。

用侦探小说讲经济学
——《边际谋杀》《致命的均衡》
《夺命的冷漠》《看不见的手》

作家喜欢用小说来讲各种人生道理。经济学家也爱用小说来讲经济学道理。在各类小说中,侦探小说以其故事复杂曲折、出其不意、逻辑推理严密而受到读者广泛欢迎。经济学家也用侦探小说来讲解经济学。

一

用小说讲经济学道理有两种情况。一种是"无心插柳柳成荫"。这就是说,写小说的作家并不懂经济学,也无意讲什么经济学,但他们对现实生活有深入细致的观察,或者有切身经历体会,在此基础上写成的小说中无意间蕴含了丰富而深刻的人生道理,其中也包括经济学道理。巴尔扎克的"人间喜剧"系列、德莱塞的"镀金时代"三部曲、兰陵笑笑生的《金瓶梅》、曹雪芹的《红楼梦》,甚至金庸的武侠小说都包含了许多深刻而丰富的经济学道理。另一种是并非写小说的专业的经济学家用小说来讲解经济学。本文讲的是后一种情况。

用小说来讲经济学,据香港学者林行止先生考证,最早可以追溯到18世纪的英国作家哈丽雅特·马蒂诺。她写了一套九卷本的《政治经济学解读》,用23个故事来解读当时著名经济学家詹姆斯·穆勒的《政治经济学要义》。不过她写得并不成功。詹姆斯·穆勒的儿子,也是著名经济学家的约翰·穆勒认为,这部小说把自由放任体系简化到了荒谬得无以复加的地步。现代许多人根本不知道这本小说,知道的也认为它是"不堪一读的小说"。尽管是个不成功的开始,但毕竟已经开始。

现代经济学家继承了这个传统,也力图用通俗而有趣的小说来解释经济学。经济学家加尔布雷斯曾经大名鼎鼎,他就写过一本名为"一位终身教授"的小说(中文本译为《做空》,中信出版社,2011年)。还有美国经济学家罗塞尔·罗伯茨的小说《看不见的心:一部经济学罗曼史》(中信出版社,2002年)以及《抉择:关于自由贸易和贸易保护主义的寓言》(中国人民大学出版社,2002年),著名的美国自由主义经济学家安·兰德的《一个人》《源泉》《阿特拉斯耸耸肩》,美国太平洋大学经济学教授史国兰的《易信仁历险记》,澳大利亚华人经济学家黄有光先生写的一本武侠经济学小说《千古奇情记》,等等。

别以为这些经济学小说不成气候。美国经济学界对用小说讲经济学相当重视。2003年美国经济学会还专门就"以经济学小说为教材"召开了一次研讨会。许多知名大学都把这类小说指定为"课外辅导教材"。这类小说也相当畅销。安·兰德的《源泉》到2013年已发行2000万册以上。她的《阿特拉斯耸耸肩》发行逾亿册,被称为除《圣经》以外第二畅销的书。其他书也都重印20多次。

本文要介绍的是讲经济学的侦探小说。侦探小说在各类小说中受众面最广,雅俗共赏,文化水平不高的大众喜欢看,位居总统的克林顿也爱读。因此,经济学家选用侦探小说来介绍经济学。我读过的这类小说是美国圣安东尼三一大学杰出经济学教授威廉·伯烈特和弗吉尼亚大学杰出经济学教授肯尼斯·G.艾辛格合写的四本侦探小说。

他们把英国两位经济学家杰文斯和马歇尔的名字合起来作笔名。杰文斯是边际效用理论的奠基人之一。边际效用理论的形成是现代经济学的开始，他的贡献，无论在理论上还是研究方法上，都有开拓性意义。马歇尔是剑桥学派的首领，经济学在他手上发展为新古典经济学，他的《经济学原理》影响了几代人，至今仍被认为是经典。他们都认为，市场经济是完善的，可以通过自身的调节实现经济平衡，他们是彻底的自由放任经济学家。伯烈特和艾辛格把这两位著名经济学家的名字合起来作笔名，我想有两点含义。一是表明他们的小说是写经济学的。二是更重要的，表明他们的小说所要讲的是自由放任经济学。书中的主角正是一位现代自由放任经济学的代表人物。

这两位经济学家的侦探小说译介到国内的共四本：《边际谋杀》（王红夏、周天宇等译，机械工业出版社，2006年）；《致命的均衡》（罗全喜、叶凯译，机械工业出版社，2005年）；《夺命的冷漠》（石北燕、赵保国译，机械工业出版社，2008年）；《看不见的手》（曾沁音译，北京时代华文书局，2019年）。

这四本书是一个系列。正如柯南·道尔的《福尔摩斯侦探集》以福尔摩斯为主角，各本都有联系；或者阿加莎·克里斯蒂的"侦探推理"系列以波洛和马蒂尔小姐为主角，各本都有联系一样。这个系列以哈佛大学教授亨利·斯皮尔曼夫妇为主角。亨利·斯皮尔曼是犹太人，身材矮小，秃顶，好奇，固执，满嘴自由放任经济学。了解点经济学的人一眼就可以看出，亨利从体形到思想，活脱脱像是现代自由放任经济学的代表人物米尔顿·弗里德曼。尽管现实中，弗里德曼是芝加哥大学教授，不是哈佛大学教授。

在这四本小说里，作者用侦探故事解释了经济学的基本概念和理论，尤其一般人不易理解的专业名词，也介绍了自由放任经济学。这是贯穿四本小说的线索。我们一本一本来看小说是如何写的，说明了什么。

二

第一本是原书出版于1978年的《边际谋杀》。

美丽的加勒比海维尔京群岛远离城市的烦扰。人们来这里享受海风、沙滩和夕阳。哈佛大学经济学教授亨利·斯皮尔曼夫妇来到这里。他们住在世界上最好的酒店之一——桂湾种植园酒店——享受一次休假。这里还住着不少名人。但在宁静、舒适的环境中，不和谐的事件出现了。先是退休将军德科尔中毒身亡，然后是菲茨修神秘失踪，最后是法官富特被砍死。

德科尔有怪癖，对服务人员极为苛刻，难以伺候。富特法官原为参议员，是种族歧视的支持者。侦探文森特把犯罪嫌疑人定为乐队领导人莱蒙斯和服务员弗农。他们俩都是当地黑人，对有钱的白人极为反感。莱蒙斯编了一本名为《袭击者》的刊物。在一篇名为"目录"的文章中，刊登了一些他厌恶的名人，列出他们的相关情况，其中就有富特。弗农是为德科尔服务的服务员，屡遭刁难。他们俩有作案动机，文森特怀疑他们是凶手，于是将他们逮捕，并用博弈论中"囚徒困境"的方法，对他们分别审讯。结果也像"囚徒困境"分析的那样，他们都承认了杀人。

但斯皮尔曼教授根据经济学原理断定莱蒙斯不可能是凶手。他买通弗农利用为德科尔服务的机会下毒也不可能。这是因为，莱蒙斯组织乐队为酒店客人演出，周六时有300美元收入。那个周六，莱蒙斯并不在，说明他去演出的地方收入会高于300美元。以后证明那一晚莱蒙斯在另一个地方演出的收入为400美元。莱蒙斯同样是一个经济人。他会以自己利益最大化为目标，不会非在那个周末放弃高收入而杀人。同样杀人，换一天有何不可？但德科尔死于那个周六。这一天杀人机会成本，即要放弃400美元，太高了。因此，凶手不可能是莱蒙斯，弗农当然也不会是凶手了。

杀手会是谁呢？斯皮尔曼把注意力转向神秘失踪的菲茨修，因为他注意到菲茨修在失踪前曾去租了游泳用的脚蹼，而菲茨修正是在游泳时失踪的。斯皮尔曼决定租船到菲茨修失踪的亨利珊瑚岛。他怀疑这里是菲茨修谋杀的基地。在岛上，他见到了穷凶极恶的菲茨修。菲茨修承认被斯皮尔曼怀疑为凶手的道格·克拉克是他的兄弟。他的真名是达里尔·克拉克。他们认为,德科尔将军对他们在越战中阵亡的弟弟负有责任。达里尔向道格寄去了毒药,道格下毒杀死了德科尔。斯皮尔曼知道道格收到了毒物邮包,并试探了他,让他开口。富特发现了道格下毒之事,于是被达里尔砍死,真相大白。

让斯皮尔曼怀疑道格·克拉克夫妇的是,桂湾种植园酒店的消费价格平时比比克鲁斯酒店高89%。克拉克夫妇平时在这里消费是理性的,但在德科尔被毒死的那个周六,克拉克夫妇已把孩子送走,节省了保姆费,在比克鲁斯酒店消费比在桂湾种植园酒店要便宜114%,但他们仍然在桂湾种植园酒店消费。这种违背经济学常识的反常行为使他把注意力转向克拉克夫妇,并用邮件进行试探。这就是用经济学破案。所以,他告诉警长文森特:"每一个法律工作者都应该接受一些经济学理论的训练。"

经济学家写的经济学小说与其他作家写的包含了经济学道理的小说完全不同。后者讲经济学道理是无意的,但前者是有意的,故事情节和字里行间处处渗透着经济学知识。

经济学丰富多彩,又分为众多流派。就总的思潮来说,现在可分为自由放任经济学派,又称新古典经济学派;以及国家干预经济学派,又称新凯恩斯主义经济学派。小说中的斯皮尔曼属于自由放任经济学派,即新古典经济学派。所以,他介绍的经济学理论是新古典经济学。当然在经济学基本概念上,这两派是一致的,所以,他介绍的也有这些一致的基本经济学概念。

新古典经济学从利己的人性出发,认为人一切行为的出发点就是实现个人利益最大化。作为消费者,他要用既定的支出实现效用最大化,即消费获得的满足程度最大化;作为生产者,他要用既定的资源实现利润最大化。按这个原则行事,人就是理性的。小说中斯皮尔曼正是根据克拉克夫妇没有按这一原则去价格更低的地方消费,违背了理性原则而怀疑他们的。

新古典经济学家认为这种理性原则是普遍的,而不相信其他原则,也不相信道德的作用。所以斯皮尔曼对旅游时偶遇的哈佛大学神学院教授戴克的道德说教及其著作《新道德案例》毫无兴趣,甚至认为遇见戴克是一件不幸的事,对戴克兴趣盎然的道德说教也甚为厌烦。其实这种对道德的态度,连市场经济大师亚当·斯密也不认可。现代经济学分析了影响人的行为的除经济因素以外的因素,如心理因素、社会因素,总会有非理性因素等。分析人类行为的行为经济学对人的行为的解释才深入了一步。现在创立行为经济学的经济学家塞勒已获得诺贝尔经济学奖。这说明新古典经济学对人的行为的解释过于简单化。

无论是哪一派经济学家都常用一些经济学基本概念。对这些概念,即便无心学经济学也应该了解。小说中也用了一些故事情节来解释这些概念。如经济学家常用到机会成本的概念。机会成本并不仅仅是你做一件事时付出的金钱成本,而是你为了达到某个目的而放弃的一切,包括时间和许多无法用金钱衡量的东西。比如你为了考个好成绩而把原计划用于看一场电影的两个小时用来学习。你学习两小时放弃的东西,即机会成本,就是看一场电影的享受。书中斯皮尔曼用机会成本解释自己放弃了集邮、阅读与休假的原因就是随着他名声的提高,讲课、写书的收入越来越高,因此他从事这些业余活动的机会成本也越来越高,也就是放弃的收入太高了。

斯皮尔曼还用经济学概念来解释他在岛上旅游时遇到的各种事情。比如一位女士声称不爱跳舞,但与丈夫跳得很愉快。斯皮尔曼就用相互依赖的效用函数来解释。相互依赖的效用函数指一种行为给一个人带来的满足程度,即效用;还取决于它给另一个人带来的满足程度。这位女士的丈夫爱跳舞,跳舞带来的效用大,所以这位女士也能从丈夫的效用中感到自己的快乐,双方都达到效用最大化。岛上的东西便宜是因为没有进口关税;《时代》周刊在这里卖得贵是因为只有一家店卖,形成了垄断;等等。总之,读这本小说就会沉醉在一个经济学的环境中。

三

第二本是原版出版于 1985 年的《致命的均衡》。

哈佛大学年轻而有才华的教师丹尼斯·戈森在申请终身教职时被职称和终身制评定委员会否定了。其后他被发现于汽车中自杀，并留下遗书。接着在评委会会议上对戈森当选终身教授投了否决票的教授莫里森·贝尔和福斯特·贝瑞特又被杀害。警方把杀人犯确定为戈森的未婚妻梅丽莎·香侬，认为她杀那两位教授是为戈森报仇。法庭在证据不充分的情况下，判定香侬有罪。

但斯皮尔曼对戈森的自杀持怀疑态度。他认为，一个人在做出自杀的选择前是要对自己未来人生的价值，即未来效用，做出判断的。如果一个人没什么能力，不受重视，未来效用极小，甚至成为负效用时，他才有可能自杀。如果一个人有天分、能力强，未来效用仍然很大时，他不会为一点挫折就自杀。戈森是一个有才华的人，即使哈佛大学不给他终身教职，其他地方也会给，他离开哈佛大学，未来仍有巨大的价值，他未来的人生效用会增加，不会为这一点小小挫折自杀。戈森的自杀并不理性，因此他不会自杀。同样，他也怀疑把戈森的未婚妻香侬作为杀害其他两名教授的凶手的合理性，因为这样的复仇行为也是成本大于收益的非理性行为。

在坐"伊丽莎白女王2号"邮轮去欧洲旅游的航程中，斯皮尔曼读了人类学教授、评委会院长丹顿·克莱格的著作《美尼西亚人的风俗习惯》，发现书中对圣塔克鲁兹岛上各种物品价格的记载有问题。这里货币用的是腰带。一艘独木舟的平均价格为 950 条九号腰带，价格差在 780—1100 条腰带不等。山药的价格平均为 4—5 条九号腰带。根据信息经济学（书中译为"经济信息学"，不是约定俗成的译法），对昂贵的商品，人们会花更多时间去收集信息，以便买到最便宜的。独木舟的价格差不该这么大。因为这样就会违背边际效用理论价格决定的一个原则：人所购买的各种物品的边际效用与价格之比应该相等，才能实现效用最大化。当丹顿·克莱格看到斯皮尔曼读他的书,并在有问题的价格那一页折了角时,他意识到自己学术造假的事实被斯皮尔曼发现了。于是,他写下遗书,跳海自杀。

在丹顿·克莱格写给斯皮尔曼的遗书中,谜底揭开了。原来戈森根据边际效用原理发现了克莱格造假的事实,并以此威胁丹顿·克莱格支持自己晋升终身教授。他们达成协议,戈森保守秘密,克莱格支持他。但克莱格总担心戈森不守信,就反对他提升。克莱格给戈森打毒药,让他昏迷,留下克莱格自己写的戈森遗书,伪造他在汽车中自杀。在评委会开会前,戈森找过斯皮尔曼,想讲清这一点,但斯皮尔曼拒绝了。戈森还找过莫里森·贝尔和福斯特·贝瑞特,克莱格担心他们俩都知道真相,也把他们杀了。他还嫁祸给梅丽莎·香侬。他感到斯皮尔曼发现真相后,只好自杀。

这本小说的中心是介绍新古典经济学的基础:边际效用理论。效用是指人消费一定量某物品获得的满足程度。效用是主观的,同样数量的某种物品给不同的人带来的效用是不相同的。"边际"指"增加的",边际效用指增加一单位某物品消费所增加的满足程度。根据边际效用原理,某种物品消费连续增加,所增加的满足程度一定是递减的,这称为边际效用递减规律。同时,要实现效用最大化,所消费各物品的边际效用与价格之比应该相等。斯皮尔曼正是根据独木舟与山药的价格差感到,这种购买与消费违背了边际效用理论的这个定理,并认定丹顿·克莱格在价格上做了假。

本书中受害者的名字戈森正是边际效用理论的创立者。德国19世纪的经济学家赫尔曼·海因里希·戈森出版了《人类交换规律与人类行为准则的发展》(陈秀山译,商务印书馆,1997年)。在这本书中,他提出了边际效用理论的两个定律。边际效用递减被称为戈森第一定律。所消费每一种物的边际效用与价格之比相等才能实现效用最大化是戈森第二定律。这两个定律被认为是边际效用理论的核心。

但戈森是个倒霉的天才(书中的戈森与他类似),他的发现没有引起任何注意,书也没卖出去几本。他不得志,郁闷中患肺结核而死。戈森去世20年后,英国经济学家杰文斯读到这本书,充分肯定戈森的发现,并在此基础上建立了作为新古典经济学基础的边际效用理论。这个理论也是所有现代经济学——无论哪一个流派——的理论基础。小说中的戈森与历史上真实的戈森,在理论、天才、个性、命运上都相近。

这本小说的大部分篇幅并不是写案件本身,而是写哈佛大学各位教授,即参加评委会的各位大牌教授的个性、业务专长、成就等,从而展现了一幅教授们工作、生活的情景,让读者看到了这些顶尖级知识分子的群像。本书也处处渗透了经济学知识,读者一定会注意到。

四

第三本书是原书出版于1995年的《夺命的冷漠》。

故事发生在英国著名经济学家马歇尔的故居。起因是马歇尔1875年访美。地点与马歇尔访美都是真实的,当然故事是虚构的,这就是小说的真真假假。

美国费恩基金会要购买英国经济学家马歇尔的故居。基金会负责人费恩邀请斯皮尔曼与他一起去英国商谈购买之事。费恩在剑桥河上浏览时险些被楼上扔下的一个哑铃砸到。最后这个故居被剑桥大学主教学院院长、经济学家哈特以19000英镑买走。

不久,哈特被谋杀,马歇尔故居再次出售,费恩基金会有了机会,费恩又一次邀请斯皮尔曼到英国。斯皮尔曼根据演员特纳小姐买哈特的车而判断,特纳小姐是杀害哈特的凶手。根据信息不对称理论,在二手车市场上卖家拥有的信息多,总想把自己不好的二手车充当好车卖出去,这是"道德风险"。在这种情况下,买主应该选择自己了解信息更多的二手车。特纳小姐的同屋斯蒂夫向特纳推荐了他朋友的车,信息可靠,价格合理,但特纳却选择了自己并不了解的哈特的车。这种选择违背了经济学常识。斯皮尔曼推断,特纳小姐买哈特的车是由于凶器还藏在这辆车中。斯皮尔曼把这种推断告诉了警方。但警方还未采取行动，特纳小姐又被杀了。连杀两个人的是谁呢？

斯皮尔曼怀疑到了费恩。他设了一个计谋。他把以马歇尔夫人名义写的一封信寄给费恩。这封信里说，马歇尔访美时买的股票并未在屋中，而在马歇尔墓中。斯皮尔曼来到墓地，果然费恩正在挖墓想找出股票。费恩看到斯皮尔曼来了，就想伤害他。正好斯蒂夫赶到，救了斯皮尔曼，也使凶手落网。

原来费恩来买马歇尔的故居，并非像他宣称的，是为美国到英国访学的青年学者准备一个地方，而是为了找到当年马歇尔访美时购买的股票。那是在1875年，马歇尔走访了弗吉尼亚的银矿，并买下了名叫"高帽子狂人"的开矿公司的股票。后来这些股票几乎一文不值。但不久前在原来的银矿又发现了铀矿，于是股票价格一路上扬。马歇尔原来买的那些股票，每股已上升为75美元（中文版书中75万美元有误，多了一个"万"字），总价值有数百万美元。费恩买马歇尔故居的真正目的正是寻找可能藏在这里的股票。

费恩知道这个秘密是因为他与特纳小姐早就是知己朋友。特纳原名赫斯基斯，她的父亲也是剑桥大学经济学教授。她小时父亲带她去探访马歇尔的遗孀玛丽·马歇尔。马歇尔夫人把几张花花绿绿的没用股票给她玩。她无意间向费恩提及此事，费恩意识到，这些股票正是现在值钱的股票，于是决定买下马歇尔故居。但房子被哈特买走，于是费恩想利用特纳小姐杀害哈特。特纳小姐一直认为，她父亲的死与哈特的排挤有关，也想杀了哈特报仇，于是杀了哈特。但费恩又担心特纳以此威胁他或泄密，于是又杀了特纳小姐。斯皮尔曼知道，费恩求财心切，故设计了这个局。费恩果然上当。

本书所介绍的主要是边际效用理论与信息不对称理论。斯皮尔曼也是根据这些理论来破案的。

故事发生在英国剑桥。作者不仅给我们介绍了伦敦大学放在玻璃框中边沁的骨架，剑桥大学的风光，还特别介绍了剑桥大学经济学家的分歧与新剑桥学派的向"左"转。

斯皮尔曼应邀在剑桥大学做了一场题为"计划经济的未来"的演讲。在这次演讲中，斯皮尔曼讲了市场经济的效率和计划经济的不可行性。这次演讲引起教授们严厉的驳斥。这就在于剑桥大学经济学教授分为马克思－凯恩斯派，支持计划经济和国家干预；以及坚守马歇尔传统的新古典经济学派，主张市场经济和自由放任。在经济学中，前者称为"左"，后者称为"右"。而且前者在剑桥大学经济学教授中占了上风。

剑桥学派的向"左"转是从庇古开始的。庇古与当时英国许多知识分子一样，思想倾向于社会主义，赞扬苏联的计划经济。出于这种信仰，庇古甚至当过苏联的间谍。他们向"左"转的一个标志是强调收入分配平等。庇古在《福利经济学》中提出，富人一元钱的边际效用远远小于穷人的一元钱。所以，在社会总收入不变的情况下，通过国家的收入再分配政策，把富人的钱转移给穷人，可以增加社会福祉。他批评了资本主义社会中收入分配不平等的现象。

当代的新剑桥学派以琼·罗宾逊为首。她以凯恩斯主义的真正传承者自居。她从凯恩斯关于收入再分配有利于增加穷人的收入和有效需求出发，以收入分配理论为中心来解释和发展凯恩斯主义。她对社会主义高度评价。

应该承认，战后英国实行国有化和政府干预，制定了高收入累进税和高遗产税，都与剑桥大学的这种经济学思潮占主导地位相关。也正因为这样，战后剑桥大学失去经济学界的主导地位，世界经济学的中心移到美国。作者对剑桥的这种转变做了介绍。

五

最后一本是《看不见的手》（中译本未给出原书出版时间）。

在这本书中，斯皮尔曼获得了诺贝尔经济学奖，蒙特维斯塔大学董事会决定聘请他担任一个学期的杰出客座教授。斯皮尔曼接受了邀请，为该校开一门"艺术与经济学"的课程，讲述艺术品的消费、投资，艺术品价格的决定，以及有关艺术品的其他相关经济学知识，并做一到两次公开演讲。

斯皮尔曼来该校之前，看到报纸上的一则新闻，该校所在地的一位外科医生劳尔·拉莫斯家中失窃，丢失了他收藏的当地著名艺术家特里斯坦·惠勒的五幅画。拉莫斯并没有给这些画投保，失窃后他声明愿出100万美元收回这些画。

当地警方审讯了拉莫斯家中的墨西哥管家罗茜·瑟古拉。罗茜说，她听到有人的动静，并告诉了主人，没有她作案的证据。失窃的当晚，拉莫斯家举行了一场派对，参加的都是当地艺术界名人，也没有哪一个有作案的证据。

惠勒也是该大学的艺术教授。他学习波洛克的画风并有所创新，正在走红。一天，惠勒的助手肖恩·丹尼尔斯来到画室上班时，发现惠勒上吊死了。警探富勒负责此案。法医得出的结论是自杀，认为这是由于画家钟爱的两只非洲鹦鹉出逃并被弄死，惠勒心情郁闷，但富勒并不相信。

富勒询问了罗茜、肖恩等人，得知肖恩与画家雇主的关系并不好，且知道惠勒在遗嘱中要赠给肖恩一些财产。惠勒作为艺术家，女友颇多，如经济系韩国青年教员珍尼弗·金，还传闻他与经济学教授赫伯特·亚伯拉罕的年轻妻子有染。亚伯拉罕为此当面指责过惠勒。这些人都有杀人动机。

拉莫斯失窃的五幅画又回来了，据他说是有人让他出25万美元送回了画。富勒不相信惠勒自杀，是因为他发现了惠勒在死前的一封信。信中说了自己要做的许多事，毫无自杀之意。警方将疑犯定为肖恩，并逮捕了他。

斯皮尔曼会见了富勒，从经济学的角度分析了惠勒不会自杀的原因。斯皮尔曼认为，自杀发生在未来效用的预期为负时。他用"钟形曲线"说明，艺术家一生的收入是一个钟形曲线，即太年轻时与老年时收入都低，中年时高。惠勒正是创造力旺盛、画作在拍卖会上创出高价的钟形曲线高处，画家死、作品涨价的死亡效应对他并不存在。他不会自杀。

斯皮尔曼又根据拉莫斯拥有高价的惠勒画，但并未保险，此后又声称出25万美元收回了画推断，所谓失窃是拉莫斯自己把画藏起来了，罗茜听到了移动画的声音，但拉莫斯并没有关注。他杀死画家钟爱的两只非洲鹦鹉，并伪造了自杀现场，目的是让他拥有的惠勒的画升值，即制造艺术家的死亡效应。这是因为，他生活奢侈，讲排场，又与妻子离婚，造成巨大财务危机。

这本小说在斯皮尔曼讲座和课程中尽显他自由放任经济学的特点。在第一次演讲中，他说对自己影响最大的是亚当·斯密的《国富论》。由这本书，他归纳出经济学的三大原理：激励很重要；某件东西的成本是为得到它而放弃的最高价格的机会，即机会成本；以及"看不见的手"使经济和谐运行。在回答问题时，他说明经济学家不会预期利率如何波动，并强调与中国的贸易是合作互利多于竞争。全球化时代的东西都是全球制造，而不是美国制造或中国制造。他告诉学生，经济学并没有说钱可以买到快乐，钱只是交换媒介，可以储存价值，多了也会通胀。在离开前的第二次演讲中，他强调，帮助别人和自己赚钱并不矛盾。按照斯密的看法，一个人赚钱的同时，"看不见的手"也让他帮助了别人。正如屠夫、酿酒师或面包师为自己的利益而工作，但同时也帮助了别人。

斯皮尔曼开设的"艺术与经济学"课程，是运用经济学原理来分析艺术，既可以通过艺术品让学生更好地理解经济学，也可以让学生知道如何运用经济学。斯皮尔曼讲课的方法是既有他的讲解、引导，又有学生的讨论。在这种讲解和讨论中就包含了大量经济学知识。这门课的内容包括，艺术品的需求与供给，创作哪种艺术品的决策，这些艺术品如何分配给消费者，给生产者带来什么收益，等等。从这些内容可以看出，艺术品包含了经济学研究的所有问题。斯皮尔曼告诉学生，喜欢艺术品并不一定懂艺术品中的经济学。讲课仍从艺术品的需求与供给开始，着重分析艺术品供求的特殊性。

就需求而言，用于炫耀的凡勃伦效应更重要；就供给而言，创作用的现金支出成本并不重要，还在于其他信息，如艺术家的知名度、社会评价、营销手段等。讲到价格，斯皮尔曼强调了科斯猜想，原来是指你拥有了全部土地，也不能垄断土地价格。用在艺术品中就是，即便你拥有一个画家的全部作品，也不能垄断价格。在参观博物馆和课堂讨论中涉及艺术馆的经营，以及财政困难时为什么不卖藏品，等等。

  我是侦探小说的"骨灰级"粉丝。从小爱看侦探小说，至今还记得小学时读的第一本侦探小说是苏联的《红色保险箱》，写一个在苏联长期潜伏的德国间谍最终被抓的故事。我读了不少侦探小说，以我的阅读经验看，经济学家写的这类小说当然不如专业作家写的，但经济学家写的侦探小说最吸引人之处还是把侦探与经济学结合了起来，融经济学于破案之中，处处弥漫着经济学的气息。从我介绍的四本书来看，它们明显的特点是写侦探小说的技巧在不断进步。第一本《边际谋杀》的情节有点儿简单，整个小说有点儿单薄。但一本比一本好，最近的一本已经相当成熟，内容十分丰富。我还没有读到以后的，但我想，如果他们写了，肯定会更好。

博弈论初步
——《博弈论与生活》《策略思维》

经济学是选择的科学。选择就是决策。博弈论作为一种思维方式可以帮助我们做出最好的决策。如今人们对博弈论这个词已经耳熟能详了，但什么是博弈论，大概许多人都说不上。现在我们就读两本书来了解一点博弈论的皮毛。

一

博弈论是数学的一个分支。在我们普通人看来，它有点深奥而神秘，离我们柴米油盐的日常生活实在太远了。

其实在我们日常生活中时时处处都有博弈。举个例子。在许多家庭中，夫妻经常为看什么电视节目而争吵。男的爱看足球，女的爱听京剧。两个节目在同一时段播放，这就会发生争执。是双方互相赌气、各不相让呢，还是双方互相协商、互相让步呢？这就是在博弈。在博弈论中，这种博弈被称为山羊博弈，即两只山羊过一个只能通过一只羊的独木桥，双方对抗到底，还是互相合作。这种博弈也被称为"边缘博弈"或"最后通牒博弈"。现实中这种情况极多。大到20世纪30年代大危机时各国的关税战，冷战时的苏美对抗，直至今天俄罗斯与西方的争执，小到我们称为"针尖对麦芒"的日常争执，都属于这种博弈。

博弈并不遥远。博弈论又称对策论，博弈是指人们在相互影响的情况下做出决策的过程。博弈论就是为我们在这种情况下做出最好决策，提供一种思维方法。诺贝尔经济学奖获得者奥曼在为权威的《新帕尔格雷夫经济学大辞典》写的"博弈论"词条中给这个词下的定义是"较具描述性的名称也许是互斗的决策"。

这里的"互斗"就是在相互影响之下，每个人决策的结果都取决于其他每个人做出的决策。一个人在没有其他任何影响的情况下做出决策当然不会有博弈。如鲁宾逊在一个孤岛上时，他做什么决策就不用博弈。但当出现礼拜五之后，无论礼拜五多么顺从，鲁宾逊在决策时总要考虑一下礼拜五可能的反应，这就有了博弈。鲁宾逊这样的生活状态现实中是不存在的。人不可能脱离社会，脱离其他人而生活。每个人的决策都与其他人的决策相关，决策中就必然要和其他人博弈。如何在博弈中做出最好的决策，对每一个人、每一个团体，以及每一个社会都极为重要。经济学研究决策问题，当然离不开博弈论。现代经济学中，博弈论已成为基本分析方法与工具，运用极广。甚至有人预言，博弈论会像可能统一物理学的"统一场"理论一样，统一经济学。"统一场"理论统一物理学之说，仅仅是爱因斯坦的一种设想，至今还没看到希望，但用博弈论统一经济学正在逐渐实现之中。

博弈论在经济学中应用相当早。不用说中国春秋战国时"田忌赛马"这类隐含了博弈论思想的故事，也不用远溯到古希腊人。近代最早用博弈论分析经济问题的是法国经济学家、数学家奥古斯丹·古诺。他在1838年出版了《财富理论的数学原理的研究》（陈尚霖译，商务印书馆，1994年）。在这本书中，古诺用数学的方法分析经济问题。他用博弈论分析了双头市场上产量与价格的决定。这种分析被称为"古诺模型"，至今有许多经济学教科书在介绍博弈论时仍要从古诺模型开始。1843年，美国数学家冯·诺伊曼和经济学家摩根斯顿合作，出版了《博弈论与经济行为》（王文玉、王宇译，三联书店，2004年）。这本书并没有引入信息不对称的假设条件，分析的重点是纯粹冲突的零和博弈，其他博弈被作为一种合作方式考案，即参与者应该共同选择和实施他们的行动。这些分析并不能涵盖现实生活中的大多数博弈。但这本书无疑是经济学中全面运用博弈论方法的开始，对以后博弈论在经济学中的应用影响极大。

真正对博弈论在经济学中的运用做出划时代贡献的是美国数学家、经济学家约翰·纳什。1950年，他的两篇文章《讨价还价问题》和《几人博弈的均衡点》引起广泛重视。在这两篇文章中，他以博弈各方信息不对称为前提分析了博弈行为，并确定了以后博弈论的合作与非合作模式在经济学中的应用方向。这使博弈论不再是"数学家的游戏"，而成为分析现实经济与更广泛问题的一个有用工具。这是经济学中运用博弈论的一次飞跃。为此他与美国经济学家海萨尼和德国经济学家泽尔腾共同获得1994年诺贝尔经济学奖。以后美国经济学家谢林和以色列经济学家、数学家奥曼对博弈中的合作进行了全面深入的研究，并得出创新成果。为此他们获得2005年诺贝尔经济学奖。获得诺贝尔经济学奖的不少经济学家并不专门研究博弈论，但他们运用博弈论的方法分析经济学问题，并得出了创新型成果。如今博弈论在经济学中的运用已相当广泛。

博弈论就在我们的现实生活中。运用博弈论可以帮助我们做出更好的决策。每一个想了解经济学的人都应该学点博弈论。当然，我们不会从纯数学的角度来介绍博弈论。我们通过读两本书，从现实生活中了解博弈论的最基本知识，所以文章题目为"博弈论初步"。

二

如今中外学者写的通俗地介绍博弈论的书相当多，但我要推荐的是英国物理学家兰·费雪写的《博弈论与生活》（林俊宏译，中信出版集团，2021年）。我推荐这本书并不是因为它新，而是有四点理由。一是最能精通博弈论、理解其精髓的人是数学家或数学极好的人。只有对博弈论理解正确的人，所写的通俗读物才可信。费雪先生是物理学家，数学当然不会差。他又非常善于写科普著作，他写的《搞笑物理学》曾获得美国物理学会科学写作奖，《如何论饼》《完美的群体》等科普书都相当畅销。由这样的学者来写普及博弈论的书应该是最合适的。二是这本书用生活中许多事例介绍博弈论。当然这一点也是其他书所具备的，但这本书介绍博弈论知识之全面是其他书所不及的。其他不少书是用许多例子，一个例子讲一个博弈论道理，但这本书介绍得全面而系统。这是许多同类书，尤其是国人写的书所不及的。三是这本书的译者是台湾学者林俊宏先生。林先生是翻译学博士，他所译的赫拉利的《人类简史》《未来简史》和《今日简史》之"信、达、雅"已得到两岸学者公认。读这样的译本是一种享受。四是本书仅13.6万字，又做成"口袋本"，读者携带和阅读都极为方便。

作者在"引言：博弈中的合作策略"中指出，博弈是"我们每个人互动的策略"。由于每个人都从自己的个人利益最大化出发，博弈中就充满了冲突，结果往往两败俱伤。所以，"博弈探讨的不是冲突，而是合作，不是竞争，而是互补"。这就是说，博弈论的基本目的是寻求人类的合作之路。分析冲突是为了找出难以合作的原因，从而寻找合作的方法。这是这本书的中心，也是博弈论的核心。理解这一点，阅读这本书才能收获最大。

第一章"人人皆输的'囚徒困境'"讲博弈中的冲突与合作的困难。"囚徒困境"这个概念来自20世纪50年代美国普林斯顿大学数学教授阿尔伯特·塔克讲的一个故事。它包含了博弈论的基本因素。几乎每一本普及博弈论的书一开始都要讲它，且有许多大同小异的版本。

故事说的是，两个抢劫犯（书中用的是水门事件两个共犯伯纳德和弗兰克，其他版本用的还有其他名字，我们将其简称为A与B）被捕。警方只有他们私藏枪支的罪证，并没有他们勾结抢劫的罪证。私藏枪支只能判两年，抢劫可判十年。警方想到了一个让他们认罪的方法。警方分开审讯他们，并告诉他们，如果一方认罪，另一方不认罪，认罪的宽大处理，马上释放，不认罪的判十年。如果双方都认罪，各判四年。A和B都知道，如果双方都不认罪，只能按私藏枪支判两年。

这种情况下，双方交代还是不交代就是"囚徒困境"，有的书上也译为"囚犯两难困境"。双方被分开，并不知道对方交代还是不交代，所以只能从自己判刑最少的角度进行分析决策。A的分析如下：如果B不交代，自己交代，就可以马上释放。如果B不交代，自己也不交代，结果判两年。两者相比，如果B不交代，自己交代好。如果B交代了，自己也是交代好。两者相比，无论B交代还是不交代，自己交代都最好。所以A选择了交代。B的推理逻辑与A完全一样，也选择了交代。本来两人都不交代各判两年最好，博弈的结果是双方都交代了，最后各判四年。

这个故事说明了博弈论的四个共同因素。第一，博弈是互动的决策。这就是博弈的参与者一定在两人以上，且他们每个人决策的结果都会影响对方决策的结果。这就是互动的含义。第二，每个人都从自己个人利益最大化出发，做出对自己最有利的决策。这就是从经济人利益最大化出发来决策。这种决策称为"占优战略"或"优势战略"。在这个故事中，利益最大化就是刑期最短。第三，这种博弈的前提是双方信息不对称，即不知道对方会做出什么决策。在这个故事中，就是警方分开审讯他们，他们不知道对方交代还是不交代。这一点非常重要，是纳什分析的非合作博弈的基础。第四，本来合作起来最有利于各方，但博弈的结果却最不利于双方。在这个故事中，就是合作都不交代，结果各判两年，但博弈的结果是，双方都交代了，各判四年。这种结果被称为"纳什均衡"。博弈论的中心是要说明如何走出"囚徒困境"。

作者在书中举了许多类似"囚徒困境"的例子，说明"囚徒困境"的普遍性。

这种"囚徒困境"引起的不合作对各方都不利，应该如何走出"囚徒困境"呢？作者提出三种方式：第一，改变态度，决策时不以个人利益化为目标。这就是要提高博弈参与各方的道德水平。第二，诉诸善意的权威人士，即由不参与博弈的外部人促成合作维持公平。第三，设计出能够自行运作的合作策略，只要合作一开始，就没有违背的机会。

作者认为，从自己利益最大化决策是人的本能，提高人的道德水平对合作有一定作用，但并不是对所有人都适用。在许多问题上，道德制约的力量毕竟太弱。由外部人帮助也不可靠，且不说能不能找到这样的人，就是找到了，博弈参与者也不一定接受。这两种方法在现实中作用都极为有限，不能普遍适用。所以，现实生活中，实现合作还要靠设计"能够自行运作的策略"。本书第二章以后的中心就围绕这一问题展开。

第二章"公平分配的'我切你选'"中讲到，在资源分配中，一种有效而公平的合作方法是，由一个人切蛋糕，另一个选要哪一块。这是博弈论中"大中取小"的原则。这时博弈参与者先要衡量局势，考虑各种不同选择（切蛋糕法）的最大损失是什么，再以损失最小化为目标。"我切你选"正是这种原则的运用，使各参与者的公平损失最小。

第三章"生活中的七大困境"说明除了"囚徒困境"外，常见的类似困境还有：公地悲剧、搭便车、懦夫博弈（即以前说的山羊博弈）、志愿者困境、两性战争和猎鹿问题。这里分析引起这些困境的原理机制，以及在现实中造成的影响。

第四章"石头、剪刀、布"说明如果就合作达不成共识，那就交给命运，用猜拳来决定，也讲了猜拳不败的原则。

第五章"用沟通协商建立联盟"说明如何解决合作中的问题，建立联盟关系，达成共同认可的策略。这包括沟通，即博弈参与各方各通信息，增进了解；用威胁或承诺进行协商，这种威胁或承诺都必须可信。可信以实力或实际行动为基础，在这种博弈各方都互相信任的基础上可以建立合作的联盟。

第六章"有效的信任机制"说明如果在博弈中不能或不愿相信

别人，就会带来恶果。只要建立彼此的信任，就能克服众多困难。作者认为，其实人性中有相互信任的一面，而且这种互相信任也随社会发展而进化。信任要以可信的威胁或承诺为基础，人也应该有一点慷慨和利他主义。一些宗教或其他仪式有利于建立相互信任的关系。

第七章"一报还一报"，这是现实合作的一种策略。"一报还一报"就是根据对方的行动来回报对方。对方合作，我也合作；对方违信，我就报复。采用这种策略，在长期博弈中参与各方都会认识到，不守信最终也会损害自己。只有相互合作才是最优决策。

第八章"超越博弈"是介绍如何用改变博弈的方法提高合作的概率。这包括两种方法。一是引入新的博弈参与者，即新入局者。二是量子博弈论，即用量子计算机，提前知道对方的想法，并决定自己的行动。

千万别忽略最后的"后记：个人扭转全局的十大要诀"，这实际是全书的总结和概括。用博弈论解决"囚徒困境"的主要方法是，用新观念看问题，找出问题后面隐藏的真正原因，以及提供新策略，解决问题。总结全书分析，这些新策略包括：赢就守，输就变；带入新的参与者；建立互惠形式；限制你自己的未来选项，让自己一旦背叛合作，就会受损失；付出你的信任；定下特殊条件，双方如果想要单方面背叛，就会承受损失；使用补偿给付，来建立并维持合作的联盟；注意七大困境，考量各参与者的利益与成本，让困境不复存在；分摊各种货品、责任、工作、惩罚等，让人人都觉得结果公平；将团体化整为零。共十条。

薄薄一本书，博弈论全在手。何乐而不读？

三

《博弈论与生活》写得毕竟较为简单，如果读完之后觉得意犹未尽，还可以读美国学者阿维纳什·K.迪克西特、巴里·J.奈尔伯夫合著的《策略思维：商界、政界及日常生活中的策略竞争》（王尔山译，中国人民大学出版社，2002年）。这本书还有第二版《妙趣横生博弈论：事业与人生的成功之道》（董志强等译，机械工业出版社，2009年）。第二版英文书的题目与第一版也不同。与第一版相比，基本框架、内容与观点都保留了，但做了许多修改与完善。我先读到的是第一版，觉得就思想与内容而言，这两版的差别并不是重要的。因此，我介绍这本书的第一版。有兴趣的读者可以看第二版。

这本书的写成还有一个故事。本书作者之一巴里·奈尔伯夫在英国牛津大学毕业时，学校按惯例举行五月舞会来庆祝。舞会上有一个轮盘赌的游戏。每个参与者发20美元筹码，最后赢得最多的人可以得到一张明年五月舞会的入场券。其他非应届毕业生参加是要买入场券的。比赛到最后时只剩下两人。巴里有700美元筹码，另一位英国女士只有300美元筹码。英国女士希望和解，两人分享这张明年的入场券，但巴里拒绝了。在这最后一轮赌时，英国女士选择了风险大收益大的点押上全部筹码。巴里认为自己已经赢了这么多，稳操胜券，选择了风险小收益也小的点押上全部筹码。按正常的规律，巴里胜算的概率大。但反常的小概率事件出现了，英国女士赢了，总筹码反超巴里，兴冲冲地拿着入场券走了。

巴里回来后反思，按博弈论的分析，在这种情况下，如果他的目标是保持相对第一的位置，他应该采用"跟随战略"，即对方选择赌什么，他就赌什么。这样无论这次输赢，他总筹码都比对方多400美元，稳居第一。只有已输的一方才会采取这种与对方相反的策略。在1983年的美洲帆船赛决赛中，已经领先的"自由"号就由于没有采用跟随战略而最后输给"澳大利亚"号。他又犯了"自由"号的错误。

巴里从这次失败中认识到，博弈论对每一个人都极为重要。博弈论是数学，要让每一个人都明白不可能，但博弈论的基本思想同样可以用故事和日常生活中的事情来表述。于是他决定写一本通俗的博弈论，用故事来说明博弈论的基本思想与方法。回到美国后，他向博弈论权威、普林斯顿大学教授迪克西特说明了自己的想法，得到支持，于是两人合写了这本极为成功的书。从本书的副标题可以看出，它也是用商业竞争、政治决策和日常生活中的事例来通俗地介绍博弈论。但篇幅比前一本多得多，有36.4万字，虽然同属普及型的书，但论述更全面，也更深入。

作者在"前言"中指出，"策略思维是关于了解对手打算如何战胜你，然后战而胜之的艺术"，"关于策略思维的科学称为博弈论"。这就说明这本名为"策略思维"的书就是博弈论。

本书分为三部分。第一部分包括三章，用商业、体育、政治等领域的例子介绍博弈论的一些基本概念与方法，是全书的基础。第二部分包括四章，分析如何通过合作走出"囚徒困境"，这一部分主要是对谢林和奥曼关于博弈中合作观点的介绍。第三部分包括六章，是在前两部分介绍的博弈论基础上分析各种策略竞争。

在第一部分中，第一章讲了十个策略故事，说明其中包含的指导决策的原理，将这些原理进行归纳，实际就是博弈论。作者强调，这仅仅是为增进你的食欲，即引起你阅读这本书兴趣的"主菜之前的开胃菜"。第二章"准备接招"中说明"策略思维的精髓在于参与者的决策相互依存"，这种相互依存通过相继发生和同时发生两种方式体现出来。在相继发生时，每个参与者必须展望一下他的下一步行动对其他人以后的行动有什么影响，这些影响对自己以后的行动又有什么影响。在同时发生时，每个参与者必须设想自己处在其他人的位置时会做出什么反应，从而预计自己这一步会带来什么结果。在相继出招时可以用的基本法则是"向前展望，倒后推理"，而且可以用决策树与博弈树的分析方法。这就是分析若干种可能性，并选出某种最佳策略。第三章分析同时发生的决策时应该采用的法则是：假如你有一个优势策略，请照办；剔除所有劣势策略，不予考虑，如此一步一步做下去；走完寻找优势策略和剔除劣势策略的捷径之后，下一步就是寻找这个博弈的均衡。

第二部分分析如何走出"囚徒困境"实现合作。合作的难处在于有人作弊。第四章说明，走出这种困境的办法是要觉察到作弊，对作弊者实施惩罚，而且惩罚要得到保证。惩罚的方式可以是以牙还牙。在选择以牙还牙时，也可以有替代的方式，如对偶犯者宽容，对常犯者果断地实施惩罚。第五章分析在无条件行动之下，实现合作要靠威胁与许诺。这就是对不肯合作者实行威胁，对愿意合作者做出许诺。威胁与许诺的共同点是，回应规则使你不会在没有回应规则的前提下采取行动。如果实践威胁对你有利，可称为警告；如果实践许诺对你有利，可称为保证。更多的策略行动还有你可以任由别人在你做出回应前采取一个无条件行动；你可以等待别人发出一个威胁，然后再采取行动；也可以等待别人提出一个许诺，然后再采取行动。第六章分析可信的承诺。建立可信的承诺可以用八种手段：建立和利用一种信誉，写下合同，切断沟通，破釜沉舟，让后果超出你的控制，小步前进，通过团队合作建立可信制度，以及雇用谈判代理人。前两种方法的原则是改变博弈的结果，接下来三种方法的原则是改变博弈。实现这两个原则合起来是可能的行动及结果都有可能改变，因此就有第六种方法小步前进。最后两种方法是充分利用别人。本章对这八种方法做了详细介绍。第七章说明要使自己的策略成功，唯一合理的行动方针是力求做到不可预测性。这就要努力使机会相等；不到最后一瞬不要选定一个方向；选择正确的混合策略；不能依赖对手的随机化；技巧改变了，最佳混合策略也要变；适时采用随机行动；直到最后一刻才通过不可预测，从而也是对手不可侦探的方法做出你的选择；对于谎言要有安全措施；做出决策出人意料；得势不饶人。

  第三部分是用案例分析来说明以上提出的各种原则与方法。第八章用古巴导弹危机分析边缘政策。为什么肯尼迪政府选择了不确定性，这种选择时的风险机制与风险控制，如何逃离边缘和跌落边缘，以及核边缘政策。第九章分析博弈中的合作与协调，说明"看不见的手"会有不同类型的失调，以及如何解决。第十章分析政治中投票的策略，如何打破平局，中点选民的重要性，短视选民的投票会影响投票，控制这种情况要有法庭的秩序，老谋深算者的超越自身，甚至有时要爱一个可恶的敌人。第十一章分析工会以及企业工资谈判中的讨价还价。这需要谈判中有一个锄强扶弱的体系，认识到对对方的伤害大于对自己的伤害，边缘政策引发的罢工代价高昂；在谈判中要就许多事情讨价还价，施恩比受惠好，谈判中的耐性会有回报。第十二章分析激励问题。这就要考虑如何奖赏工作表现，如何组织一个合作项目，以及招标、拍卖的策略。最后的第十三章是运用各种策略的23个案例分析，涉及相当广泛的范围。这些案例有助于理解全书所介绍的策略竞争原则，即博弈论的基本原理。

这本书的一个最大优点就是所有分析、原理论述都从案例出发。让我们读起来既容易理解，又有真实感。这本书的案例全是美国的。如果谁能用中国的案例来介绍博弈论，那就会更适合中国读者阅读。我期待着。

走近真实的亚当·斯密

——《亚当·斯密传》《拯救亚当·斯密》

即使是没有学过经济学的人,也知道亚当·斯密的大名,把他作为市场经济的至圣先师。但一个经济学大师、一个伟大思想家的思想会如此简单吗?看来我们还要走近真实的亚当·斯密,了解他全面而深刻的思想。

一

每一个伟大思想家的思想都是复杂的。有主流,也有支流;有正确,也有错误;有成熟,也有困惑。

世人的悲剧在于,或者只抓住主流,将其发扬光大,而不顾及其他;或者抓住其失误,为自己的错误辩护或求证;或者抓住其片言只语,按自己的意图发挥,拉大旗作虎皮。在这样做时,他们往往把大师的思想概括为一种可以任意由人解释的"主义"。思想大师们对这些冠以自己名字的主义哭笑不得,也不承认。凯恩斯在某次参加一个"凯恩斯主义研讨会"时说,会上只有我一个人不是凯恩斯主义者。

亚当·斯密还算幸运的。世界上并没有斯密主义的说法。他的著作并不多,在临终前又托朋友烧毁了全部未出版的手稿。尽管学生那里保存了他讲课的笔记,但留给后人解释、发展的余地并不大。

不过对他的简单化和曲解也不少。主流自由主义经济学家把斯密对市场经济的赞扬作为唯一主题，似乎一句"看不见的手"就概括了他的全部思想，而他对市场经济的诸多批评则被忽视了。反市场经济的经济学家又夸大了他的这些批评及对国家在经济中作用的观点。世人只关注他的《国富论》，似乎这是他唯一的著作，却忘却了另一本亚当·斯密本人更重视的《道德情操论》，甚至把这两本书中的观点对立起来。更离谱的是，我在大学上的"经济学说史"课程，只讲斯密劳动价值论的贡献及内在矛盾，而对其他思想，包括市场经济思想、国际贸易的绝对优势理论，一概避而不谈。我们往往像盲人摸象一样，只看到亚当·斯密思想的一个局部，而没有看到全部；只看到它的表面，而没有看到实质。这也是亚当·斯密作为一个经济学大师不可避免的悲剧。

理解亚当·斯密不能忘了他所处的时代。亚当·斯密所处的时代是市场经济和工业革命蓬勃发展的时代，这时市场经济制度在英国已经形成，这是一个全面变革的时代。市场经济的活力得以充分展示，同时它的缺点也已显露出来。亚当·斯密的思想正是对这个伟大时代的思考。英格兰的启蒙思想家在欧洲大陆和英国的启蒙运动中十分重要。休谟、哈奇森等启蒙主义思想家影响了亚当·斯密，所以，亚当·斯密的经济思想正是英格兰启蒙思想的一个组成部分。了解这种思想背景对理解亚当·斯密十分重要。

了解亚当·斯密的思想时，应该注意几点。第一，亚当·斯密生活的时代，市场经济化处于早期阶段，它的复杂性还没有充分展示出来。而且当时只有英国市场经济这个唯一的模式，没有显示出市场经济的其他模式，也没有反映出市场经济的多元性。亚当·斯密抓住了市场经济的本质，并预见到它巨大的活力。这正是他的伟大之处。但他不可能对市场经济有更全面的认识。

第二，亚当·斯密深受英格兰启蒙主义的影响，尤其与休谟相交甚笃，从人性出发来研究市场经济。他肯定了人的利己本性，市场经济的作用正在于人性的这种力量。但他也认识到，人性中还有利他的一面，有同情心、仁慈等等善的行为。他的思想体系是在此基础上建立一个符合人性的社会。这样的社会需要市场力量的推动，但也要有法律与道德的制约。可惜他的思想体系并没有完成，这才导致了误解。

第三，当时经济学还处于初创时期，还没有现在的各种模型，甚至数学表述。亚当·斯密对历史与现实的分析和思考，涉及极其广泛的问题，如经济学研究的对象，分工的效率，交换的基础——劳动价值，以绝对优势为基础的自由贸易理论，国家的作用，国家收支的原则，人性的弱点，甚至对传统中国的看法等。但核心还是市场经济的运行。他涉及的许多问题已经过时，如劳动价值，有些已有了巨大发展，如国际贸易理论。对我们一般读者来说，对亚当·斯密的了解还要集中在市场经济以及相关问题上。必须强调的是，亚当·斯密是以人性的利己与利他来认识市场经济的，所以理解亚当·斯密的市场经济思想不仅要读《国富论》，而且要读《道德情操论》。许多人的误解正在于只看重前一本而忽略了后一本。

对亚当·斯密，我们不想涉及更深、更广泛，甚至有争议的问题，作为一般读者，我们应该读一本亚当·斯密的传记，对他的生平、思想有一个较全面的认识。此外再读一本关于利他思想与法律、道德在市场经济中重要性的书，以纠正一般对亚当·斯密的误解。

二

亚当·斯密的传记可谓车载斗量。有的以介绍生平为主，也有偏重思想分析的。当然更多还是这两者的结合。在写作风格上也极不同，有严肃的，也有活泼的；有针对专家的，也有面向大众的。在这诸多传记中，我选的是兼具生平与思想，且写作风格更适于一般读者的。这就是英国学者杰西·诺曼的《亚当·斯密传：现代经济学之父的思想》（李烨译，中信出版集团，2021年）。这本书入选还有两个原因。一是篇幅适中。有些书写得相当详细，恐怕一般读者难以读下去；有些写得太短，思想的介绍分析难免简单，容易引起误解。二是这本书相当新，原版2018年才出版。新版本当然能给我们提供更新的内容。而且，这本书的作者杰西·诺曼是伦敦大学的哲学博士，并非经济学专家。这样的作者来写可以跳出经济学家写的框框，他的理解与解释也更有利于非专业读者阅读。

这本书前面有中国学者朱嘉明和袁志刚两位先生写的两篇序言，对本书的内容做了相当有水平的总结概括和评价，对我们读这本书极有帮助。读者在读这本书之前可以先认真地读一读这两篇序言，作为阅读时的引导。

本书共分三部分，分别介绍亚当·斯密的生平、思想和影响。

一个思想家的生平经历对他思想的形成与发展影响极大。每一位思想家的传记中，生平经历都是重要的一部分。本书的第一部分"生平"正是介绍亚当·斯密的生平经历的。这一部分分为五章，介绍亚当·斯密的五个阶段。朱嘉明先生把这五个阶段概括为五个节点，即亚当·斯密思想形成的五个关键点。

第一个阶段即第一个节点是1723—1746年。1723年6月5日，亚当·斯密出生于苏格兰的柯科迪。这是苏格兰一个繁荣的贸易港。亚当·斯密幼年时进入一个相当好的文法学校，1737年10月进入格拉斯哥大学。他生活的时代苏格兰已与英格兰合并，是一个经济充满混乱和不确定的痛苦调整期。他在大学受道德哲学教授弗兰西斯·哈奇森影响甚大。哈奇森的思想属于苏格兰启蒙主义，他从人性出发，有自己独特的道德心理学和自然法理论的政府概念，以及辉格党的政治诉求，是一位温和的自由主义者。而且，亚当·斯密对自然科学亦有浓厚的兴趣，这引导他探求人类社会的自然秩序。他去过牛津大学，尽管牛津保守，但把他带入了一个更广阔、更宏大的社会。应该说，他的出生地市场经济的繁荣和哈奇森的自由主义理念给他一生的学术思想带来了不可忽略的影响。

1746—1759年是亚当·斯密人生的第二个阶段。他认为，这是"我生命中最有用、最快乐、最光荣的时期"。他思考什么是人类社会性的基础，让人们能够共享繁荣生活的条件和机制是什么。他在家阅读和思考。1748年，亚当·斯密在爱丁堡大学举办讲座，讲修辞学和纯文学。他还写过天文学史的文章。他在1750年见到了大卫·休谟，受到休谟相当大的影响，获得了终生在知识探索中最重要的友谊。休谟的人性论成为他思考经济和社会的出发点和基础。他任教于格拉斯哥大学，并在1759年出版了《道德情操论》。这本书的目的是解释道德情感如何从人类的社会性中产生，并维护文明是促进道德改善的力量这一方法。他的论述既是分析性的，也是基于人类经验的。他始终把这本书作为自己一生最重要的著作。

1760—1773年是亚当·斯密人生的第三个阶段。这一时期，他思考政府和法律的本质，准备写作关于法律和政府一般原则的《法理学讲义》。这本书并未出版，只留下一些学生的笔记。20世纪由英国经济学家坎南整理为《亚当·斯密关于法律、警察、岁入及军备的演讲》（陈福生、陈振骅译，商务印书馆，1962年）出版。从1764年起，他思考劳动分工、市场规模和专业化的影响，消费者文化和偏好，人类对以物易物和相互交易的态度，"自然价格"和"市场价格"，货币和金融的本质，银行和破产，国际贸易，利率，竞争，市场，信托，常备军和民兵，以及国际法等。这些思考实际上是为《国富论》的写作做准备。1764年2月，他辞去教职，和巴克卢公爵前往巴黎。在这里他结识了重农学派经济学家杜尔阁和魁奈，以及金融家内克尔、无神论者爱尔维修、数学家达朗贝尔等文化名人，尤其深受重农学派自然秩序学说的影响。回国后进入《国富论》写作的准备阶段。

1773—1776年是亚当·斯密人生的第四个阶段，也是写作《国富论》的时期。1773年5月，亚当·斯密为完成《国富论》来到伦敦。在这里，他加入了皇家学会和约翰逊博士俱乐部。1776年3月9日，《国富论》在伦敦出版，首印500册。本书作者杰西·诺曼认为"斯密作品的范围之广、篇幅之长、内容之精巧，任何人的总结都未能尽抒其妙"。学界对这本书评价甚高。亚当·弗格森认为：

"你在这个领域将独领风骚","它能够指导未来的几代人"。这种评价已为历史所证明。

1776—1790年是亚当·斯密人生的第五个阶段,也是他人生的最后时光。1778年1月,亚当·斯密在巴克卢公爵的催促下,担任爱丁堡海关委员会委员。这个职务收入颇高,年薪600英镑,工作并不多,适于亚当·斯密。这段时间他致力于《国富论》的传播。他最后的十二年主要在爱丁堡度过,有着自己的社交圈子。这一时期,他修订出版了《国富论》第三版,并修改《道德情操论》,担任了格拉斯哥大学委员会主席。1790年7月17日去世,享年67岁。

第二部分"思想"介绍亚当·斯密的学术思想,共分三章。

第六章"荣誉、事实和迷思"让我们从整体上把握亚当·斯密的思想。亚当·斯密的影响巨大而深远,但他的思想真正被人理解的部分还是少之又少。这首先在于,他看重自己的名声,精心塑造了他的生活与工作在后世的呈现方式,极其低调,使人难以了解。其次是《国富论》的光芒压倒了《道德情操论》,人们忽略了后一本著作。最后是他的著作的多样化,以及它们被引用的不同方式,造成了巨大模糊性。他的思想的核心是构建自己关于人的科学。这就是希望构建一种自然主义的、经验主义的理论,对人类生活的主要方面,包括道德、社会、艺术、政治和商业,进行一个统一的一般性叙述。他的"人的科学"属于进化论范畴。他的进化论有两个机制:文化机制和"看不见的手"的机制。对亚当·斯密缺少了解就产生了"五大迷思"。这主要是"亚当·斯密难题",即《国富论》中利己与《道德情操论》中利他的矛盾。许多人认为,亚当·斯密为富人代言,实际上他站在穷人一边,主张给穷人一个更公平的竞争机会,让他们成功。后世认为的亚当·斯密反对政府干预实际是一种误解。而且,后人实际对他的身份也有误解。他涉猎甚广,是一个伟大的思想家,但人们都把他理解为一个经济学家。这些误解和"迷思"说明我们并不了解亚当·斯密及其思想。

第七章介绍亚当·斯密的经济思想。他在经济学中最大的贡献是提出了市场经济的核心理念。这就是"在完全自由竞争的市场环境中，个人追求自我利益可以在不同类型的市场中发挥作用，从而产生更高的经济利益"。以后，这种观念发展为一般均衡理论。但许多人忽略了市场运行严格的假设条件，以后经济学转向数学，有了新古典经济学，也有了马克思主义经济学和奥地利学派经济学，战后新古典综合派曾成为主流经济学。斯密的经济学是与历史学、社会学、哲学、伦理学密不可分的，他并不是市场原教旨主义者。忽略了这些会误解亚当·斯密的经济学体系。

第八章介绍亚当·斯密的市场思想。今天，有效市场假说已成为公众理解经济学和市场经济的核心概念。但亚当·斯密反对使用高度理想化和人为的假设。他并没有把市场机制偶像化，也没有把市场交换看作解决经济弊端的灵丹妙药。他反对奴隶制和奴隶贸易这种市场交换。他认为，市场可能被贪婪和暴政支配，并与公共利益相背离。市场上有些被忽略的、矛盾的东西。现实中不受监管的市场是很少的，而且，并非所有市场都是一样的。市场也在不断变化和发展。市场的运行并不能独立于参与者的心理状态。总之，市场构建的并不是一种纯粹的自然秩序，而是一种被创造和建构的秩序。市场有局限性。自然的自由体制并不是让人们为所欲为。"看不见的手"理论也有局限性。

第三部分介绍亚当·斯密对当代的影响。作者认为，现代社会是个裙带资本主义社会。这种社会的两个特征是，商业活动与更广泛的公共利益失去了任何联系，以及商业利益与商业回报分离。在这种文化中，正派、谦虚和应该尊重的价值观被忽视了。短期主义和快速回报支配了长期以来建立的相互义务、公平交易和公正回报的准则，表现为收入分配不公正和寻租等现象。但把这些归咎于亚当·斯密是不对的，因为他并不是一个自我利益的倡导者，他不相信理性行为仅仅是由对利润的追求构成的。他也不是自由放任的信徒，也并不站在富人一边，他并不反对政府。他不认为所有市场的运行都是一样的，也不认为市场已形成一种自我调节系统，不用政府干预。他敏锐地意识到商业社会的优势和弱点。他关于寻租、信息和权力不对称，以及委托人与代理人利益冲突的观点是有意义的分析工具。追寻亚当·斯密的思想可以认识到，市场是有史以来促进经济发展、财富创造和社会进步最伟大的工具，但它同时会刺激人们以有利于社会生产和不利于社会生产的方式行事。

这本书是对亚当·斯密思想全面的介绍与分析，尤其是强调了他市场经济的思想并不是市场原教旨主义，对我们全面理解亚当·斯密的思想体系很有意义。如果大家还想进一步了解亚当·斯密，可以读英国学者伊安·罗斯的《亚当·斯密传》（张亚萍译，浙江大学出版社，2013年）。这本书近62万字，详细得多，也是近年来研究亚当·斯密的重要成果。

三

外国经济学家有用小说介绍经济学、阐述自己经济思想的做法。这里介绍一本关于亚当·斯密的小说《拯救亚当·斯密》（乔纳森·B.怀特著，彭一勃等译，机械工业出版社，2004年）。

作者怀特是美国里士满大学的经济学教授。他认为，人们仅仅根据《国富论》，就把亚当·斯密作为市场经济的"至圣先师"是误解了他，这样解释亚当·斯密就是害死了他。因此，他要着重介绍《道德情操论》，全面了解亚当·斯密，这才能拯救他。这就是书名的来由。

这是一本"幽灵小说"。写亚当·斯密死后被尊为市场经济的"至圣先师"，把为市场经济唱赞歌作为他的唯一的思想，并受到人们顶礼膜拜。但他通过人世间传来的关于市场经济下各种不良作为的信息，深感自己被今天的世人误解了。人们只记得他在《国富论》中关于"看不见的手"的论述，而忽略了他在《道德情操论》中关于同情心、仁慈等道德的论述。他知道市场经济带来的各种罪恶。人们对他的赞美让他心有悲意。他决定还魂，再回人间，向世人解释他的思想本意。

他借移居美国、正失业的罗马尼亚机械师哈罗德·蒂姆斯的肉体来到美国。他找到了主张自由放任市场经济的经济学博士理查德·伯恩斯,与他一同驾车外出旅游。在路上,他借哈罗德之嘴向伯恩斯解释亚当·斯密的思想主旨与本意,纠正人们的错误理解。

伯恩斯是一个主流经济学家,只看重数学方程式和完全竞争的市场假设,并用各种统计数据来论证市场经济下一切行为都合乎理性。或者说,伯恩斯是一个市场原教旨主义者,对亚当·斯密的理解也仅仅是"看不见的手"。他的导师拉迪麦尔也是一位自由主义经济学家。他的改革口号是"S-L-P",即稳定、自由化和私有化。伯恩斯通过导师介绍,为世通公司在俄罗斯的投资提供咨询研究。

在与伯恩斯及其女友朱莉女士见面时,斯密附体的哈罗德告诉他们,世人把他们自己的学说当作亚当·斯密的思想来介绍。他们只读《国富论》,而不知道《道德情操论》才是《国富论》的基础。这就是说,道德是市场经济的基础。没有道德的市场经济必然罪恶丛生。因此,世人对《国富论》的解释是错误的。幸福是人所追求的,但幸福并不是财富,而是内心的平静。个人利益并不是自私,亚当·斯密并不提倡贪婪。伯恩斯在约塞米蒂租了房子修改论文。他们与哈罗德一起出发。正是在这一路上,被亚当·斯密附身的哈罗德解释了他的思想,并说服了伯恩斯。

他们的交谈围绕三个问题:财富、变革与美德。关于"财富",亚当·斯密认为,分工和贸易增加财富,分工受市场规模限制,由此他主张自由贸易。但他还强调了另外两点。一是分工的前提是对个人权利的保护,这就是政府的作用,同时政府的投资也同样可以增加财富。二是财富不等于幸福,不是财富越多越幸福。他举例说,穷人的儿子为财富去当奴仆,这就会失去自尊,谈不上什么幸福。

在"变革"这一部分中,亚当·斯密强调了《道德情操论》的重要性,纠正了人们重视《国富论》而忽略《道德情操论》的错误。他强调,自己对《道德情操论》修改了六版。第六版在《国富论》

首版后14年才出版,且被译为法语、德语、俄语。这本书受到当时休谟等著名学者的一致赞扬。这本书才是认识市场经济的基础与出发点。

"道德"这一部分是亚当·斯密解释道德在他的市场经济理论中的地位。他认为,市场经济的基础不是自私,而是自爱。自爱中不仅有对个人利益的关心,还有基于同情心和仁慈对他人利益的关心。自爱由利己与利他组成,缺一不可。谨慎、仁爱、公正是高尚道德的基本特征。经济学家所说的选择,不仅有资源使用的选择,还有道德的选择。伯恩斯在与亚当·斯密化身的哈罗德的交流中,接受了亚当·斯密的思想,对世代公司危及环境的俄罗斯铝业收购计划表示了反对。朱莉本来对与自由主义的伯恩斯结婚心存犹豫,但当伯恩斯放弃自己那些错误想法后,他心爱的朱莉就与他成婚了。

作为"幽灵小说",当然不能只有亚当·斯密一个"幽灵",也不能仅仅是对话。小说安排了伏尔泰、卢梭、魁奈、休谟等亚当·斯密同时代的大师也附体出现在一个赌场,让大家了解当时的时代背景和各种思想。小说还安排了一个名为POP(人民高于利益)的组织。这个组织反对企业追求利润所引起的收入差距不断扩大、环境破坏日益严重等问题。小说中还有属于这个组织的赫斯由于误解亚当·斯密和伯恩斯而刺杀他们的惊险情节。这样,这本书就不是枯燥的学术讨论和说教,而是一本情节丰富的小说了。当然,经济学家写的小说比不上小说家写的那么引人入胜,但把经济学道理融于故事情节之中,比只讲道理要好读得多。读者结合故事来理解其中的道理也容易得多。

我们介绍的这两本书都是为了纠正世人对亚当·斯密的片面理解,更全面地认识亚当·斯密思想的伟大之处。这两本书都强调了三点。第一,我们只根据《国富论》来解释亚当·斯密的市场经济思想,甚至把他说成市场原教旨主义鼻祖,是全然误解了亚当·斯密。离开《道德情操论》就无法全面了解亚当·斯密市场经济理论创建的伟大之处。第二,市场经济的基础绝不是人性中的利己,而是人性中利己与利他统一的"自爱"。以利己来理解人性也是歪曲了人性。第三,市场经济并不完美,它也会引起垄断、收入差距扩大、社会道德败坏等问题。因此需要法律、道德,更离不了政府的必要干预。亚当·斯密并不是完全自由放任的市场原教旨主义者。

读了这两本书才能真正走近亚当·斯密这位经济学大师。

创新的机遇
——《战争的果实》《现代医学的偶然发现》

　　创新一直是经济学的热门话题，也是各国经济政策的焦点。美国经济学家熊彼特在《经济发展理论》（何畏、易家详等译，商务印书馆，1990年）中创立了完整的创新理论。他给创新所下的定义及作用，早已成为经典。管理大师彼得·德鲁克的《创新与企业家精神》（蔡文燕译，机械工业出版社，2015年）从企业的角度论述了如何创新。从社会的角度看，创新出现的机遇是什么呢？

一

　　从经济学的角度看，创新可以分为技术创新与制度创新。技术创新又可分为科学理论创新和应用型技术创新。我们平时常说的科技创新实际上是包括了这两种创新在内的技术创新。
　　科学理论创新和应用型技术创新有什么关系呢？
　　在古代，的确有一些智者出于天性中的好奇，探索大自然的奥秘，在观察与思考中产生了萌芽状态的科学。但科学通常还来自社会需求。古埃及人丈量土地的需要产生了几何学，农业社会确定农耕季节的需要产生了天文学，等等。人们在实践中总结出的经验和知识上升为科学。科学是人们探索、观察和思考的结果，但归根到底来自实践。在人类社会相当长时期中，科学理论和应用型技术是很难分开的。阿基米德是科学家，但当战争需要时，他就把科学理论运用于武器制造。那时没有纯粹的科学家或应用型技术专家，两者往往统一在一个人身上。

科学革命以后，科学理论和应用型技术日益复杂，各自有不同的特点与方法，于是它们分开了。科学家通过观察或科学实验，用归纳法或演绎法来总结从中得到的知识，这就有了科学理论。根据经验或科学理论来解决现实中的技术问题，这就有了应用型技术专家，或称发明家。

有许多靠经验或自学成才的应用型技术专家。对蒸汽机做出关键改进的瓦特，发明汽车的戴姆勒、本茨、迈巴赫，发明飞机的莱特兄弟，甚至当代最伟大的发明家爱迪生，都没有受过系统的科学理论教育。但随着要解决的现实问题和要进行的发明日益复杂，科学理论成为应用型技术的基础。没有化学理论的发展，就难以有今天发达的化学工业；没有丰富的科学理论，也设计不出汽车和飞机；同样，没有相对论就没有原子弹和今天原子能的广泛运用。当代许多复杂的应用技术更离不开科学理论。

同样，应用型技术的发展也推动了科学理论的进步。一方面，应用型技术的发展向科学提出了解决一些理论问题的需求。科学家应这种需求去思考、研究、实验，会得出新的理论或发展已有的理论，科学就进步了。同时应用型技术的发展也会上升为科学理论。另一方面，应用型技术的发展也为科学进行观察和实验提供了工具。没有射电天文镜的发明与制造，有空间物理的发展吗？没有电子显微镜的进步，有基因理论吗？科学理论和应用型技术是一对无法分开的"双胞胎"。

科学理论和应用型技术的产生与发展归根结底都来自社会需求。这种社会需求从根本上是社会发展中遇到的现实困难问题需要科学理论解释，实用型技术解决。当然这些需求还来自人和社会生存与发展的需要。需求分为不同层次，有轻重缓急之分。科学理论和应用型技术总是先解决那些迫切的问题。人与社会的需求是无限的，这就推动了科学理论与应用型技术不断发展、进步。

在市场经济中,需求还来自追逐利润的动机和竞争压力。企业为了追求利润最大化,会不断创新,降低成本,用不断花样翻新的老产品或新产品来赚钱。同时,社会上又有不少企业相互竞争、争夺市场,一个企业也要通过创新来应对竞争对手。有时,这些创新所提供的老产品新花样或者新产品也许并不是人们所需要的,或者迫切程度并不强。大家想一想,我们生活中有多少这样可有可无、扔之可惜、留着又没用的东西?不过总体上看,企业为追逐利润应对竞争而进行的创新还是大大丰富了我们的生活,使我们享受到更多福祉。

科学理论和应用型技术的创新都来自社会需求,但并不是社会有需求,就会有科学理论和应用型技术的创新。这两者之间存在一种时间的间隔,或称为"时滞"。一般来说,是先有需求,而后有创新。但就科学理论而言,也有成果先于社会需求的情况。有不少科学家并不是根据社会需求进行创新,而是根据自己的兴趣,进行实验、思考,提出了一些当时看来并没有应用价值的理论。它们并没有立即转化为应用型技术,产出成果。但我们不能要求所有科学理论都有现时的实用价值。有些理论看似无用,但对科学的发展起到至关重要的作用。比如数学看似没有实用价值,但它是一切科学的基础和研究工具,作用大到你不可想象。有些理论则会在以后有实用价值,如相对论。一个没有科学的国家是无法强大繁荣起来的。

什么时候科学理论能转化为应用型技术?这就看科学理论本身和社会需求了。社会需求为科学理论的创新和科学理论转化为应用型技术提供了机遇。我们现在就读两本书来探讨一下这种科学理论和应用型技术创新的机遇。

二

在人类社会的各种需求中,战争中取胜是最迫切的需求。因此，纵观历史，战争是创新最大、最多的机遇。美国畅销书作家迈克尔·怀特的《战争的果实：军事冲突如何加速科技创新》（卢欣渝译，三联书店，2009年）正是用讲故事的方法，从七个领域的重大创新说明战争如何为创新提供了机遇。

人类的历史可以简单分为战争与备战两个时期。人类的攻击性本能引起战争，所以总是正在进行战争或准备下一次战争。即便是一个爱好和平的国家，也要为应对战争和保卫国家而准备战争。打仗和备战是一种关系国家存亡的最迫切需求。这就激发起人的创造力，国家为此也不惜血本，从而大大推动了创新，是创新最好的机遇。

作者在"导言：科技是双刃剑"中说明了战争与创新的关系。他指出："历史告诉我们，人类对战争的需求，人类对冲突的狂想，戏剧性地产生了许许多多正面的东西。""人类在战场上遭受的各种磨难，在相当程度上又促进了人类文明。"

人们总想打赢战争，备战也是为了军力强大，为了在未来的战争中能打赢。这时政府与军方就会关注各种科学理论和应用型技术对取胜的意义，他们会不惜血本，资助这些研究或发明。这种创新的成果当然先由军方用于战争，但以后会转向民用。有些在开发时是民用技术，在战争的运用中得到完善与发展。当然，有大量创新是军用民用都可以的，主要由军方资助。本书中的七章内容就介绍了这些战争或备战的成果。

第一章"从古希腊战神到激光手术刀"介绍战争对医学创新的推动。

战争中士兵受伤是最常见的，也是严重的，所以外科手术是最为必需的。在外科手术中最重要的发展是输血和麻醉技术。战争中士兵处于艰苦和危险的环境中，易于感染各种传染病（1918年西班牙大流感就起源于美国堪萨斯州的军营），这就促进了各种药物的研发与应用。其中影响最大的是青霉素和各种杀菌剂。战争中受伤的士兵需要护士的照料，南丁格尔就是在战时做出贡献的护士。在战争中，一支有组织、高效率的护士队伍形成了。受伤的士兵需要整容，今天的整容技术即由此发展而来。战时士兵由种种原因引起的心理疾病促进了心理治疗。战时医院的管理需要高效，这就刺激了医疗管理的许多创新。总之，今天医学的许多重要发展都与战争相关，是战争的结果。

第二章"从古代兵器到核威慑力"说明武器开发对科学理论和应用型技术的推动。这些成果改变了我们生活的技术和社会基础。

古代从木棒与石头发展到弓、箭等各种冷兵器，促进了金属冶炼和加工技术，尤其是铜与铁的冶炼与加工改变了人类历史。

战争中防御系统与进攻性武器是一枚硬币的两面，对立又共存。早在古埃及时就有了防御系统，为了攻破这个系统，就必须开发进攻性武器，从抛石机到其他武器不断发展，这就有了钢铁工业和火药的制造，由此又促进了蒸汽机与采矿工具和技术的进步。这也是工业革命的动力之一。攻防技术首先是城堡设计与建筑技术的发展，而攻城所需的火炮不仅使冶炼与加工技术进步，也催生了化学、物理、弹道学及数学的进步。大规模武器生产是规模化生产之始，使制造业向工厂生产线方向前进。原子弹的出现还推动了人类对核能的相关运用以及与此相关的科学理论的发展。

第三章"从古代楔形文字到现代信用卡"介绍战争中文字的运用，以及银行业务与金钱管理、后勤保障管理与时间管理的创新如何推动了社会进步。

文字的出现方便了人类记录与交流信息，从古代苏美尔人起，文字就用于记录、交流战争中所需要的各种信息，并通过宣传与反宣传来确保战争的胜利。为了使交流的信息保密还发明了加密和解密的技术，这就创立了密码学。社会管理中一个重要的内容是金钱管理和相应的银行业务，这与战争中筹资和资金的调动相关。军队需要严格的纪律和庞大的后勤保障，这也影响到人类社会各方面的纪律与管理，对时间管理的需要也推动了格林尼治标准时间的出现。如今许多管理社会的制度和方法都来自军队的管理。

第四章"从古双轮子车到子弹头火车"说明人类交通工具和速

度进步的主要动力也来自战争需求。

军队移动的速度对战争胜负至关重要,这就是"兵贵神速"的含义。为了提高速度就必须改善交通工具和道路。早在公元前1800年,亚述人就已经把双轮子车作为战车,罗马人修建的公路网目的之一就是快速运兵。近代对战争影响重大的是铁路和火车的出现。铁路作为工业革命的重要成果,影响了经济,也改变了战争。战争的需要推动了铁路和火车的进步。进入汽车时代,汽车不仅用于军事,而且人们还发明了专为战争设计的坦克车、装甲车和吉普车,使汽车制造技术不断进步,汽车家族不断扩大。

第五章"从热气球到航天飞机"介绍战争如何推动了航天工具的发展。

人类自古就有飞上蓝天的梦想。1782年,法国人梦高飞兄弟发明了气球。气球一出现就被用于军事侦察和实战,并组建了气球部队。莱特兄弟制造出飞机后,飞机受到军方重视。这使与飞机相关的科学和技术都有了飞速发展。一战时,英国、德国、法国、意大利、俄国、美国都有了用于作战的飞机。二战时飞机更为重要,发展也极快。运用于军用飞机的技术很快运用于民用。飞机的速度、续航能力、安全性能和舒适程度大大提高,各国都出现了航空公司。人类用火箭的历史也很早,但火箭技术的真正发展还是在二战中德国V-2弹道的运用。战后火箭技术迅速发展,不仅用于战争中的导弹,甚至还用于人类对太空的开发。

第六章"从木浆船到跨海巨轮"介绍海上船只的进步。

欧洲人一向重视海洋,有"得海军者得天下"之说。古人一旦有了船,海洋就成为人类的第二战场。许多涉及航海、地图绘制、舰船设计的核心内容是中国人首先掌握和发展起来的,郑和下西洋是这些技术的综合体现。欧洲人强调海军强则帝国强。古代木船最重要的创新是三角帆和船舱。这种船装上大炮就是战船。航海不仅需要船,还需要航海技术,这就催生了海图和全球导航。海上征服的需要不断促进了造船技术的进步,从木船、帆船到蒸汽机的轮船。

不仅有海上的船，还有了用于战争的海下潜艇。如今的核动力航母和潜艇已经相当发达。

第七章"从古部落信息鼓到互联网"介绍信息传播技术的发展。

信息传播，包括命令传达，对战争极为重要。古代用击鼓、烟火和镜子传递信息，并用旗子、符号等加密。电话和电报的发明被迅速用于战争。无线电技术对战争起了极大作用。无线电波并非唯一能在空中传播的电磁辐射形式，还出现了微波，有了雷达。数字和计算机技术对现代战争尤为重要，这就催生了今天对生活影响甚大的芯片和计算机。这种发展使世界进入互联网时代，是全球化的重要推动力。

未来会怎么样？作者在"尾声：不得不说的话"中指出："在相当长的一段时间内，战争和冲突不可避免。军事和民间会一如既往互为补充，整个人类的生活将会从中受益。"

这本书讲了许多故事。从这些古今中外的故事中可以看出三点。第一，战争的需要是推动创新最大的动力。即便在和平时期，为应对可能威胁的备战，以及为维持各国平衡的军备竞赛也是创新的动力，为创新提供了机会。第二，政府为国家安全投资于有军事意义的项目，是重要的创新资金来源。政府还可以集中整个社会的人力与物资资源，实现科学理论与应用型技术的突破。第三，用于军事目的的创新也可以转为民用，推动社会进步与人民福祉的增加。我们今天能享受到的许多服务，从安全迅速的空中飞行，到豪华的超级游轮，再到每天都离不了的手机与互联网，最初都来自军用目的创新。战争也是双刃剑。

从最早进入农业社会的苏美尔人开始，一部战争推动的科技创新史尽在这本书中。

三

许多创新都是有目的地投资与开发的结果，但一些创新，甚至重大创新,是某些天才的"灵光一闪"或某项开发的副产品,甚至失败带来的偶然发现。在创新中,这种"有心栽花花不开,无心插柳柳成荫"的情况还不少。这就是偶然性给创新提供的机遇。美国医学专家默顿·迈耶斯在《现代医学的偶然发现》(周子平译,三联书店,2011年)中用医学上的例子说明了这一点。

在"序言"中,作为医疗放射学家,作者在一次观察腹腔时意外发现癌细胞向身体特定部位扩散的方式。这说明,"一个不经意的举动,一次偶尔的下意识观察,甚至一个疏忽,结果却带来了一个令人惊喜的结果","在科学发现中意外察觉是十分重要的"。

在"导言:意外发现,科学中严密防守的秘密"中,作者论述了医学研究中常规研究与偶然发现之间的关系。

在医学研究中,许多成果是长期有目的而艰辛研究的结果,但也有一些是出于一种偶然,甚至是一种错误。科学史专家托马斯·库恩在《科学革命的结构》中区分了"常规的"和"革命性的"科学。在常规的科学中,研究者在流行的范式框架内工作,应用所积累的知识来明确地界定问题。他们受常识的指导,在已确定的信念和方法的框架内探索问题。他们试图让事物适合模式。革命性的科学才能带来创造性跳跃。此时思想与传统决裂并以新的眼光看待世界。这种科学的产生是盲目的。一般研究者都用常规的方法,常规科学也是科学发展的主要阶段。但革命性的科学也不可忽视。这两者互为补充,缺一不可。偶然性发现还取决于高度的智慧、敏锐的观察力和正确的判断力。创造性思想来自理性思考、直觉和想象,其中直觉最重要。发现需要偶然的幸运。本书分为四部分,通过对传染病、癌症、心脏病和脑科学四个领域内的发现说明偶然性的重要。

第一部分"新时代的曙光:传染病与奇药抗生素"介绍青霉素这种抗生素的偶然发现。

列文虎克用自制显微镜发现了细菌。法国科学家巴斯德发现了细菌导致疾病。年轻的医生科克作为消遣用显微镜观察时,发现了引发炭疽病的细菌,他的论文《伤口感染探源》确立了细菌理论。

这些都是偶然发现。19世纪中叶，德国犹太人埃尔利希在研究砷化物用于治疗锥体生病对人的副作用时，他的一名助手研制出了606号化合物。由于缺少分解这种化合物的真空设备，它被放置了一年多。这种偶然的放置就产生了治疗梅毒的特效药砷凡纳明（606）。20世纪20年代，德国法本公司的科学家多马克研究链球菌时偶然发现名为百浪多息的染料可以消灭链球菌。他说自己是在研究过程中碰巧发现了这种有效的治疗方法。法国科学家特利福尔又发现了磺安制剂，在回忆录中他称这是"偶然的幸运发现"。

医学中最神奇的偶然发现应该是青霉素。1928年，伦敦被污染的空气中含有青霉素的毒雾从弗莱明打开的窗户中飘进，落在他打开的培养皿上。以后弗莱明在清洗葡萄球菌板时，注意到板上霉斑的周围无菌。这种霉斑就是无意飘进来的青霉素。对提取青霉素做出贡献的是弗洛里和钱恩。他们三人获得1945年诺贝尔奖时，弗莱明说："青霉素起源于一个偶然观察到的现象。"

美国科学家瓦克斯曼创立了土壤微生物学，他与学生证明了土壤中的链霉素对肺结核的治疗作用。这一发现来自新泽西的一位农场主送了一只病鸡给他们。布鲁姆伯格发现澳大利亚抗原是乙型肝病毒的一个标志。诺奖委员会1976年给他颁奖时，他承认发现的偶然性。传统思想把胃溃疡病因归结为压力、饮食、吸烟或心理。澳大利亚的沃伦和马歇尔发现这种病来源于幽门螺杆菌。他们坚持并证明了这一点，获2005年诺贝尔奖。

第二部分"大蒜气味引发抗癌战"介绍治疗癌症中的偶然发现。

1943年，德国轰炸巴里港，英舰上的芥子气弹引起多人死亡。调查发现有大蒜味的芥子气对白细胞带来致命的破坏，并使淋巴细胞量严重下降。由此发现氮芥等烷基类制剂引起骨髓和淋巴的减少，可有效地用于医治某些癌症，并开启了化疗治疗癌症的时代。40年代，美国医生法伯用叶酸治疗白血病，但发现起作用的是叶酸的对抗物，由此产生了叶酸的对抗药甲氨蝶呤，形成组合化疗方法。从一种植物长春花中发现的全新化疗药物长春碱也是偶然发现的。美国生物物理学家罗森伯格在研究电流对大肠杆菌生长的作用时，发现各种铂化合物都对晚期癌症有疗效。芝加哥大学外科学教授哈金斯研究睾丸激素对前列腺液的影响时发现，雌激素可以控制前列腺癌。美国医生福克尔曼发现血管再生促进癌细胞成长，又发现软骨可以阻止血管再生，经过不同的偶然发现终于开发出不同的血管生成剂或抑制剂。医生们还偶然发现阿司匹林可以减少结肠癌，沙利度胺可以治疗骨髓癌，等等。

早在20世纪初，美国的劳斯就通过对鸡的恶性肿瘤的研究证明病毒会引发恶性肿瘤。毕晓普和瓦慕斯证明，癌基因是一种控制细胞生长的正常基因，发生变异后成为诱发癌症的基因，并为预防和治疗癌症指出了新方向。科学家从污染的疫苗中得出阻癌基因。这种偶然发现开拓了用基因药物治疗癌症之路，这就有了干细胞治疗技术。抗癌的历史证明偶然性是治疗癌症进步的一个重要因素。

第三部分"一根颤动的石英丝破解心脏秘密"介绍心脏病治疗中的偶尔发现。

人类对心脏的认识来自古罗马的盖伦和17世纪的哈维。19世纪德国科学家用青蛙进行研究时，偶然把一只青蛙切断的末梢神经掉到另一只青蛙心脏表面，意外发现了心脏的每一次搏动都会产生一种电流。荷兰医生爱因托芬用一根极细的导线通过磁场传导心脏的微弱电流，导致了心电图仪的发明与应用。1929年德国医生福斯曼进行了人体心脏引导术，美国医生柯南和理查兹运用了人体心导管检查术。1958年，美国医生向一个病人的动脉中插入一根导管，导管端头不慎滑落，染剂进入心脏，但病人的心脏在几秒的停跳后又恢复，并没有任何并发症。由此发现通过注入不带氧的液体获得整个冠状动脉循环清晰而细微的图片的方法，为认识和治疗心脏病提供了帮助。

1963年美国医生多特在为病人进行导管检查时不慎把通过血管阻塞部位的导管堵塞了，但这种偶然失误却使血管疏通了，后来发展为冠状动脉成形术，救了许多人。1947年美国医生沃尔希斯在进行狗心脏瓣膜替换手术缝合时无意误留了一根丝缝线。几个月后医生打开死去的狗的心脏时发现一根粗线横贯心室，表面闪着亮光，心脏内膜在线上生成起来。这就衍生了今天许多人用的心脏支架。1978年美国医生富奇格特在实验时，一名技术员没有把前次实验药物洗掉，由此发现血管内皮有引起扩张血管、调节血压、引发勃起、抗感染、防血凝，以及作为神经系统信号分子等作用。这种作用源于内皮产生的一氧化氮，由此发明了血管抗驰素。1986年辉瑞公司开发出一种治心绞痛的药，但实验证明对血液循环和心脏功能作用不理想，却增加了通向阴茎的血流，这就是有名的伟哥。动脉粥样硬化的根源是缺乏抑制胆固醇的LDL。日本神户大学渡边义雄养的一只兔子胆固醇为正常量的十倍，类似的兔子都由于缺乏LDL死亡，于是有了各种降低胆固醇的药。1916年美国医生企图找出人体内自然产生的凝血物质，却无意中发现了强有力的抗凝剂，这就是肝磷脂。以后又发现了抗血凝的链激酶和香豆定，但最有效的还是阿司匹林。许多偶然发现深化了对心脏病和血液的了解，并找到医疗方法。

第四部分"缺陷来自化学而非性格：情绪稳定药物，抗抑郁剂及其他精神药物"介绍探讨脑科学和精神疾病中的偶然发现。

奥地利药理学家奥托·洛伊受一个梦的启示，证明神经元将其脉冲从一个传向另一个的机制是化学物质乙酰胆碱。这说明，神经类疾病源于化学物质，也开启了药物治疗精神类疾病的时代。这类病的疗法中也充满偶然与幸运。

20世纪上半叶的治疗方法有发烧疗法、胰岛素昏迷法、化学药物米特拉唑疗法和电痉挛治疗法。胰岛素昏迷法就来自一个偶然。一位奥地利医生不慎给一个有吗啡瘾的病人服用了过量胰岛素。那个病人也有糖尿病，服药后轻度昏迷，但醒来后头脑分外清楚，对吗啡的渴望也缓解了。20年代后开始采用手术治疗法，即脑额叶切除。50年代左右又开始用药物治疗。澳大利亚医生在实验中发现，躁狂病人、抑郁症患者、精神分裂患者由尿毒引发精神疾病，可以降低尿毒的是锂尿酸盐。以后又发明了氯丙嗪、使尔通、单胺氧化酶抑制剂、安定、LSD致幻剂等，其中许多药都是偶然发现的。

在"结语：给偶然的机会：幸运发现的培植"中，总结出在医学发现中："更通常的情况是，某个人意外地碰上了一个答案，经过创造性思维，弄清了他无意之中所解决的问题。"现行的研究体制不利于这种偶然发现，所以需要注意培植偶然发现。

作者虽然是医学专家，但读书甚多，不仅对医学，对其他领域也了解不少。这就使这本书内容丰富，而且由许多故事组成，读来也有趣。这本书讲的虽是医学，但道理对其他领域同样适用。记住作者最后的话，要培植科学中的这种偶然发现。

艺术与金钱
——《疯狂经济学》《名利场》

在文人雅士看来,艺术崇高而神圣,金钱是俗不可耐的"阿堵物",两者风马牛不相及。如何能把两者联系起来呢?先别忙着说"不",听我讲完道理,读完我推荐的两本书,再下结论也不迟。

一

人类最早的艺术应该是在西班牙、法国山洞里发现的岩画了。我们不知道谁人所画,也不知道为何而画,但有一点可以肯定,是原始人在吃饱喝足之后,心情愉悦时画出来的。一个饿得两眼发昏的人,即使是以画为生的大画家,也无心无力作画。这就说明,艺术的基础是经济,说得俗一点,艺术的基础是俗不可耐的金钱。我们在欣赏画作时往往忘了背后的金钱。

艺术家也是人,生存是一切活动的前提。有了钱,生活不错,起码可以维持温饱,才有闲心从事艺术创作。社会分工之后,艺术家成为一种独立的职业,他们或者把艺术作为一种生产活动,通过艺术创作赚钱,或者由别人资助进行艺术创作。中国历史上出名的艺术家,要么个人或家庭已用其他方法赚到足够多的钱,自己可以专心从事艺术创造,如明代苏州四才子和董其昌;要么靠别人资助,如新安画派和扬州八怪,都靠巨商中的徽商资助。外国也同样如此,从古希腊、古罗马以来,艺术品就是可以交易的,许多今天我们看到的精美雕塑都是富人美化庭院的装饰品。这些艺术家当然可以养活自己。自己的艺术品不足以养家糊口的,则要靠别人资助,文艺复兴时的许多画家就得到了美第奇家族的金钱支持。艺术的产生、存在和发展都以经济或者说金钱为基础。离开了金钱,一切都免谈。那些吃饱喝足的文人雅士觉得金钱俗不可耐,其实是他们钱太多了,多到感觉不到钱的重要。让他们穷一下试试,不把钱看得和命一样才怪。

从整个社会来看,经济是艺术的基础,每一个经济繁荣的年代都是一个艺术繁荣的年代。我们经常为宋人的艺术品惊叹、赞赏,别忘了宋代也是历史上经济最发达的时代。文艺复兴的时代也是从中世纪的停滞转向新时代起飞的年代。同样,经济发达的地方也是艺术繁荣的地方。明清时代的江南和文艺复兴时的佛罗伦萨、威尼斯,都是这样的地区。

经济是艺术的基础,还在于艺术品反映了一个时代的经济生活。张择端的《清明上河图》详细而生动地再现了北宋汴京的经济生活。许多历史学家都把这幅画作为研究宋代经济生活的重要依据。更多的艺术品与经济生活的关系并没有这么直接明显,如山水画、人物画、静物画等。但如果仔细研究,不少看似与经济生活没有明显关系的艺术品,也可以看出当时的经济生活。加拿大历史学家卜正民先生写过一本《维梅尔的帽子:从一幅画看十七世纪全球贸易》(我读的是台湾远流出版社的中译本,黄中宪译,2009年),就是从荷兰画家维梅尔的画来分析当时的全球贸易。历史学家用画或其他艺术品来研究当时经济者还为数不少。

其实,经济不仅是艺术的基础,艺术创作本身也是一种经济活动,即创造金钱的活动。马克思说过,资本主义把一切东西都变成商品。其实何必等到资本主义时代,只要有商品交换,艺术品就和其他东西一样成为商品。古希腊的雕塑是商品,以后许多画作都是订购的商品,更不用说现代了。一个农夫种地是经济活动,一个商人经商是经济活动,一个艺术家进行艺术创作也是经济活动。这些活动都是创造金钱的脑力或体力支出,都是经济活动。

艺术品成为商品不仅有了本身的艺术价值,而且还有了交易的市场价格。艺术品不仅可以欣赏,而且可以用来交易或投资。艺术品的创作、发展有自己本身的艺术规律,正如每一个行业都有自己的特殊规律一样。但如果仅仅把它作为用于交易的商品,它的定价、交易,则和其他商品一样有共同的经济规律。齐白石画的白菜和真实的白菜不一样,但当这幅画和白菜都在市场上出售时,决定它们成交的经济规律是相同的。这样,艺术与研究经济或者说金钱的经济学有了密不可分的关系。

普通商品市场上出现的价格涨落等现象,我们都容易理解,但艺术品市场上许多现象都令我们费解。为什么齐白石画的一颗假白菜比一颗真白菜要贵出几十万、几百万,甚至几千万倍?为什么齐白石画的白菜新中国成立初5元就可以拿下,而今天恐怕50万元也拿不下?为什么富人愿意花这么多钱买下齐白石画的并不能吃的假白菜?为什么其他画家画的白菜也许比齐白石画得还好,但不会像齐白石的白菜这样值钱?

这些问题看似是艺术品市场特有的,实际上仍然受经济学规律的支配。因此,正如我们可以用经济学来解释其他商品市场上的各种现象一样,我们也可以用经济学来解释艺术品市场上许多令人费解的问题。

这样说来有点空洞、抽象,不过你读过了我推荐的两本书,就能了解这些道理了。

二

先来介绍第一本书,英国经济学家唐·汤普森的《疯狂经济学:让一条鲨鱼身价过亿的学问》(谭平译,南海出版公司,2013年)。汤普森先生是商学院的教授,专精于市场营销、战略规划等。

这本书是他从市场营销角度对艺术品市场考察与思考的结果。

这本书的原名为"The $12 Million Stuffed Shark",直译出来为"一条售价1200万美元的鲨鱼标本",与译者加的本书副标题接近,因为当时美元与人民币汇率为1∶8,1200万美元就是近亿元人民币了。中文书名不知是译者还是出版社编辑改的。为了使读者更好理解,或者为了吸引眼球,译者改书名是可以的,而且有的改得很好。但像本书这样改书名就有点太离题,而且让人摸不着头脑,不知所云,还不如把原书的书名直译出来。多亏有个副标题,否则这样抽象书名的书,我是不会买,也不会读的。中国人重视给孩子起名字,其实给创作或译介的书起名也同样重要。

这本书是说明艺术品如何定价的。艺术品的定价和其他商品的定价同样取决于供求关系。不过影响艺术品供求关系的有一些特殊因素,这些特殊因素是其他正常商品所没有的,这样有些艺术品就由市场定出了极高的天价。这本书正是要告诉我们使艺术品定出天价的这些特殊因素是什么。读了这本书,你也可以知道齐白石画的假白菜为什么那么值钱了。

这本书是围绕一条鲨鱼标本展开的。这条鲨鱼标本题为"生者对死者无动于衷",由国际上赫赫有名的英国现代艺术家达米安·赫斯特指导制作。它以1200万美元的高价卖给超级富翁、SAC资本顾问公司的总裁史蒂夫·科恩。这本书的中心正是供求关系及相关的市场营销手段如何创造了这条鲨鱼标本的天价。

先看需求。对这种艺术品的需求不同于对一般商品的需求,决定它价格的因素也不同于一般需求。需求是为了满足某种欲望的。这种艺术品满足的是富人显示自己富有社会地位的欲望。这也是人的欲望之一,在美国心理学家马斯洛所讲的五个需求层次中,它属于一种社会需求。这种需求自古就有,许多原始部落中富人的"夸富宴"正说明这一点。美国制度经济学家凡勃伦注意到这种需求。他在《有闲阶级论》中指出:"要使他日常生活中遇到的那些漠不关心的观察者,对他的金钱力量留下印象,唯一可行的办法是不断地显示他的支付能力。"现在我们把这种需求称为"炫耀性需求",相应地,用于满足这种需求的消费则被称为"炫耀性消费"。

这本书中分析形成艺术品天价的需求时指出:"一位竞买者可能希望大张旗鼓地加入'重要艺术品的收藏家'这一群体,或者希望通过捐赠一幅重要的画作而成为美术馆董事会一员。一名对冲基金经理希望他竞得的作品能使他成为金融圈里有文化素养的富翁;一名外国买家可能正在觊觎一件世人皆知的抢手作品,以彰显他在自己国家中的身价地位;一位本国买家最在意的可能不是艺术品的历史地位或美学价值,而是访客能否一眼就认出它来。"这些显然都是和"夸富宴"一样的炫耀性需求。在任何一个社会中,有钱就有社会地位,所以,用于炫耀的商品当然不怕天价,而且越是天价,才越有炫耀作用。

天价艺术品不仅有炫耀的消费作用,而且还可以保值、增值。作为投资品的一般规律是,只有今天高价的东西,未来才有增值潜力。今天宋代的汝瓷、钧瓷都是天价,当年这些东西就价格不菲。富人要把他们的财富用于投资,天价艺术品可以满足富人这种投资需求。

从供给来看,这种天价的形成并不在于简单的、可计算的生产成本。这个鲨鱼标本的生产成本包括:征求鲨鱼的广告费6000英镑,买鲨鱼4000英镑,包装与运费2000英镑,再加制作的人工费用,远远达不到1200万美元。艺术品的天价与制作它的成本没有太大关系。决定艺术品价格的一个关键因素是制作它的艺术家的名气。同样一幅画,作画的实际成本对任何画家都差别不大,但画家的名气不同,价格差何止成千上万倍。其他画家画的白菜,用的成本,甚至画的好坏,也许与齐白石差不多,但只有齐白石的白菜能卖出高价,这仅仅因为齐白石太有名了!

一位艺术家的名气,固然离不开他的天才及创作能力,但更重要的还在于社会对他的认知度。这种知名度来自艺术品市场上权威人物或机构对他的评价、吹捧或炒作。赫斯特的许多作品都被国际上著名的鉴赏家、收藏家萨奇所赞赏和收藏，并由著名画廊高古轩经手。萨奇和高古轩在艺术品市场上知名度甚高。这就是市场营销手段。

在形成这条鲨鱼标本的天价中，萨奇起了关键作用。萨奇早年从事广告业，并以大胆而有特色的广告获得成功。他进入艺术品市场后举办各种艺术展，所选的艺术品都构思独特而大胆。他眼光独到又善于炒作，在艺术品市场中是一个一言九鼎的人物。他在超级富人圈中有广泛的人脉关系，并获得他们信任。早在1990年，萨奇就对赫斯特情有独钟。他参观了赫斯特刚出道时名为"赌徒"的仓库艺术展，大加赞扬，并买下名为《一千年》的作品。鲨鱼标本也是由萨奇资助完成的。

推动艺术品天价的还有画商和世界各地的艺术博览会。画商是画廊的经营者，是艺术家与收藏家的桥梁，他们本身也是著名的艺术品鉴赏家与收藏家。他们对艺术品的评价、购买，在艺术品市场上几乎成了"风向标"。由这样的画商或画廊赞赏、购买并经营的艺术品，价格自然就上去了。这条鲨鱼标本正是由著名画廊高古轩经手的。

艺术品市场具有垄断程度高和信息不对称的特点。画商或画廊对艺术品有相当高的控制程度，而且购买者掌握的所购艺术品的信息比画商或画廊少得多，这时供给方对价格就有相当大的控制权。作为购买者的超级富人，他们的炫耀性需求是刚性的，他们又有超强的购买力，所以只要这件艺术品可以炫富，他们并不在乎价格有多高，而且价格越高才越有炫富作用和投资价值。这样，供求就决定了艺术品的天价。

这本书的作者唐·汤普森在前苏富比董事会主席、拍卖大师彼得·威尔逊和许多画商、拍卖公司和艺术界人士的支持与帮助下，对艺术品市场进行了全面的考察和调查，收集了大量信息。在此基础上从市场营销的角度分析了艺术品市场的内幕。本文以赫斯特的鲨鱼标本为中心说明艺术品天价的根源。当然这本书的内容不止于此，作者对艺术品市场的其他方面，对许多知名现代艺术家作品的营销及其价格等，都进行了有趣的介绍。可以说，这是一本现代艺术品拍卖大全。我们的介绍只是九牛一毛。欲知当代艺术品市场的更多信息，还须去读全书。这本书写得生动而详细，包含了许多我们不熟悉的事情，读来甚为有趣。读这本书，我们也可以理解艺术与金钱的关系，让你对经济学的理解更加深一步。

三

我们介绍的上一本书是关于现代艺术品市场交易的，这一本书则是关于艺术品市场交易历史的。这就是英国作家戈弗雷·巴克的《名利场：1850年以来的艺术品市场》（马维达译，商务印书馆，2014年）。从这本书的副标题可以看出，这本书是介绍从1850年到21世纪的艺术品市场交易史的。

巴克是英国《伦敦旗帜晚报》艺术版通讯记者和ES杂志的特约编辑。他研究艺术品市场长达三十余年，曾为多家报刊撰写有关艺术品市场的文章，并在1982—1997年任英国保守党艺术部的艺术市场顾问。这本书可以说是他多年研究的结晶。这本书讲述1850年以来艺术品市场的故事，讲述艺术家如何与画商合作抬高艺术品的价格，如何维持艺术品的天价，并使之不断上升的逸闻趣事。这本书更多是把艺术品作为一种投资来分析，他比较了艺术品投资与其他投资（如服务投资）的回报，说明艺术品是一项有利可图的投资。这本书所说的艺术品是指绘画，并不涉及雕塑等其他艺术品。这是因为进入艺术品市场通过拍卖交易的主要还是绘画。但这本书得出的许多结论也完全适用于其他艺术品市场，如瓷器、家具、雕塑、古版图书等。这是因为艺术品市场有共性，在这本书中这种共性正体现在绘画的市场交易中。

这本书是按时间顺序写的，本文的介绍也按这种写法，介绍不同时期的艺术品市场。

在读全书之前，首先要认真读序言，"名利场：富人与艺术的价码"。这篇序的中心是论述艺术与金钱的关系，这也是全书论述的中心，因此可以把这篇序作为全书的大纲。1850年之前，国王、亲王和贵族把艺术品作为收藏品，这实际是把艺术品作为炫耀性消费品的。但以商业为取向的中产阶级则把艺术品用于交易，为牟利和投资而收购艺术品，这是把艺术品作为投资品。随着资本主义的发展，中产阶级的艺术品交易观在艺术品市场上成为主流。这正是艺术品市场繁荣的基础。艺术品市场上投机活跃，价格暴涨，让许多人暴富。艺术品市场是一个小市场，垄断性强且信息不对称，容易被合法操纵，随意定价，可以把艺术品作为"硬通货"。1850年以来，艺术品价格暴涨还在于收藏家、画商和投机者的运作，并不在于艺术品的品质、时代趣味和风尚。参与者从艺术品交易中获利甚丰。每个国家经济繁荣后都会有艺术品价格暴涨，中国就是一例。当然，艺术品本身也有自身的逻辑，这也会影响艺术品交易及利润。艺术品的价格由买卖双方自愿协商确定，但卖家可以合法操纵。决定艺术品价格的因素不少，但想象与期望起了决定性作用，从而导致价格一路上升。商人爱艺术品，在于它让他们远离实体经济的种种风险，因此，艺术品成为可靠的投资工具。本书正是以1850年以来的艺术品市场交易史来证明这些观点的。

第一章"艺术、金钱和福尔赛们"用英国作家约翰·高尔斯华绥的小说《福尔赛世家》中的人物来说明中产阶级对艺术品的态度，这种态度决定了艺术品市场的繁荣和艺术品价格上扬。在小说中，主人翁索尔斯·福尔赛是个悲剧人物，他有产业却迷恋敛财。当时艺术品市场能带来高回报，他就买了许多画。这些艺术品能满足人的多种需求，除了赚钱，还有虚荣与荣耀。他在购买艺术品时精于计算。他这样的人投身于艺术品市场，是因为艺术品的赢利能力比传统方式强。索尔斯·福尔赛代表的中产阶级不懂艺术品的价值，只知其价格。所以，艺术品成为赚钱的工具。这是理解艺术品市场交易史的关键。

第二章和第三章介绍维多利亚时期的艺术与投资，第二章以伦敦为代表讲英国，第三章以巴黎为代表讲法国。在英国，贵族和新兴中产阶级对艺术品收藏的态度明显不同。中产阶级买下艺术品是为了显示自己的财富和力量，表明自身社会地位的上升。换言之，是炫耀的需求。作者还介绍并评论了当时对不同画派的看法。这时促成艺术品交易和投机的投机者、交易商和资助人之间关系十分密切。在维多利亚女王时代的英国，"为金钱而艺术"取得了胜利。在同一时期的法国，法国富人不爱法国艺术品，也不买意大利艺术品。这个时期高雅的爱好是佛兰芒和荷兰艺术。1700—1860年，所有阶级都倾向于荷兰艺术品。这是因为他们认为，荷兰艺术有更多正面的品质，它是现世的和人道主义的。而且，荷兰的绘画数量更多。19世纪中叶，法国其他地区和巴黎一样，公司和商人开始购买美术作品。

19世纪末期，美国强大了起来。这时美国人进入欧洲艺术品市场。第四章"英国乡村别墅危机与美国人进入艺术市场：1880—1940"正是写这一时期的艺术品市场交易的。当英国强大时，英格兰的乡间别墅成为许多世界级大师作品的收藏地。1872年英国乡村经济萧条后，这些作品流出英国。一些流向新兴工业国德国，但绝大多数流向正在日益强盛的美国。当时美国的大富翁摩根、亨廷顿、梅隆等都是这些艺术品的购买者。

艺术品市场交易繁荣的同时，有罪恶，也有丑闻。第五章与第六章正是讲这些的。第五章"艺术品与贪婪：斯大林、梅隆以及世纪艺术丑闻"讲斯大林和梅隆的一些不光彩交易。20世纪30年代的大危机打击了欧美，也打击了苏联。欧美对苏联木材、石油和金属的需求暴跌，使苏联经济受到打击，尤其是必要的外汇很难获得。斯大林决定出口苏联各博物馆珍藏的大师艺术品，买主正是美国超级富翁、当时的财长安德鲁·梅隆。美国国会禁止进口苏联倾销的货物，梅隆就走私这些艺术品。仅1930—1931年交易额就达665万美元，占苏联艺术品出口的28%。苏联还在巴黎拍卖没收的贵族艺术品。其数量以吨计，1929年为1191吨，1930年为1687吨。其中不乏艺术珍品。关于这一时期苏联出口艺术品的更详细情况还可以看叶列娜·亚历山德罗夫娜·奥索金娜的《苏联的外宾商店：为了工业化所需的黄金》(施海杰译，三联书店，2020年)。第六章"希特勒的艺术品之战"写希特勒对占领地艺术品的掠夺。希特勒与戈森在欧洲仅画作就掠夺了8000多幅，有些是没收，有些付了微不足道的钱。其中有许多艺术珍品，如拉斐尔和达·芬奇的画作。这些艺术品中有许多至今未归还原主，有些受到了毁坏。关于这一段历史还可以看哈恩斯-克里斯蒂安·罗尔的《第三帝国的艺术博物馆：希特勒与"林茨特别任务"》(孙书柱、刘英兰译，三联书店，2009年)。

第七章"投机活动与印象派画家：1870—2008"讲述艺术品投机如何让法国印象派画家的作品从不受重视到走红，价格从极低到天价的历程。印象派形成后，法国人并不重视，其作品价格极低，因此成为投机的对象。印象派走红还是美国人进入欧洲艺术品市场之后，此后价格一直暴涨。2000年，100幅最贵的画中有92幅是印象派和现代派的作品。可以说，在1987—1990年，梵高、雷诺阿、塞尚和莫奈最好的作品造就了20世纪艺术品市场的繁荣。

第八章"当代艺术品的经济成就：1980—2009"介绍当代艺术品市场的特点和走势。当代艺术品不仅是艺术品，也是投机对象。针对当代艺术品的投机活动遍布全球。这引起艺术品价格暴涨，甚至超过了股市。这种暴涨的背后当然有人策划。暴涨的原因还在于新画派的不断涌现，及美国税收政策的优惠。在美国，老一代大师的作品价格并不在高端，新一代艺术家的作品反而暴涨，如安迪·沃霍尔的作品，最高价格上升了41481倍。

第九章"21世纪的艺术投资"说明艺术品作为一种资产类型，在短期和长期中都能获得丰厚的收益。从1990—1995年来看，尽管伦敦和纽约的艺术品交易处于低迷阶段，但它的收益仍然与股市没有很大差别。1985年以来的20年间，10%的高端艺术品市场价格上升740%，10%的低端艺术品市场价格上升240%。当然，艺术品价格也会暴跌，1990—1995年就出现过这种情况。艺术品投资要注意两点：一是买大师的名作是最安全的；二是买涨价前途好的作品，如经济正在兴起的国家艺术大师的作品。进入艺术品市场的最佳时间点是华尔街股市崩溃之际。

也许是为了配合投资艺术品要注意的第二点，第十章"21世纪中国艺术市场的奇迹"中介绍了21世纪中国艺术品市场价格暴涨的情况。

这本书对艺术品市场交易史有全面而细致的介绍，包含了大量的信息，不仅对我们了解艺术品市场，而且对了解艺术品本身都极为有益。本书用了许多具体事例，写法生动有趣，即使不了解艺术的人，读来也兴趣盎然。

读完这两本书也许有不少人都跃跃欲试，想到艺术品市场上大显身手。对于想进入股市的人，一句有名的提醒是：进入股市一定要谨慎。我想如果把这句话中的股市换为艺术品市场，那么这句话同样适用。

这两本书都讲了艺术品价格的暴涨，这的确是事实，但千万别忘了，与股市一样，艺术品市场也有价格暴跌的时候。而且，也并不是所有艺术品价格都会一路暴涨。书中写的都是暴涨的艺术品，但别忘了，在艺术品市场价格暴涨时，也有些艺术品的价格是下跌的。价格涨或跌都是市场的正常现象，对任何交易的东西都适用，艺术品亦不例外。

艺术品和房地产、股票、珠宝这类资产一样，都缺乏流动性。当你需要现金时还要把这些资产变为现金，但在你出售这些资产时并不一定能按升值的价格或者原价再换为现金。记得日本安田保险公司曾以近亿美元的价格买下了梵高的《向日葵》用于保值增值，但当它们经营困难现金短缺时，却无法用原价把这幅画卖出去变现，这就是我们所说的"砸在手里了"。

更为重要的是，进入艺术品市场不仅要有钱，还要有许多专业知识和鉴赏能力。当然你可以请艺术顾问，但顾问也不是百事通。如今艺术品市场上造假猖獗，而且许多高科技为造假提供了方便的工具，甚至专家也难以分辨赝品和真品。书中提到齐白石的《松柏高立图》创下了6500万美元（4亿多元人民币）的天价。据报道，此画如此高价与图上题词"为主席寿"相关，这是为蒋介石祝寿而画的。名人所画，送给名人使画增值。但以后众多专家指出，画为齐白石真迹，也是佳品，但题词是做伪者后加的，因为当时蒋介石很少被称为主席，一般称他为"委员长"，而且从画上看，这些字是伪造的、后加的。正因为这一疑问，买者拒付款，但他已损失了定金。像这种真品上造假及其他情况如今已花样翻新，难以辨认。这幅画的购买者聘请了专家团队尚且上当，何况我们一般人呢？

其实在投资市场上许多专家并不认可投资艺术品收益高于股市，也不认可投资艺术品定能保值、升值的观点。我们推荐这两本书是为了让大家了解有关艺术品市场的各种知识，并不是引导大家投资艺术品市场。对我们绝大多数人而言，我们谈艺术品市场只是在"看戏"，而不是充当其中的角色"演戏"。

流行病如何影响历史
——《传染病与人类历史》《黑死病》

目前流行的新冠疫情是人类社会自从1918年西班牙流感以来最严重的一场流行病。这次疫情从2019年年底开始,到本书写作的2022年年初仍无结束的征兆。这场疫情席卷全球,病毒不断变异,到现在死亡人数已超过400万。同时,疫情引起经济衰退,失业加剧,公共卫生系统几乎崩溃,社会矛盾加剧。在这个医疗卫生条件发达、防疫措施如此有力的时代,疫情对社会的影响尚且如此强大,那么,以前的流行病对历史有什么影响呢?我们通过读书来回答这个问题。

一

人类自从出现之后就与各种生物和细菌、病毒这类微生物共同生活在这个地球上。许多生物和微生物比人类出现得更早。人类与这些生物和微生物都是地球的主人或者说过客。它们与人类之间既互相依赖,又互相冲突,既和谐,又充满矛盾。但每一种生物和微生物都有在地球上生存与发展的权利。

许多细菌和病毒以人和动物为寄主,与其共同生存。有些给人和动物带来诸多好处,让人和动物的生存更健康,但也有些会引起人和动物的各种疾病。而且有些细菌和病毒会在人与动物身上寄生。

动物与人共生的同时，这些细菌和病毒也会在人与动物之间传播。这就产生了人畜共患的疾病。细菌和病毒的生存能力和繁殖能力极强，传播与扩散的速度也极快。这样，人与动物都会患上这些细菌和病毒引发的疾病。这些疾病也会由于细菌和病毒的扩散而流行。人类就把这种由细菌和病毒引发，且迅速传播的疾病称为流行病或"瘟疫"。

自人类产生就有了流行病。我猜测，七万年前智人走出非洲也许与传染病流行有关。智人首先进入中国南方，但为什么中国文明的起源在北方的山西、河南？这就是因为早期的中国人出现以后又消亡或迁往北方，比如良渚人就是如此。他们的消亡或迁徙都是由于自然原因引起的，考古学家已经证明良渚人消亡或迁徙的原因之一是洪水，但是有没有疾病的流行？尽管没有考古的证据，但我推测是有的，因为当时肯定存在会导致流行病的细菌和病毒，在南方炎热而潮湿的环境下，细菌和病毒传播是最容易的，随之而来有疾病流行是必然结果。何况当时的人，除了自身的免疫力，没有任何应对各种传染病的方法。现代基因技术已从远古人身上检测到了传染病存在的证据。这些猜测并非仅仅是"大胆假设"，随着科技的发展，还是可以"小心求证"的。流行病与人类共存，这一点是不容置疑的。

流行病对人类有什么影响，考古学有不少发现，但确切的记载还是在人类有了文字之后。无论是古埃及、中国，还是其他国家的文献都有古代流行病对社会影响的记录。这就使我们思考一个问题：流行病对历史的影响到底有多大？

一种观点是流行病改变历史。历史会由于某次流行病而改变吗？我认为，流行病没有这么大的作用。人类社会的发展有其基本规律，这种规律是由人生存与发展的本性决定的。人口在增长，生产力在发展，最后不同社会都走向市场经济。尽管市场经济在各国的形式或者说"模式"不同，但作为市场经济有共同规律，各国通过市场经济发展起来后又会走向全球化。正是这些规律指导着人类社会的发展。这就是诗人说的"人间正道是沧桑"。疾病可以影响这个规律表现的形式、时间的长短,但改变不了这个规律本身。疾病作为一种因素,与其他任何一种单一因素一样,改变不了由人类社会发展规律决定的历史。流行病改变历史的观点扩大了流行病的作用,并不正确。当然,有时历史学家这样说,只是强调流行病重要的夸张之词,并非他真的认为流行病改变了历史。

另一种观点体现在许多历史著作中,这就是无视流行病的作用。分析某一段历史,总是政治如何,经济如何,文化如何,即使这一时段发生了流行病且影响了历史,但却被忽略了。这种忽视流行病对历史影响的观点也不全面。

在人类社会基本规律的指导之下,人类呈现出丰富多彩的历史。每一个变革,每一次政权更迭,每一种局面的出现都是由多种因素共同引起的。在不同的时期,不同的因素起的作用不一样,但都在起作用,无非某一时期某种因素作用更大。所以,历史是各种因素综合的结果。传染病也是这诸多因素之一。

自从新冠暴发以来,出版界也出版或重印了许多关于流行病的著作,有些相当优秀。如美国学者劳里·加勒特的《逼近的瘟疫》(杨岐鸣、杨宁译,三联书店,2008年);英国学者马克·霍尼斯鲍姆的《人类大瘟疫:一个世纪以来的全球流行病》(谷晓阳、李瞳译,中信出版集团,2020年);英国学者弗雷德里克·F.卡特赖特、迈克尔·比迪斯的《疾病改变历史》(陈仲丹译,华夏出版社,2020年);美国学者霍华德·马凯尔的《瘟疫的故事》(罗尘译,上海社会科学出版社,2020年);美国学者约翰·艾伯斯的《瘟疫:历史上的传染病大流行》(徐依儿译,中国工人出版社,2020年)等。这些书各有特点,总体上感觉,对流行病本身、流行病的传播和造成的灾难介绍较为详细,但对流行病的社会经济影响分析欠缺,或欠深入。

我们的目的是了解流行病如何影响经济社会,从而影响历史。从这个目的出发,在众多关于流行病的书中,我选了两本。一本是概述历史上各次流行病影响的,另一本是对14世纪欧洲黑死病的个案分析。

二

概述历史上各种流行病对社会经济影响的书是美国学者约书亚·S.卢米斯的《传染病与人类历史：从文明起源到21世纪》（李珂等译，社会科学文献出版社，2021年）。

作者在"前言"中表明："本书的主要目的是从流行病发展的视角来解读人类自身的发展历史，理解流行病如何改变人类的自我认识，改变历史进程，改变人类之间的互动方式。"换言之，这本书的重点并不是流行病本身，而在于它对历史的影响。

在第一章"微生物：促变因素"中，作者给这本书讲的流行病下了一个定义："在一定时间、一定地点内，某一特定疾病的发病率增加。""当一种流行病蔓延到多个大洲时，便被称为大流行病。"作者又简单介绍了引起流行病的病毒、细菌及原虫。这些是阅读这本书时应该了解的基本知识，可以作为这本书的背景资料。

第二至十一章中介绍了十种流行病对历史的影响。这十章是这本书的重点与精华。

人类历史上最具破坏力与影响力的流行病莫过于鼠疫。它在一千五百年的历史中夺去了2亿人的生命。历史上严重的鼠疫有三次。第一次是公元540年，拜占庭帝国查士丁尼一世统治时期。这次鼠疫可能源于亚洲，传播到中东、北非与欧洲大部分地区。总计有2500万到1亿人死亡。其中影响最大的是君士坦丁堡，有40%的人口死亡。它对历史产生了重大影响。当时查士丁尼一世想重新统一罗马帝国，且已控制了意大利、西班牙和北非。但由于鼠疫的打击对帝国的经济、军事及民众心理产生负面影响，导致这一野心没有实现。阿拉伯帝国利用拜占庭帝国的这次挫败而崛起，几百年后罗马–拜占庭帝国灭亡。第二次是14世纪欧洲的鼠疫。下一本书中将详细分析这次鼠疫的影响，这里就不多说了。第三次是19世纪50年代中国暴发的鼠疫。这次主要在亚洲，由老鼠传播，死亡率不高，夺去1100万至1500万人的生命。但它恶化了英国与它统治地区人民的关系,尤其是与印度人民的关系。英国人的防疫措施引发了多次抗议和暴力事件。从此反抗英国殖民统治的民族主义抬头,直至以后印度独立。

第二种传染病是天花。在三千多年的历史中有超过10亿人死于天花,还有更多人被毁容、致残。第一次有重大影响是在公元162年,罗马人经过三年战争,占领了帕提亚的首都塞琉西亚,但也从那里带回了天花。天花沿着贸易路线传播。当时正是罗马皇帝安东尼当权,因此,以后的一百多年中,天花流行被称为"安东尼瘟疫"。这次天花杀死700万人。人口减少,经济受到毁灭性打击,并导致罗马帝国衰落,基督教从受打击转变为流行。此后东西罗马合并,西罗马灭亡。以后的一千年中,天花多次流行。到15世纪,天花成为欧亚大部分地区的地方病。特别值得注意的是,欧洲人的探险把天花带到非洲、美洲和大洋洲。在非洲一些国家,天花造成的死亡率高达80%。在美洲,天花消灭了当地三分之二以上的人口(有的学者估计消灭了当地90%以上的人口)。这就帮助葡萄牙人和以后的欧洲人成功占领美洲。在大洋洲天花也消灭了当地50%以上的原住民。天花推动了欧洲人对这些地区的殖民化。天花最终被消灭靠的是牛痘疫苗。15世纪中国人已用感染者身上的痂为其他人免疫,18世纪欧洲和美国天花接种已被广为采用,19世纪英国的詹纳疫苗产生了巨大影响。1980年世卫组织宣布天花被根除。

第三种传染病是疟疾,它通过蚊子传播,现在每年有3亿人口感染,死亡43万人。这种病主要在撒哈拉以南的非洲流行,死者大多是5岁以下的儿童。早在五千年前,疟疾就是古老的杀手。撒哈拉以南非洲是今天世界上最贫困的地区之一。其部分原因就在于患疟疾的人身体衰弱,劳动能力低下,影响到劳动生产率和生产力发展,个人、经济、社会发展滞后,使这些贫困地区更为艰难。19世纪后期奎宁上市后,这种情况才得到改变。当然疟疾也在某种程度上限制了欧洲人对非洲的殖民。

第四种流行病肺结核是人类历史上最古老、最可怕、最致命的疾病。它通过空气传播，在历史上杀害了20亿人。19世纪以后，工业化和城市化的迅速发展使人口聚集，卫生条件恶化，助长了肺结核传播，死亡人数增加了二至三倍。近代医学以及抗生素的发展才使肺结核得到控制。不过今天它仍然是世界第二大传染病，尤其在贫穷落后的地区。这些地区人民营养状况差、抵抗力弱，居住环境又拥挤而肮脏，这就给肺结核的传染创造了条件。

第五种斑疹伤寒是由体虱传播的。在卫生条件差的时代，由于士兵集中居住，卫生条件差，疾病容易传播，从而对重大战争产生了不可忽略的影响。15世纪末，基督教军队驱赶摩尔人时，由于伤寒流行，战争进程被延缓，这种病也常态化了。16世纪，它影响了宗教改革。在17世纪"五十年战争"中，在18世纪拿破仑战争中，在爱尔兰土豆饥荒之后，以及一战、二战、俄国革命中，伤寒病都产生过不同的影响。

第六种黄热病也是通过蚊子传播的。它导致死亡的人数比其他传染病少得多，但由于它引起的症状特别可怕，而成为历史上最令人恐惧的传染病之一。黄热病起源于非洲，后来传播到美洲。黄热病在非洲造成数百万人死亡，且对美国的影响甚大，被称为"美国瘟疫"。1793年，黄热病在费城流行，影响了这里的种族关系，以后几十年中非裔美国人成为社区核心。19世纪初，海地黄热病暴发打击了法国人。海地独立，法国人把路易斯安那卖给美国人。南部黄热病的流行巩固并延长了当地的奴隶制。YFV疫苗的出现才终结了黄热病给世界带来的全球性混乱和威胁。

第七种霍乱源于食物和水的污染。历史上七次霍乱大流行，总计夺走了五千多万人的生命。至今每年仍有四百万人感染霍乱，十余万人死亡。19世纪初，随着工业化与城市化发展，市民中分化出生活富裕的中产阶级与贫穷的工人阶级。霍乱通常在后者中流行，这就成为重大冲突的导火索。在印度，一些宗教节日和仪式的习俗加剧了霍乱流行，但限制这些宗教活动又引发动乱。霍乱催生了卫生革命的开始，以及医疗中输液的发明。现在这种病只在少数贫穷落后地区发生。

第八种流感是由三种类型的流感病毒引起的。最严重的一次流感无疑是1918年开始于美国堪萨斯一个兵营的西班牙大流感,死亡人数近亿。作者认为,这次严重的流感对当时的人类社会几乎没有产生长期影响。但也有不少学者持不同意见,认为这次流感促使一战结束,并催生了俄国革命。从现在来看,这种病的变异仍在流行,如2003年的非典就是当年流感的新变异。

第九种脊髓灰质炎,即一般所说的小儿麻痹,对儿童的影响极大。尽管死亡率不高,但造成儿童残疾,对成年人亦有影响,如美国总统罗斯福就是受害者。这种病的出现引起医疗公诉的爆炸式增长,最终由于疫苗研制的成功而得到有效制止。这种病还激发了捐钱为儿童注射疫苗的"一毛钱进行曲"爱心运动,并改变了社会和人们对残疾人的态度。

最后一种是20世纪80年代后为人们熟知的艾滋病。这种病通过性行为感染HIV-1和HIV-2病毒而引起。这种病的原因最初被归结为美国研制病毒的阴谋论,也由于与性行为,尤其是同性性行为相关而被用作对同性恋者的谴责。最终找出病因后,这些流言才消失。艾滋病起源于中非,但如今在全世界流行甚广。它通过性行为、吸毒和输血而传染。仅在非洲,该病发现后35年中就夺去了两千多万人的生命,成为当地贫穷的主要原因之一。在发达国家,这种病引起对病患的歧视,以及社会的反歧视运动,同时它终结了70年代后的性解放运动。现在全世界还在为彻底消灭这种病而努力。如果大家想更多了解艾滋病,还可以看美国记者兰迪·希尔茨写的《世纪的哭泣》(付洁莹译,上海译文出版社,2019年)。

在最后一章中作者展望了传染病的未来。现在由于各种原因,流行病的危险正在减少。在世界十大死因中,传染病仅占三种。但绝不能忽视新传染病的出现。这次从2019年年底开始的新冠疫情说明"人类离全球灾难只差一场传染病的距离"。在应对未来的传染病时,我们要注意两点。一是抗生素的滥用引起的耐药性是一场灾难,二是伪科学的流传和影响。

这本书对一些地区性流行病，如马丘波、马尔堡病毒、拉沙热，甚至死亡率甚高的埃博拉，并没有涉及。从全球角度选择在历史上影响最大的流行病是合适的。样样都介绍，或使书太长或面面俱到却不深刻，并不是好写法。这本书偏重于每种传染病的社会经济影响，既有特色，也适于更多读者。全书简明扼要而又知识丰富。如果读者要在诸多关于传染病的书中选一本，我推荐这一本。

三

对传染病的全面了解是必要的，对某种传染病的个案分析也不可缺。在我读的个案分析类书中，有两本写得相当好。一本是英国学者劳拉·斯宾尼写的《苍白的骑士：西班牙流感如何改变了世界》（祁长保译，社会科学文献出版社，2021年），另一本是英国学者弗朗西斯·艾丹·加斯凯的《黑死病：大灾难、大死亡与大萧条（1348—1349）》（郑中求译，华文出版社，2018年）。在这两本书中，我选后一本并不是因为它写得比前一本更好，而是因为这次黑死病对人类社会的影响比1918年的西班牙大流感要大得多。

在"引言"中，作者指出，了解这次瘟疫的结果"对正确理解英格兰中世纪末期的历史是至关重要的"。这是因为，"这次大瘟疫是英格兰历史的一个转折点，真正结束了中世纪时代，真正开启了我们的现代时期。它隔断了与过去的联系，带来了新时代的曙光"。英格兰的现代化正是世界现代化之始。因此，这次黑死病的影响不仅是英国的、欧洲的，也是全世界的。这正是这本书的中心思想。抓住这个中心思想，我们就可以读懂全书所描述的历史事实。

本书共十章，根据内容，我们把它分为三部分。第一章到第四章论述黑死病的起源，以及在意大利、法国等欧洲国家传播的情况。第四章到第八章介绍黑死病在英国各地的传播情况及其带来的影响。第九章到第十章总结黑死病对英国和欧洲大陆的重大影响与意义。

这两章是从历史介绍得出的结论。

从1347年秋开始的黑死病来自东方。在此三四年前，中国、印度和波斯黑死病已经开始流行，由意大利商人经商路把这种病带入欧洲。这种病是淋巴鼠疫，由于患者全身发黑，几个世纪后被称为黑死病。当时的人记录了患者从发病到死亡的全过程及症状。1348年年初，黑死病从贸易港口热那亚和威尼斯进入意大利，并迅速传遍全国。薄伽丘、彼得拉克都记载了黑死病流行的情况。薄伽丘的《十日谈》就是从佛罗伦萨的年轻人为逃避黑死病而到乡下开始的。1348年，一艘热那亚商船把黑死病带到了马赛，并迅速由南部传到法国各地。黑死病又从西西里岛、撒丁岛和科西嘉岛传播到巴利阿里群岛，进入西班牙。以后又传播到匈牙利、奥地利、瑞士、普鲁士、荷兰，甚至丹麦、瑞典等地。这样，黑死病就在整个欧洲流行起来。

本书作者是英国人，收集的英国资料较多，因此特别用五章来介绍黑死病在英国各地的流行情况。1348年秋，黑死病开始在英格兰出现，可能是来自法国加莱港的船只带来的。作者用主教登记簿和官方材料"公函卷轴"说明黑死病的严重性，尤其是公职人员死亡严重。黑死病迅速传播到伦敦及南部地区、格洛斯特、牛津和中部地区，然后又传播到爱尔兰和英格兰其他地区。这使教职人员和民众大量死亡。作者估计，英国当时有400万—500万人，估计死了一半，为250万左右。与人口总数比，按100∶1的比例配给教职人员，教职人员原有5万左右，死亡达2.5万人。由于人口大量死亡，劳动力极其短缺，许多庄园土地无人耕种，经济极为萧条。

在英格兰和欧洲大陆，黑死病使人口减少三分之一到二分之一。这就成为中世纪的结束和现代的开始。作者在书中深入分析了这种转变与黑死病的关系，以及转变发生的原因。

首先，黑死病引起中世纪经济和社会结构的解体，这种解体就标志着欧洲走出了中世纪。

中世纪英国和欧洲大陆封建制的经济社会结构是以领主的庄园

为基础的。领主有义务向国王纳税和输送兵员。在自己的庄园内,领主有绝对的统治权。经济有管家管理,农民实际上是农奴,没有人身自由,为领主工作。他们是维持这种经济社会结构的基础。但在黑死病中,许多农奴死亡,而且他们的死亡率远远大于富人和领主。这是因为他们的生活条件极为恶劣,抗疫能力极差。这样,没人为领主劳动,土地没人耕种。领主也无法向国王纳税,于是领主采用把土地租给农民的方法,甚至给他们耕牛、工具,以便可以收租。土地制度改变了。过去的农奴变成了自耕农。这样,封建制度就瓦解了。新的土地制度与自耕农的出现成为现代制度的开始。

其次,在这次黑死病流行中,教职人员大量死亡,根本来不及补充。这就严重削弱了宗教在民众中的统治地位。宗教是中世纪封建制的思想基础。这个基础的动摇使旧的思想意识控制力削弱,新的思想就可以出现了。

作者对这一问题极为重视。他用翔实的资料详细介绍了各地教职人员死亡的情况,而且新补充上来的人员根本没有能力主持各种神圣的宗教仪式。宗教仪式在天主教中极为重要,它强化了宗教在民众中的影响。这些宗教仪式的简化、淡化,就使天主教在民众中失去吸引力。而且,教民们开始怀疑上帝的仁慈和能力。这么大的灾害,上帝为什么不来救他们?对旧宗教的信仰在破灭。但人们仍然需要宗教作为一种信仰,作为精神支柱。这就为宗教革命及新宗教的出现奠定了基础。宗教改革正是在这种怀疑旧宗教、渴望新宗教的基础上开始的。

最后是人文主义意识的萌发。这种新的思想是文艺复兴和以后启蒙运动的核心。

黑死病后劳动力极其缺乏。尽管国王用法令禁止提高工资,但工资还是不可遏制地大幅度上升了。劳动力缺乏和工资上升使民众认识到劳动和他们作为个人的价值。个人主义萌芽了。同时,国王对工资的限制激发了民众的反抗。这一时期动乱和农民起义频发。在这些起义中,民众的自我意识更强烈了,并且他们为个人的权利而斗争。灾难也使民众真正感到人生无常，他们开始有意识地享受人生，享受生活。《十日谈》中讲的故事正体现了这一点。以个人主义为中心的人本主义，以及尊重人性享受生活，正是文艺复兴运动的核心。

此外，黑死病对教育、医学、建筑都有重要影响。

一场看起来是巨大灾难的黑死病却结束了一个旧时代，开始了一个新时代。这是中国人说的"祸兮福之所依"。也正是在这种意义上，我仍认为这场黑死病比其他任何一次传染病都重要。

这本书的初版是 1893 年。多年后的第二版只做了一些小小的改动和补充。它引用资料丰富、观点严谨，且从历史的高度分析了这场黑死病的意义。所以，在一百多年后仍然受到广泛重视。这样的书可以称为经典，不读太可惜了吧！

人与环境
——《寂静的春天》《汤姆斯河》

人以地球的主人自居,在生存与发展中肆无忌惮地破坏自己生存的环境。在工业革命之前,这种破坏依靠自然本身的纠错调整能力尚可维持平衡。但工业革命之后,人的生产能力大大提高了,破坏环境的能力也更为强大,自然已无法调节平衡。今天人类已认识到,如让这种破坏持续,甚至加速发展下去,等待人类的就是灭亡。我们通过读两本书来认识人与环境的关系,认识到破坏环境的危险性,并尝试找出摆脱这种困境的途径。

一

地球是人和其他生物的家园,或者说自然环境。地球经历了许多重大的,甚至灾难性的变动,包括造山运动、古大陆分裂、冰川时期、毁灭恐龙的小行星碰撞、火山爆发等。这些变化是人和其他生物无法改变的。所以,人和其他生物只能适应自然环境的变化,与自然环境和谐相处,适应自然环境而改变自己。这就是"适者生存"的含义。

地球的各种资源是有限的,这就形成各种生物的"生存竞争",这种竞争淘汰了许多不适于生存的生物。存活下来的物种,既有竞争的一面,又有互相依存、和谐共处的一面。和谐共处的一面更为基本。这就形成既竞争又和谐的生物圈。

人尽管有超乎其他生物的能力，也必须与地球环境和其他生物和谐共处。这是人类生存与发展的唯一正确之路。在工业革命前漫长的传统社会中，人就认识到这一点。尽管人对地球环境和其他生物没有更多了解，但中国人的"敬天"，西方人的"敬上帝"，本质上都是一种对自然的尊重与顺从。在这么长的历史时期中，人与地球环境和各种生物总体上是和谐的，地球圈和生物圈都在正常运行、变化。

问题出在工业革命之后，人的能力得到迅速提高，人的自信变成了狂妄。你看莎士比亚的《哈姆雷特》中丹麦王子的那一段独白："人类是一件多么了不得的杰作！多么高贵的理性！多么伟大的力量！多么优美的仪表！多么文雅的举动！在行为上多么像一个天使！在智慧上多么像一个天神！宇宙的精华！万物的灵长！"（引自《莎士比亚全集》第九卷，第49页，人民文学出版社，1984年）是不是既有几分对人的尊重和自信，又有几分高傲和狂妄？

人类这种能力的提高，体现在两个方面。一是科学革命和为各种目的的探险活动，加深了人对自然、生物、人文的了解，使人类认识世界的能力提高了。这种认识能力的提高本是一件好事，但也让人产生了"认识世界，改造世界"的理想。"认识世界"是好事，这是适应包括地球环境与生物圈的前提。"改造世界"可以理解为两种含义。一种是适应自然规律去改善世界，使这个世界更美好。另一种则是藐视自然，不顾自然规律，打破与地球环境和生物圈的和谐，按人的主观愿望去改造世界，尤其是改造地球环境和生物圈。如果按前一种含义去改善世界自然是一件好事，但从以后实践的结果看往往是采纳了后一种含义。像愚公一样移山，像精卫一样填海。疯狂地消灭其他生物，以满足自己的私欲。而且这种邪恶的念头还愈演愈烈。

仅仅有这种"改造自然"的想法并不可怕，无非是一种无法实现，也没人想去实现的科学或非科学的幻想而已，就像一个古代帝王总想让自己长生不老一样。问题在于人有了这种"改造自然"的能力。人有了知识与技术，设计并制造出越来越强劲的工具，也能利用核动力这样的能力，总之，人有实现"改造自然"这个设想的能力与方法。于是，人开始大规模地改造世界。与地球环境和生物圈和谐的状况被打破了，环境和生物圈被破坏了。

人类这些破坏地球环境、破坏生物圈的活动的后果在相当长的时期中并没有呈现出来，或者不被人类关注。人在为自己的辉煌成就，为 GDP 迅速增长、生活水平的更大改善而欢呼，却没有看出或有意视而不见这些成就引发的对地球环境和生物圈的破坏。

即使在某些地方、某些时期发生过地球环境与生物圈的破坏，如 20 世纪 50 年代伦敦工业发展引起的环境污染，19 世纪北极大雀鸟、非洲渡渡鸟和许多物种由于人类任意捕杀而灭绝，工业革命以来全球气温一直在上升，等等，由于它仍然是局部的问题，也没有引起普遍关注。危机在悄悄发生，人类并未关注。

地球环境和生物圈的灾难在相当长的时期中才能显现出来。看似平静的背后是灾难的积累，而且这个过程是不可逆的。也许当人们认识到时已经晚了。不能说解决无望，但要付出的代价相当大。

在 20 世纪 60 年代，意识到环境问题的仅仅是极少数有识之士，而且更多还是针对个别问题。认为处处冒烟是经济发达标志的大有人在。即使有识之士呼吁保护环境，响应者也寥寥，特别是国家层面没有采取什么有效措施。

20 世纪 60 年代之后，有识之士开始重视地球环境与生物圈被破坏的事实，并逐渐扩散到越来越多的人。80 年代以后，保护环境成为共识，许多国家也采取了有效的措施。人类正在改变自己狂妄的自信。这就是希望。

通过读这两本书，我们可以认识到环境问题的重要性，也可以看出人类对环境问题认识的过程。

二

在人类对环境污染认识的过程中，美国学者蕾切尔·卡森的《寂静的春天》有重要的意义（这本书在国内有好几个译本，我用的是苏叶的译本，浙江教育出版社。不是说这个译本最好，只是我碰巧买了这一个译本）。

尽管在这本书出版之前，保护环境的著作也出现过一些，但也许是这本书写得特别好，也许是由于机遇，这本出版于1962年的书改变了许多人对环境问题的认识。可以毫不夸张地说，这本书是人类环境保护史上划时代、里程碑式的著作。任何关心环境保护的人都应该从这本书读起。

这本书的开篇讲的是一个"明天的寓言"。有一个美丽的小镇，过去生机盎然，春天时鸟儿们在这里合唱。但"如今却是一片死寂，毫无声响，只剩下如铁的沉默，笼罩在田野、树林和沼泽的上方"。美丽的春天变得死寂正是书名"寂静的春天"的由来。这本书正是通过分析春天由生机盎然变为死寂的原因，说明人类对环境的破坏。

在地球漫长的历史中，生物与环境是相互影响的，但生物对环境的影响微不足道。在20世纪以后，人对环境的破坏行为，尤其是对环境的污染，在生物所生活的环境中形成了极具危害性的生物链条，且大部分不可逆转。在这些污染中，化学物质与辐射共同作用的污染逐渐改变了世界的本质，同时也改变了地球上生命的本质。化学药物对环境的危害巨大，但公众至今没能认识到它的危害性。作者在这本书中主要讲杀虫剂这种化学药物的危害。

人类用合成方法大量生产各种杀虫剂。二战前，杀虫剂这类无机化学制品的主要有毒成分是砷。现代杀虫剂中的一类是以DDT为代表的氯化烃类，其毒性会沿着食物链的所有环节传递，从一个物种到另一个物种。氯化烃的另一种形式是氯丹，和这类烃相关的是狄氏剂、文氏剂和异狄氏剂，这类杀虫剂毒害最大。杀虫剂的另一大类是烷基与有机磷酸，它们可以破坏人体中的酶。如最常用的对硫磷、马拉硫磷就是这类杀虫剂。这些杀虫剂是内吸式杀虫剂，它能渗透进植物的所有组织，使之有毒。除草剂中的一些物质是诱变剂，可以改变基因和遗传物质。

这些杀虫剂给环境带来了什么危害呢？

首先是污染了地表水和地下水。水中的鱼因污染致死，以鱼为食的鸟也中毒而死。其次，它还破坏了土壤的自然生态。毒物被土壤吸收，又使生长在土壤中的植物被污染。而且这些毒物还会在土壤中积累。这样就破坏了地球的绿幔。植被是地球生命网络的一部分。植物与地球环境之间、不同植物之间、植物和动物之间，存在相互依存的关系。这种关系是密不可分、息息相关的。用除草剂消灭某些人认为不必要的植物，给植物和相关的动物都带来了灾难。例如，在美国西部鼠尾草地带用除草剂消灭鼠尾草种牧草就引起与之相关的松鸡、叉角羚等动物的灾难，也毁灭了柳树及与之相关的驼鹿和河狸。土地也受到极大损害，这样植物与动物形成的绿幔就被破坏了。

在土地上任意喷洒化学杀虫剂，直接杀害了鸟类、哺乳动物、鱼类及其他各种野生动物，作者称这是一场"无谓的浩劫"。人类自称要改造自然，却书写了令人抑郁的自然破坏史。1959年年底，底特律市用狄氏剂杀灭日本甲虫，结果许多鸟类死去，松鼠灭绝了，人也受到伤害。类似的例子还不少，由于杀虫剂的使用，吃这些虫子的知更鸟及其他鸟类死亡，这就出现了"寂静的春天"。而且还有其他哺乳动物受害。杀虫剂的使用还使这些地区的河流成为"死亡之河"。1954年，加拿大政府为消灭一种本地蚜虫而大量喷洒DDT。这使鲑鱼死亡，且河流本身发生了灾难性变化。美国各地也出现过这种情况。

最初，高空药物喷洒只针对农田和森林，现在其范围越来越广，剂量也越来越大。英国生态学家将这种景象描述为：近来地球表面下起了"死亡之雨"。政府难辞其咎。政府对一些危害并不大，且得到控制的昆虫进行大规模灭杀，造成了更大的天灾。一个例子是在美国的新英格兰地区用DDT灭杀吉卜赛蛾,不仅花丛和灌木被毁灭殆尽,鸟类、鱼类、蟹类和有益的昆虫也被杀死了。而且,牛奶和农产品受到了污染。另一个例子是消灭火蚁。火蚁并没有危害农作物和牲畜,但联邦政府在美国南部九个州2000万英亩的土地上进行火蚁治理。消灭火蚁使用了毒性更强的狄氏剂和七氯。结果大量动物死亡,包括负鼠、犰狳、浣熊、鹌鹑、野生火鸡等。牛奶、蜂蜜亦被污染。这种愚蠢的行为,代价高昂且危害最大,而对原本要消灭的吉卜赛蛾,并没有那么大的危害。

对我们大部分人来说,更大的危害还不是这种大规模喷洒农药,而是我们日复一日、年复一年地暴露在一些小剂量喷洒中。每次受害,危害并不大,但这些毒物在我们体内积累,使我们最终都会中毒。各种杀虫剂在每个商店都可以方便地买到,我们的花园、厨房都在使用。广泛使用的杀虫剂会残留在食物之上,并进入人体,但公众并不了解,也没有认真采取防护措施。这使我们就像随时会被毒死的中世纪意大利波吉亚家族的客人一样。所以,作者说杀虫剂的广泛使用已经超越了"波吉亚家族的梦想"。

我们进入了化学药品大量生产、普遍使用的时代。这不仅影响鸟类、鱼类等动物,也影响了人类,给我们带来严重危害。新的化学物质不断被创造出来。这些化学物质在我们生活的世界里横行,以单独或共同作用的方式对我们产生直接或间接影响。生活中,我们会以不同的方式直接或间接触及这些化学物质。这会损害我们的某些器官或整个身体。这种影响也许是隐性的,在相当长时间内看不出来,但它终究会给我们带来某些器官的损害或某些疾病。人体制造能量的机制是生命和健康的基础,但化学物质直接破坏了氧化作用,摧毁人体生物系统内功能。人体细胞能制造能量中的酶,作为人体运行的引导与控制,氧化作用在线粒体中完成,线粒体就是不同酶的组合,但化学物质破坏这些酶和线粒体。化学物质的使用还大大增加了人类患癌症的风险。作者指出,在她写书时每四人中就有一人患癌症。青少年受害更大。这就是人类自己为此所付出的代价。

我们付出了如此高昂的代价，这些化学除虫剂有用吗？这些除虫剂的使用，不仅使昆虫本身有了耐药性，而且破坏了环境本身固有的阻挡、限制各种昆虫的自我防御能力。我们并没有认识到，真正有效控制昆虫数量的工作是由大自然完成的。一旦这种自然的防御能力被削弱，某些昆虫就会出现真正的爆发或繁殖。其结果就使原本可以控制住的昆虫出现惊人的增长。这是因为，昆虫会对杀虫剂产生抗药性。在DDT和它的衍生物出现后，世界真正进入昆虫抗药性的时代，而且这种抗药性发展极快。这是大自然的反抗。

这些问题的出现迫使我们不得不选择另一条道路。其实除了大面积使用化学除虫剂之外，还有许多方法可以用来控制昆虫。有些已经使用并成效显著，有些正在试验，还有一些正在科学家脑海中酝酿。这些方法的共同特点是，利用生物本身的特性来解决问题，基于对生命和群落的理解来进行害虫控制，并针对这些生命的生活情况来制定不同的方法。比如，利用一些昆虫自身的分泌物和声音作为生物破坏的介质、雄性绝育、利用微生物让害虫患病、用病毒来消灭害虫、利用害虫的天敌等。

作者蕾切尔·卡森是一位科学家，她的论述都建立在科学的基础之上，所以这本书的观点令人信服。同时，她又有文学天才，用通俗有趣的事实和优美的文字写成这本书。所以，这本书兼具科学性和趣味性。尽管这本书仅仅论述杀虫剂、除草剂等农药对环境的危害，但在当时，这本书还是有相当震撼力的。它唤起人们对环境的关注，也改变了政府政策。这是它至今畅销的原因。

三

前一本书介绍了杀虫剂之类化学物质对环境的破坏。那么，生产这类化学物质的企业又如何呢？关于这一问题，我们推荐一本美国记者丹·费金的《汤姆斯河：一个美国"癌症村"的故事》（王雯译，上海译文出版社，2015年）。

这本书是一个个案分析。书中揭露了美国化工企业汤姆斯化工厂在生产中如何严重污染当地的环境，引起当地许多人患上癌症。通过这个案例证明，化工企业的贪婪和政府的无动于衷如何使污染变得极为严重。这本书以残酷污染的事实和人们受的苦难，唤起人们对环境的重视。这本书将化工企业造成的污染、当地政府的麻木不仁这些惊心动魄的事实写得真实而感人，触动了每个人的良知。因此，它获得2014年普利策最佳非虚构图书奖，并由于对环境的关注获得2014年蕾切尔·卡森奖最佳环保图书。

这本书从汤姆斯镇一个名叫迈克尔·吉利克的小孩一出生就患上癌症，痛苦地存活的悲惨故事以及家人要求得到补偿的悲惨故事展开全书的内容。全书分为四部分。

第一部分"冰激凌店"写汤姆斯河化工厂对这个小镇的严重污染。

瑞士的汽巴公司早就在莱茵河畔建厂生产染料和其他化工产品。生产需要用大量砷酸，但染料生产效率低，大量砷酸以废料形式排出。这些废料未经辨别就被不加处理地倾倒在露天矿井和无防渗透措施的排污池里，后来又被排放到附近河道中。这种水污染使当地许多居民患病。工作中的污染也使工人患上癌症。1952年，汽巴公司在汤姆斯河镇建立了更大的化工厂。当地人当时对化工业的污染一无所知，还以为建厂是一件发展本地经济的好事。工厂的固体废料埋在地里，液体废料排入汤姆斯河。工厂宣传这些废料如何无害，没有采取任何有效的防污措施。工厂发展，河水污染了，但员工待遇好，还建立了医院、高尔夫球场、俱乐部，受到当地人的欢迎。工厂开始生产质量更好、成本更低的偶氮染料。这种产品所用的原料污染严重，甚至有致癌物质。工人受污染，水污染严重，但仍用没有防渗设计的蓄污池。污水流入汤姆斯河，固体废料被抛入最便宜的露天矿井。还有许多化合物废料被烧掉，污染空气。当地许多居民开始后悔。

面对污染严重和公众谴责，公司不得不承认这些污染事实。但由于公司给地方带来的经济利益，州政府没有强化排放许可中的限值，并鼓励公司对民意"绝对沉默"。工厂不想投资建废料处理基地，而是修建了成本很低的一条十英里的管道，把污水排入海中。这样，污染还毒害了其他地方的无辜人群。污水影响到小镇的公共供水系统，但化工厂与水务公司合伙掩盖这个问题。新泽西州合法地倾倒垃圾如此容易，许多人以此为生，甚至还把其他地方企业的有害废弃物倒在这里。汤姆斯河镇外来人口多，民意调查显示，他们更关心工厂带来的财富，而不关心污染。

这本书开头讲的癌症儿童迈克尔·吉利克的父母正生活在这种污染严重的环境中，但他们并未意识到这一点。20世纪60年代以来，政府加强了环保，成立了美国环保局。这迫使化工厂购置处置污水和废料的设备，但污水对附近居民仍有影响。迈克尔的病正源于这种污染。卡迪纳尔大道上的水污染引发当地居民患上癌症，拉夫运河上的垃圾引起国会和政府关注，化工厂的好日子过去了，正义或复仇的战斗开始了。

第二部分"决裂"写80年代后公众认识到化工厂的危害，开始为消除污染而斗争。

80年代，化工厂通向海洋的管道有一裂口，渗出的废水使道路下的土质变黑，引起政府和公众关注。厂方说，废水是水和盐，但盐中有什么，他们不说。而且他们用管道为其他化工厂排污水。这时科学家已确定废水诱因与癌症之间的关系，工厂中也有不少人患上癌症。绿色和平等环保组织抗议、调查、取样，证明了污染的严重。这扩大了反对污染的影响。州政府官检查了废水填埋地，发现了渗漏，企业已属违法，但双方却以和解结束。科学家证明了化学污染与当地癌症病人激增的关系，绿色和平等环保组织也在堵管道，但公司有精明强干的律师，政府又考虑经济利益，最后仍以和解了事。对化工厂癌症发病率的调查和电视台要就这一事件拍片的消息，让企业紧张。虽然他们仍想息事宁人，在公众的抗议和众多调查面前，公司在政府和议会的高官朋友也不敢为它们辩护。化工厂终于关闭了。

第三部分"清算"写经过多方调查，化工厂的污染严重性终于被证明，这种污染就是当地人患癌症的原因。对其污染罪行的清算开始了。

这个调查过程是异常艰难的，有科学上的困难，也有人为阻挠。如果能证明汤姆斯河镇的癌症多发与污染相关，并能证明污染来自化工厂对水的污染，政府会起诉化工厂，此前为企业辩护的官员，造成污染的企业管理人员，以及企业都要受到惩罚。这些利益相关者当然不会让调查顺利进行。但最终卫生部在汤姆斯河镇的饮用水中检测出除常见的可疑化合物外，还有五十多种其他含氮或磷的化合物。这些都会致癌，且都来自这家化工厂。州政府也检测出二百五十多种化合物。对于工厂排出的几千种含氮或磷的化合物，这仅仅是九牛一毛，但清算总算开始了。

第四部分"真相"写最终确定化工厂造成严重污染及危害的事实，化工厂不得不赔偿。

在州政府的支持下，科学家对汤姆斯河镇的水、空气进行调查，并用对照法研究这些污染对癌症发病率的影响。尽管有许多曲折，但调查最终得出结论：污染是癌症发病率之高的根本原因，调查结果拍成电视片《禁止的真相》揭示真相。进一步的研究还证明，污染物中的化合物不止一种可以导致白血病和神经系统癌症。其中之一是 SAN 毒物。在证据面前，公司想与受害者家庭达成和解，和解费可能高达 3500 万美元。迈克尔的父母终于得到一个公道。但也有些家庭并不同意和解，最后高等法院批准了和解。不过问题并没有完结，还有许多遗留问题需要解决。

从这个案例中可以看出，污染长期存在且危害公众与社会的原因在于：第一，企业只追求利润最大化而不顾社会道德。汤姆斯河化工厂处理废水废料的过程只求低成本而不顾后果就说明了这一点。这些企业有钱请最好的技术人员和律师为它们辩护也使污染问题难以解决。第二，企业员工为自己的短期利益而与企业保持一致。污染的结果要在长期中才能显示出来，且受污染影响者在工人中还是少数。这会使员工在掩盖污染真相、阻挠调查中与企业保持一致。第三,各级政府出于本地经济利益的考虑也会纵容企业的污染行为,甚至与企业合作对公众掩盖真相。尤其是公司高管有广泛的社会关系,与地方官员关系良好,也使政府放纵企业。第四,证明癌症发病率高与企业的排放污染相关,在科学上也不是容易的事,这就是"大胆假设"污染的结果容易,但"小心证明"不易。

还应该强调的一点是,在环保事业中民间组织和媒体的作用极为重要。在这个变化中,绿色和平和其他民间组织的努力,媒体的揭露,都起了相当大的作用。

这本书对汤姆斯河化工厂从污染到最后被揭穿的过程写得极为详细。许多细节鞭辟入里,对读者不一定具备的科学知识也进行了介绍,读完全书我们对污染之严重、保护环境之难也会有更多认识。尽管这本书长达38万多字,但读起来仍然津津有味,不觉其长。

气候与经济：历史
——《气候创造历史》《全球危机》

在历史上，气候变化引发的各种灾难造成千里赤地、人迹罕见。这又引发社会动乱、政权更迭。如今，社会进步了，人类有了抵御这些自然灾害的能力，但并非人定胜天。2021年，全球发生严重洪涝灾害。纽约地铁被倒灌，欧洲死亡200多人。中国郑州大雨淹没地铁十余小时，多人死亡。这样的灾情年年都有，无非严重程度不同而已。气候变化对人类社会经济有什么影响？我们选四本书，分两篇文章，从历史和现实来说明这个问题。

一

先来看历史上。

我们常说，历史是人创造的。从一种意义上说，这话并不错。没有人，哪有人类社会，哪有人改造自然的各种活动，哪有经济生活、文明的创造，哪有我们今天熟悉的历史？

从另一种意义上说，这话也不对。地球并不是人类的。地球的历史有140亿年，人类充其量不过几百万年。人类只是地球上一个匆忙的过客。即使在这短暂的几百万年中，地球上还有众多生物。地球是包括人在内的各种生物共同的家园。没有人类，同样有地球的历史，各种生物的历史。这些历史也留下了痕迹，无非不是人用文字写的历史而已。说人创造历史，有点太狂妄了，无非是人以地球主人自居的妄自尊大。

即使从有人类生存以来的历史而言，这话也不对。地球环境和气候的变化是人类生存与发展的大背景，没有几百万年前环境和气候的变化，南方古猿不会从树上下来成为能人。没有七万年前非洲气候的变化、资源缺乏，智人会走出非洲吗？没有一万多年前冰河时期的结束，人类能进入农业社会，发展出如此灿烂辉煌的物质与精神文明吗？人毕竟是环境的产物。地球上气候的变化主宰了人类的命运。现在我们生活于一个气候相对稳定的时期，从而忽略了这一点，把气候稳定不变作为经济学上既定的假设条件。这可以理解，但从整个人类的历史看，气候变化的重要性就显而易见了。可以毫不夸张地说，气候变化对人类经济和历史的影响是决定性的。不是人创造历史，而是气候和人共同创造了人类历史。不认识这一点就会狂妄地夸大人的作用，藐视自然，对自然"大不敬"，最后遭报应的还是人类自己。

当然，这并不是说，气候决定一切，我们只能听天由命。说"人定胜天"太狂妄了，说"听天由命"也太过消极了。人不能改变气候，但可以适应气候。远古时代，人类适应天气变化的方法之一就是"三十六计走为上计"。四千多年前，住在良渚的先民不就由于洪水泛滥而离开了这个他们住了一千多年的地方吗？随着社会经济的进步，人类适应气候变化的方法越来越多。当年大禹治水是应对下雨过多的洪灾，郑国渠的修建是应对下雨过少的干旱。这些技术流传下来，得到发展，我们又修建了更多的防洪大堤和灌溉工程。现在农作物品种的改良以及空调的发明，都是人的应对之策。其实动物也知道应对气候的无常变化，鸟类的迁徙，小动物把洞挖在高处，不都是应对气候变化吗？人的办法比动物多得多，也高明得多。毕竟上帝给了人一个比其他动物不知聪明多少倍的脑子。人不必听天由命，也不会听天由命，这是一切动物生存与发展的本能决定的。

在气候大体稳定的条件下，各国各民族的经济状况与历史就取决于各国各民族人民的创造力了。把一切都归咎于气候,就无法理解同样气候条件下的不同国家,社会和经济何以有如此巨大的差别,为什么各国的历史发展又有如此大的差异。从近代社会来看,西欧与东欧气候条件差别并不大,但为什么资本主义现代化首先出现在西欧而不是东欧;为什么直至今天,西欧还领先于东欧?在近代社会,中国的气候条件总体上相同,为什么旧中国如此贫穷落后而新中国发生了翻天覆地的变化?

把一切归咎于气候变化是不对的,自己不行,为什么要怨天怨地,把一切贫穷和苦难的责任推给上天?但忽略了气候的影响也不对。影响人类经济社会和历史的是多种因素。有时一些因素重要,有时另一些因素重要,并没有唯一不变的因素。只有把气候包括在这众多因素中,并承认有时气候因素极为重要,这才是科学的态度。历史上,匈奴人屡屡侵犯中原,就与天气寒冷,他们生存艰难相关。历史上的农民起义许多也与气候变化相关。明代的灭亡固然有极为重要的政治上的原因,但明末是一个小冰川时期,这个因素也相当关键。天气寒冷,农业歉收,老百姓活不下去,这就有了李自成的起义。崇祯还算一个想有所为的皇帝,但赶上老天爷不给面子,他只好成为历史上倒霉的皇帝了。分析明朝的灭亡,把一切归于气候变化,否认明政权的种种腐朽与失误,当然不对。但完全不考虑这种气候变化的影响也不全面。过去的历史学家在研究明史时几乎没人注意到这种气候因素,如今的历史学家开始重视这一问题,这就是历史研究的进步。只有把气候包括在影响历史的许多因素中,并分析它在不同时期的不同作用,才能更客观真实地认识历史,也才有"以史为鉴"的作用。

本文介绍的两本书是关于工业革命前的情况,一本是讲总体情况,另一本是专门讲17世纪的。

二

介绍整体情况的书是许靖华的《气候创造历史》(甘锡安译,三联书店，2014年）。

许靖华先生是瑞士籍华人。他在加州大学洛杉矶分校获博士学位，曾在石油公司和大学工作。其后在瑞士苏黎世瑞士联邦技术学院任实验地质学系主任。他既是地质学家、古气候学家，又对历史有浓厚的兴趣与研究。他跨越地质学、古气候学、考古学、人类学、语言学、遗传学和天文学各个领域，写出了这本书。这本书深入全面地分析了工业革命前气候对历史的决定性影响，有助于我们从整体上认识气候与经济社会和历史的关系。他按时间顺序介绍气候变化如何影响历史。

在第一章和第二章中分别介绍了14—19世纪小冰川时期对欧洲和中国历史的影响。"欧洲的小冰川期开始于公元1300年，结束于19世纪某个时期。"这时平均气温比现在低1℃以上。在欧洲，冰川南移、天气寒冷而多风暴，农作物歉收，导致向美洲的移民增加。英国人移民表面上的原因是宗教动机，实际上的理由是经济原因。在欧洲出现了饥饿的农民和以劫掠为生的士兵。在中国，寒冷最严重的明末，则是李自成起义和清人入关摧毁了明朝。在更早的南北朝时，北方少数民族迫于严寒南下，并在华北住下来。公元451年，阿提拉率匈奴人横扫欧洲，罪不在匈奴人而在于气候变冷。他们向西前往欧洲，向南来到中国，为的只是寻找食物和牧草。可见历史上一些重大的灾难和变迁，都由气候变化引起。

第三章到第六章从人类迁徙说明气候的影响。中世纪是全球温暖期，阿拉伯沙漠绿化。降雨增加，人口增加，阿拉伯人离开沙漠，伊斯兰教开始传播。中亚绿化，西夏王国是绿洲。突厥人登上舞台，印欧人建立了楼兰王国。蒙古人征服世界。在欧洲，斯拉夫人向西迁移。维京海盗侵扰西欧。大批印欧人于公元前2000年左右离开欧洲的发源地，迁徙足迹最南到达印度，最东到达中国西北部。他们的语言也跟随着这种迁徙。印欧人和雅利安人原本都是北欧人。一万多年前，全球变暖时，尼安德特人与智人结合成为克罗马农人。以后气候变暖，他们向南迁移，有了印欧人和雅利安人。近五千年来有四次小冰川期。第一次在公元前2500年左右，印欧人南迁。全球的气候变化决定了人类的迁徙，人类总是愿意去有阳光的地方。把这一点与人类迁徙的历史及各民族和语言分布联系在一起，才能理解气候变化对人类历史的决定性影响。

第七章分析气候变化循环对世界的影响。从历史来看，气候会变化，出现小冰川期，又回暖。这种气候变化的循环如何影响历史呢？希腊时代黑暗时期，青铜文明开始消失就源于一场旱灾。中国历史上西周取代商朝也是由于这次气候变化。北欧人离开北欧是在小冰川时期青铜时代之后。凯尔特人在公元前450年左右向外扩张，进入希腊和罗马。中国也受到这种气候变动的影响。全球变冷引起商朝灭亡。公元前700年左右，气候迅速变好，这就有诸侯征战的春秋战国时期。西汉末年的小冰川时期又引起匈奴人南下。作者得出结论："不论气候是好是坏，世界上总有战争。人类文明史就是一部战争史。小冰川期为需求而战，气候最适期为贪婪而战。气候创造了历史，但人类的痛苦永远挥之不去。"

全球气候变迁及影响不仅在欧亚，也遍及全球，影响到美洲、大洋洲和其他地区。分析这些影响正是第八章的内容。这里重点分析的还是美洲。在美国科罗拉多州，阿纳萨齐人在公元8—9世纪迁来。由于气候变暖，人口增加。但在公元1200年左右气候变冷，他们又迁走。迁走的原因就是这时是小冰川期。中美洲的玛雅城市也由于气候变冷在公元1000年左右衰落。在安第斯山地区，公元500—750年的温暖期，蒂瓦纳库文化全盛，在公元1000—1100年略早于小冰川期衰落。在美洲，影响经济社会的是与气候冷暖交替相关的厄尔尼诺现象。在其他地区，气候与社会的关系也存在。过去五千年有四次气候循环，它与历史上兴衰的变化不一定完全吻合，但人类历史与气候变化的关系是显而易见的。

第九章是全书气候创造历史的一个小结。作者指出，历史上许多学者，如亨廷顿、兰姆和马尔萨斯都是环境决定论的支持者。人类在小冰川期的确遇到饥荒、战争和疾病的厄运。饥饿的农民造反、掠夺、发动战争，或迁徙到远方。他把全球冷化分为四个时期，这些时期都有气候的明显影响。这四个时期是公元前2200—前1900年，即早期青铜时期末；公元前1250—前650年，即地中海黑暗时期，中国东周时期；公元元年—600年，即迁徙与混乱时期；1280—1860年，即小冰川时期。在温暖时期由于人口增加又成为征服时期，这些时期包括：公元前1900—前1250年，即中晚青铜时期；公元前650年到公元元年，即希腊罗马最适期；650—1280年，中世纪与中国唐宋最适期；1860年至今，即现代最适期。由此形成历史过程的四个诅咒：性与人口压力，我们对土地的依赖，我们对气候的依赖，以及人类的贪婪。由此说明气候确实能创造历史。

第十章到第十二章是作者对气候变化的态度。作者认为，气候有变化也会带来灾难，但我们不用担心，因为自然之神盖娅，它维持温度稳定的调温器就是生物演化。地球仍然健在就是盖娅的功劳。而且，太阳的周期性变化也在调节地球的温度。他对"全球变暖"之说持否定态度，认为这是一种意识形态的宗教，气候受到这类意识形态的污染。主张用核能源代替化石燃料只是环保人士的意识形态，地球上的温室气体对历史上的气候变化没有影响。

应该说，这本书是值得一读的科普书。作者对地质学和古气候学有深入研究，又有广博的其他学科知识。他把自己的专业知识和实践活动结合起来，写出了这样一本知识丰富，又通俗有趣的科普书。这本书强调了气候对人类历史的影响，这在前工业革命时期是正确的。当生产力落后，人无法有效应对气候变化时，气候的确影响甚大，有时还起决定作用。过去历史学家仅仅从经济、政治、社会等角度来解释历史的发展及各种事件。这本书强调了气候变化对历史的影响，这为我们认识和解释历史提供了一个新的角度。这一点已逐渐得到越来越多历史学家的承认，并在分析历史事件时运用了这种方法。特别是作者作为华人分析了中国历史上重大事件与气候变化的关系，这让我们读来更有兴趣，也给了我们认识中国历史的新角度，读来备感亲切。

但正如我们指出的,历史的发展由多种因素决定,有时这种因素起决定性作用,有时另一种因素起决定性作用,有时几种因素共同起决定性作用。把任何历史事件的决定因素都归咎于气候变化,就矫枉过正了。以明亡而论,小冰川期造成的歉收的确引发了李自成起义,导致明亡,但明末政治上的腐败、社会贫富悬殊,还在于政治制度,不能全归咎于气候。小冰川期的出现是压死明朝这匹骆驼的最后一根稻草,但还不是根本原因。现在明史专家们承认气候的影响,但并没有把明亡的原因全归咎于气候。真理多跨过一步就是谬论。无限夸大气候的作用,也是一种极端。对历史的解释不能从一个完全无视气候对历史影响的极端跳到另一个把一切归于气候的极端。

在当前全球变暖的争论中有两种对立的观点。一种认为,全球变暖是人类经济增长的结果,采取必要的措施减少温室效应已迫在眉睫。另一种认为,全球变暖是气候变化的结果,与人类的经济活动无关,无须大惊小怪。作者坚决支持后一种观点,认为这是环保主义者的一种意识形态。他反对用核能替代化石燃料。当前世界上主流趋势还是支持前一种观点,各国政府也采用了许多环保政策。但在自然科学家和政治家中,支持后一种观点的也不少。在下一篇文章中,我们会更多涉及这个问题,这里就不展开了。

三

上一本书纵论世界几千年中气候与人类历史的关系,让我们对这一问题在总体上有了一个了解,把握总趋势。这是宏观认识世界的方式。但用这种方式认识世界毕竟太简略了。因此,我们再推荐一本从一个时期来分析气候与历史关系的著作。这本书是英国历史学家杰弗里·帕克的《全球危机:十七世纪的战争、气候变化与大灾难》(王兢译,两卷,社会科学文献出版社,2021年)。

这本书用110万字的篇幅分析17世纪小冰川时期气候与历史事

件的关系。如此长的篇幅当然分析全面而细致，但毕竟太长了。甚至英国报刊的书评都说，如果把这本书掏空的话，都能给矮小的英国喜剧演员罗恩尼·柯贝特当坟墓了。所以，在介绍这本书之前，我先给读者朋友们一个读这本书的线索。

第一，这本书所说的17世纪主要指1640年到1690年这五十年。这是从1700年开始的全新世纪以来，持续最长且最严酷的全球变冷事件，气象学家称为小冰川时期。这是这本书所论述的时间范围。

第二，这本书把这一时期的总危机与气候变化联系在一起，但并不是气候决定论。这本书并不认为气候变化是总危机的唯一原因，而是有各种因素起作用。它与上一本书的气候决定一切不同，而是把总危机归咎于各种因素共同起作用，这是一种"合力论"。这本书围绕这一时期气候变化与总危机的关系，无非是强调过去被历史学家所忽视的气候变化的重要性。这是理解这本书思想的关键，也是它与上一本书的不同之处。

第三，这本书分为五个部分，从三个不同的视角来分析这一段历史。第一个视角是"总论"，包括第一部分"孕育危机"，用人类历史档案和自然档案说明这场气候变化引发的总危机给人类经济带来的各种灾难，可以看作全书分析的背景。第二个视角包括第二部分"忍受危机"和第三部分"危机求生"，分析欧洲各国所经历的危机以及危机下的例外。这部分用历史来介绍危机的情况，是一种历史的实证论述。这两部分是本书的主体。第三个视角包括第四部分"直面危机"和第五部分"超越危机"，说明各社会如何应对并走出危机。本文按这三个视角来介绍内容。

第一部分包括四章，介绍这次总危机的总体状况。全球变冷当时对农业影响最大，也最关键。小麦、稻米和其他粮食作物大幅度减少，粮食供给严重不足。这引起人们受饥挨饿，营养不足，人口相对于粮食过剩，这是总危机的根源。在这种形势下，各国政府为应对危机而发动战争，或采取其他加剧社会矛盾的政策。这就由气候变化的经济危机而引起政治与社会危机。这本书把受这种危机冲击的国家分为四类地区：复合制国家、城市国家、边缘地区及大区。由一个王朝统治的多块领地组成的复合制国家最脆弱，受危机的影响也最大。这是由于统治者在这里的权威最弱，统治力度不足，外围地区会最先发生叛乱。这四种地区都依赖产粮地区，各有不同的灾难。从社会的角度看，粮食短缺引起人们自杀、患病，也由于战争而死亡，其中女性受害最大，出现了杀婴和堕胎、去修道院、自愿或被迫移民。全世界人口减少了三分之一。

第二与第三部分介绍气候引起的总危机对不同国家和地区的不同影响。第二部分介绍受"小冰川期"和"总危机"重创的欧亚十二个国家和地区。这些国家和地区按从东向西的顺序包括：中国、俄国、波兰、奥斯曼帝国、德意志、斯堪的纳维亚、荷兰、瑞士、伊比利亚半岛、法国、大不列颠和爱尔兰。其中，受灾影响最严重的是爱尔兰和中国。中国这时是明末，气候变冷，农业大幅度减产引发了李自成等人的农民起义，明朝灭亡，随后清兵入关，李自成也灭亡了。作者用一整章分析中国明清交替这一段历史。同时，作者是英国人，所获得爱尔兰和大不列颠的史料很丰富，介绍颇为详细。

第三部分介绍了这种全球总危机形势下的两种例外。这两种例外是至少有一部分人相对平稳地度过了那一段灾难时期的地区，以及受"小冰川期"影响不明显的地区。这些地区包括：莫卧儿王朝的印度及周边部分国家，由于有充沛的资源而很快走出危机；西班牙统治下的意大利，政府通过大幅度让步避免了大规模叛乱。欧洲的海外殖民地少数殖民者的繁荣是靠多数当地人的牺牲来实现的。只有德川幕府时代的日本发挥了人的主观能动性，成功地降低了危机中受损害的程度。尽管1640年开始的日本也发生了一次大饥荒，但一连串行之有效的应对措施，先是限制了灾害的影响，而后又补救了损失。

第四和第五部分介绍各国如何应对与走出危机。第四部分说明各国危机的共同之处。这就在于：第一，大众对灾难的回应表现出许多相似之处。这就是世界各地暴力抗议中令人惊讶的"克制措施",以及弱者所用的共同武器,包括磨洋工、欺诈、逃亡、假意顺从、偷窃、假装无知、诋毁、纵火、偷袭。第二,不同社会的个人和群体却利用正在动荡的政局来制造"引爆点"。许多地区过去充当这种角色的是贵族,但在17世纪,从中国到伊斯兰,再到欧洲,最著名的"麻烦制造者"却是一些神职人员和世俗官吏。他们受过较高的教育,却找不到合意的工作。用我们的话说,是一些怀才不遇的读书人。他们在社会上的影响也大于一般人。第三,各种极端思潮轻而易举地发展和传播。有时异议分子从一地到另一地传播不实信息和煽动性言论。例如,1647年那不勒斯和巴勒莫之间的流言传播,使这两座城市同时发生叛乱。欧洲印刷品和学校的普及造就一个庞大的识字的无产阶级,这使各种异见迅速传播,加剧了灾难引起的社会动乱。

第五部分介绍了各国在危机爆发后采取的不同应对措施,建立了一种新型均衡。这就使得尽管在17世纪90年代和18世纪头十年又出现了几次极端天气和饥荒、战争,但并没有爆发革命,叛乱也少了。所以,尽管小冰川时期在持续,但总危机并不如此。这种新型均衡形成的原因是多方面的,包括:人口剧减,允许精英自由移民并定居,经历危机冷却了人们对政治、经济与宗教变革的狂热,政局稳定,经济革新,宗教宽容等。这次危机也使政府重视经济与社会福利。同时,一系列应对未来危机的新理论也出现了,如普及教育、中国和日本的"实学"、莫卧儿王朝印度的新理性、欧洲的科学革命。这些革新在欧洲更为广泛、深入。这就引起以后欧洲与亚洲的"大分流"。

在"结论"和"后记"中,作者总结了17世纪危机对我们今天的启示。这就是气候引发的灾难总会以不同的形式在不同时间和地点出现,因此,各国都要有防止和应对灾难的措施。

这本书以17世纪"小冰川期"为例分析了气候变化引发的灾难对社会经济的巨大影响以及应对措施。这是过去许多历史学家所忽视的。

这本书所用的资料不仅包括历史的、政治的、经济的、社会的，而且还包括一般历史学家不常用的自然科学的，如冰芯和冰川学证据、孢粉学证据、树木年轮学证据，以及洞穴堆积物证据。这就是一种跨学科的历史学研究，不仅使内容丰富，而且也使所进行的分析更有说服力。读这本书大大开拓了我们的眼界。

从学术角度看，这本篇幅巨大的书内容极为丰富，分析全面、深入。但这也给读者带来阅读的困难，很难有时间从头到尾读完，而且介绍与分析细致也可能被认为是"啰唆"。读这本书时我有两个建议。一是泛读与精读相结合。这就是可以一目十行地先看一遍，对这本书有一个相当概括、粗略的了解，然后再选重点读。我写这份简介的目的就是希望能帮助读者朋友泛读并选出重点。

二是重点如何选呢？先读"前言"和"导论"。"前言"介绍了这本书的资料来源，"导论"介绍了这本书的主要内容，是阅读的指导。此外，还可以读第一部分和结论。第一部分介绍危机起因与概况，是全书的背景，"结论"是总结出的经验。其他各部分可以按自己的兴趣选，你对哪一国或哪个方面有兴趣，可以自己选。对中国读者而言，我建议读第五章"明清鼎革：1618—1684"。

大部头的书还是有许多优点的，千万别因书厚而不读。方法对头，厚书并不可怕。

气候与经济：现在
——《气候赌场》《气候经济与人类未来》

对历史，我们关注的是全球变冷；对现在，我们关注的是全球变暖。今天的全球变暖和历史上的全球变冷一样是不可抵抗的自然变化，是否应该由我们人类来承担责任？对这个问题的回答决定了我们对全球变暖的态度：是仅仅消极应对呢，还是积极应对？这两个问题已经成为全世界的"热点"，所以，读两本书来寻找这些问题的答案是有意义的。

一

从许靖华先生的《气候创造历史》中可以看出，在他看来，气候变冷、变暖的循环变化是由自然之神盖娅操控的，与人类的活动没有关系，是一种不以人的意志为转移的自然规律。因此，他把认为全球变暖是由人的行为引起、主张保护环境减少二氧化碳排放的环保主义观点作为一种与宗教类似的意识形态，坚决反对。许先生的观点对工业革命前的社会是基本正确的。但放在今天，这种观点还正确吗？

先谈谈我的经历和感受。20世纪60年代，我在北京上大学。那时"烟囱越多，说明经济越繁荣"的时代还没过去。工厂的大烟囱毫无节制地排出黑烟。那时也没有天然气，家家有蜂窝煤、煤球炉子，街上的汽车并不多，但排出的黑烟多。这么多污染也没造成雾霾严重，甚至当时都没听说过"雾霾"这个词，更别说什么"PM2.5"了。那时的冬天比现在冷得多，热天也没有现在这么热。气候资料完全可以证明我的这种切身感受。

如今冒烟的工厂都不存在了，家家用天然气代替了煤，汽车的尾气也干净了，还有许多是电动汽车。但"雾霾"却成为要政府下大力气治理的顽疾，"PM2.5"几乎成为口头禅。冬天没有那么冷，"暖冬"成为常态。夏天炎热难忍，空调成了家家的必需品。

这两个时期的差别是时代的差别。看似处处冒烟而没有污染或雾霾的时代可以称为传统社会，看似无烟却污染严重雾霾常见的时代可以称为现代社会。这两个时代的差别在于人口规模、工业化水平和经济状况。在传统社会中，人口规模有限，没有现代工业，经济落后停滞。这时人们的消费水平与方式总体上就是温饱水平，动力以人力、畜力、风力这样的自然能量为主，经济长期处于停滞状态。在现代社会中，营养、医疗条件的改善使人口迅速增加，且人们的生活水平大大提高。工业化取代传统农业成为经济主导，经济增长迅速。人力、畜力、风力这样的自然能量远远不能满足经济发展的需求，于是被煤炭、石油、天然气这些化石燃料替代，且使用量越来越大。自然对各种污染有调节能力。在传统社会中，排放的二氧化碳并不多，自然可以通过大气与海洋吸收；但现代社会中，排放的二氧化碳太多了，大气和海洋无法全部吸收。这些没有被吸收的二氧化碳存留下来就形成温室效应，引起全球变暖。所以许靖华先生的观点对他研究的工业革命前是适用的，但对现代工业社会并不适用。在工业社会中，人类经济活动的影响越来越大。现在的全球变暖还是人类的经济活动引起的。

现代社会的全球变暖可以用科学家的各种观察记录来证明。我们不用详细引用南极冰芯、各地气温等翔实的资料，仅从新闻报道中就可以感受到。如今夏天的气温一年比一年创新高，2021年甚至北极地区西伯利亚某地都达到38℃，更不用说冰山融化，冰川缩小甚至消失，各种灾难性气候层出不穷。我去过北极，见到的北极熊与我在动物园看到又白又胖的不同，饿得又黑又瘦，甚至在离北极最近的城市朗伊尔我也听说常有北极熊出没，在垃圾箱找吃的。当地人一再告诫我们外出要当心。北极熊生存艰难正在于全球变暖，它们在北极的生活状况恶化，连食物也无法保证了。

人类经济活动引起全球变暖的观点得到越来越多人的公认。2018年诺贝尔经济学奖同时授给美国经济学家罗默尔和诺德豪斯也证明了这一点。罗默尔研究经济如何增长，他建立了内生经济增长理论，说明科技进步如何促进经济增长。诺德豪斯研究经济增长如何引起全球变暖及应对之策。这两位经济学家都研究经济增长问题，但角度完全不同。一位是寻找经济快速增长的途径，另一位寻找应对经济增长引起的不良影响的方法。诺贝尔经济学评奖委员会认为，把这两个人的研究成果结合起来才是对经济增长的全面认识，人类既要经济增长，又要克服经济增长的不利影响，才是人间正道。这就是承认了经济增长引起全球变暖。联合国建立了专门应对全球变暖的机构，各国通过应对全球变暖的《东京议定书》和《巴黎协定》。各国政府也采取了切实有力的措施。面对这些，很难说全球变暖是自然决定的，与人类经济活动无关了。

许多科幻灾难电影都以全球变暖带来的灾难为主题，看了颇让人心惊胆战。尽管这些科幻灾难电影想象力大胆，但未来出现这类情况也并非完全不可能，也许形式和程度会不一样，但如果不采取任何措施，全球变暖的恶果迟早会出现。不过我们要认识全球变暖问题，仅看这类科幻灾难片是不行的，还要读两本书。

二

首先要看的是美国经济学家威廉·诺德豪斯的《气候赌场：全球变暖的风险、不确定性与经济学》（梁小民译，东方出版中心，2019年）。

稍微了解一点经济学的人，对诺德豪斯就不陌生。畅销全球的萨缪尔森《经济学》从第12版起就成了萨缪尔森和诺德豪斯合著。他是耶鲁大学教授，读博士时师从萨缪尔森和索洛两位诺奖获得者。他由于对环境经济学，尤其是对气候经济学的开创性贡献而荣获2018年诺贝尔经济学奖。本书就是他在气候经济学方面的代表作之一。

本书的书名"气候赌场"就是把人类只关心经济增长而不考虑对气候的影响比喻为一种极度危险的赌博行为。他指出："我将用的一个比喻是，我们正在进入'气候赌场'，我用这个比喻的意思是，经济增长正在导致气候与地球系统不合意且危险的后果。我们正在掷气候骰子，结果将出人意料，且其中一些可能是危险的。但我们刚刚进入气候赌场，而且还有时间全面改变，并走出来。"本书正是要说明，我们如何走进这个赌场，这个赌场有什么危险，以及如何走出这个赌场。

这本书共五编。第一编"气候变化的起源"，除了第一章给了读者阅读这本书的"地图"，用于指导读者阅读本书之外，其余四章说明人类如何走进气候赌场，即经济增长如何引起气候变暖。人类各种活动的能源是以碳为基础的化石燃料，如煤炭、石油、天然气。这些燃料在燃烧过程中排放出二氧化碳。在工业革命之前，人口不多，经济活动有限，以人力、畜力、风力这样的自然力来获得能源，所排出的二氧化碳有限，而且能被大气或海洋吸收，对气候的影响极为有限。但工业革命之后，人口急剧增加，经济高速增长，化石燃料大量使用，所排出的二氧化碳，大气和海洋无法全部吸收。积累在大气中的二氧化碳浓度越来越高，从而产生温室效应，引起全球变暖。人类只关心经济增长，并不关心全球变暖。这就是一种不考虑后果的冒险赌博行为。

进入这个气候赌场有什么危险后果呢？第二编"气候变化对人类和其他生命系统的影响"中的七章就是分析这一问题的。

作者把气候变化对人类的影响分为"受控系统与未受控系统"。

受控系统指"一种社会可借以采取措施，确保对一种资源的有效和可持续利用的系统"。这就是人类可以控制，能够应对的影响。未受控系统指"运行基本不受人类的干预的系统"。这"可能是人类选择不管它"，也可能是"系统太大，以至于人类不能控制"。更大的风险是在后一种系统中。

根据这种思路，作者分析了气候变化的不同影响。农业和人类健康属于可控系统。农业在国民经济中所占的相对份额不断下降，且可以通过技术进步和适应性调整来消除或大大减少气候变化的影响。气候变化对人类健康的影响在发达国家微不足道，对发展中国家大一些。但通过经济发展与营养和医疗条件改善，也可以消除或大幅度减少。总之，气候变化对受控系统影响并不大，我们也可以防范或消除。

对海洋、灾难性天气、野生动物这类主要由自然决定的不受控系统的影响，在短期内并不显著，甚至看不出来。但长期的影响可能是灾难性的，甚至关系到人类的存亡。这种影响一旦发生就是难以逆转的。当达到一个临界点时，灾难就是毁灭性的。科幻灾难电影讲的正是这种情况。进入气候赌场的真正风险正在这里。

分析进入气候赌场风险的目的还在于走出赌场。作为经济学家，诺德豪斯对全球变暖原因和影响的分析，主要是对许多自然与社会科学家研究成果的综合。他真正的贡献还在于从经济学的角度分析了走出气候赌场的方法。这是第三至第五编的内容，也是这本书的主体。

第三编"减缓气候变化：战略与成本"分析应对全球变暖的经济学原则，即收益与成本的比较。科学家提出了许多应对全球变暖的方法，如消极适应、地球工程和其他技术。但有些方法作用有限，有些以现在技术水平还难以实现，甚至有些看起来像是科幻。设计一种好的应对之策关键还在于根据经济学中的成本-收益分析原则。应对全球变暖就要减少二氧化碳的排放，简称"减排"。减排有成本，也有收益。但这种成本与收益与其他投资活动的成本与收益不同。减排的成本是今天为减排付出的代价，收益是未来减缓全球变暖而得到的收益。减排要能成功，起码要现实成本与收益相等。但任何人都知道，今天的一元并不等于未来的一元。因此，在进行成本－收益分析时，一定要把未来的收益变为今天的收益，要把今天的成本与未来收益的现值进行比较。这就要根据贴现率对未来的收益进行贴现，算出未来收益的现值。这样，确定一个合理的贴现率就是关键。贴现率定得高了，未来收益的现值太低，任何政策措施都无法实施。贴现率定得低了，急于求成大幅度减排也不现实。英国的《斯特恩报告》把贴现率定为1%，要求快速、大幅度地减排，是不可能的。收益率的确定要参照其他长期投资的贴现率。作者根据美国的一般投资收益率，把贴现率定为5%。

第四编"减缓气候变化的政策与制度"探讨给碳定一个合理的价格。市场经济中价格是那只"看不见的手"，引导人们进行包括减排在内的一切经济行为。二氧化碳排放是一种负外部性，无法通过市场供求关系竞争形成市场均衡价格，这就需要政府确定碳的价格。碳有了价格，就可以鼓励企业开发低碳产品和技术，也可以鼓励消费者使用低碳产品。作者认为，从目前来看，碳定价为每吨25美元是合适的，可以通过两种方法来运用这种价格。一种是开征碳税，即政府根据碳价格来征收相当于碳排放的社会成本，鼓励或强制企业减排。另一种是总量管制与交易，即政府规定一个总排放量，向排放碳的企业发放或拍卖排放许可证，并允许排放碳的企业之间交易这种许可证。这种方法在《京都协议书》中提出，目前欧盟、中国和其他许多国家已经开始使用。作者比较了这两种方法的相同与不同，还提出一种综合这两种方法的方法。不过他本人还是偏爱征税的方法，相信价格的作用，并主张用价格方法来减排，体现了经济学家的特点。

第五编"气候政治学"分析全球减排的困难。首先在于人们对全球变暖的后果认识不足。许多人与许靖华先生一样，认为全球变暖是自然本身变化的结果，与历史上的全球变冷一样。全球的变暖或变冷都与人类的活动无关。这些人或者是缺乏科学知识，或者是与他们的既得利益相关。其次是党派之争，出于党派的偏见而不承认这一事实。在美国，民主党是承认全球变暖的，所以奥巴马加入《巴黎协定》。但共和党否认全球变暖，所以特朗普退出了《巴黎协定》，民主党的拜登上台后才又加入。最后，减排是全世界共同的事，需要各国合作。但各国都从自己的短期利益出发，希望搭别国减排的便车，自己不愿付出成本来减排。即使通过了国际协定，也难以实施和监督。不过在最后的结论中，作者对人类走出气候赌场的未来还是有信心的。

尽管这本书是一本通俗的普及型读物，但还是建立在严格的科学基础之上的。作者利用了其他自然科学家和社会科学家的研究成果，与耶鲁的同仁构建了两个全球气候变化的模型。一个是综合的气候－经济模型（DICE），另一个是与这个模型相关的地区气候－经济模型（RICE）。他的许多结论和观点都来自这两个模型。这两个模型已得到学术界的高度评价，也被作为制定各种减排政策的依据。对这两个模型有兴趣的读者可以读诺德豪斯介绍这两个模型的另外三本书：《平衡问题》《管理全球共同体》和《变暖的世界》（皆为梁小民译，东方出版中心，2020年）。

这本书是写给大众的，尽管有严肃的科学性，但并不是乏味的学术著作，不仅通俗还有趣。他以具体事例、个人经历和丰富而生动的故事，以及选择得当的资料来说明他的观点，让人读起来津津有味。科普书要求的科学性、通俗性和趣味性，诺德豪斯都做到了。

三

与诺德豪斯这样学者的著作相比，著名企业家比尔·盖茨关于全球变暖的著作有自己的特色，同样值得一读。这本书就是《气候经济与人类未来：比尔·盖茨给世界的解决方案》（陈召强译，中信出版集团，2021年）。

比尔·盖茨是大名鼎鼎的企业家，退休后他关注社会公益与环保事业。他到全球各地进行调研，又与各行业各领域的专家交流，向他们请教。这本书就是他对全球变暖问题思考的结果。在给中国读者的信中，他说明了自己写这本书的目的。"我之所以写《气候经济与人类未来》这本书，是因为气候变化是我们人类面临的一个重大威胁，而我们现在就要行动起来，阻止它带来的最坏影响。"这本书"提出了一个具体的计划，内容就是如何在2050年前开发和部署这些突破性技术"。他特别强调，这本书是面向大众的，"为每个关心气候变化问题以及想知道如何为解决这一问题尽一份力的人准备的，无论他们是专家还是普通人"。那么，比尔·盖茨在这本书中告诉了我们什么，他又提出了什么计划呢？

全球变暖的根源在于温室气体的排放，解决全球变暖首先要从减排开始。在第一章中，比尔·盖茨首先提出他的减排目标。这就是，到2050年，从现在每年排放510亿吨温室气体降为零排放。当然，盖茨也知道这个目标不现实，所以他解释，并不是真正意义上的零排放，而是"接近零排放"。温室气体使全球变暖，全球变暖会引起各种不利于人类社会和自然生态的影响，如灾难性气候频发、粮食大量减产、疾病增加等。盖茨又对零排放做了进一步解释，这就是"世界上的碳排放大国（一些富裕国家）必定在2050年之前实现净零排放，中等收入国家需要尽快实现这一目标，其他国家最终也需要实现这一目标"。

实现零排放的目标是不容易的，有什么困难，以及如何解决呢？盖茨在第二、三章中论述了这两个问题。他认为，我们现实生活中化石燃料无处不在，且价格低廉。使用化石燃料就必然有以二氧化碳为主的温室气体排出。所以要实现零排放必须找到低成本、低价格的替代能源。从人类历史看，能源转型是一个漫长而艰难的过程。除了法律过时问题，又有技术问题。但关键是用大规模投资实现应对气候变化的突破性技术。如果没有创新驱动，人类无法实现零排放的目标。实现这种技术突破时要考虑五个问题：每种温室气体排放在总排放中占多大比例；要为五种温室气体排放寻找解决方案；需要的电能有多大；生产所需能源需要的空间有多大；降低成本，使绿色溢价降到中等收入国家愿意支付的水平。

  盖茨的减排建议相当详细而具体。第四至八章论述五种重要的温室气体如何实现减排。第一种是电力生产与存储，它排放的温室气体占总排放量的27%。实现绿色溢价的电力有传统的水电、风电和太阳能电。这些方法都会受到一定限制。作者的建议是用核裂变和核聚变、离岸风电、地热来提供零排放电力。还可以用抽水蓄能、热能存储、廉价的氢气来实现零排放的电力存储。此外还有碳捕获与节电的创新。第二种是生产和制造，它排放的温室气体占总排放量的31%。这就需要创新的生产材料与工艺。实现"零碳"制造的四个路径是：尽可能实现所有生产工艺电气化；从已经"脱碳"的电网中获得所需电力；利用碳捕获装置来吸收剩余的碳排放；有效地利用材料。第三种是种植和养殖的农业，它排放的温室气体占总排放量的19%。饲养动物是温室气体的主要来源（动物放的屁是甲烷），可以通过以下方法减排：改良动物品种；生产植物型人造肉，即在实验室内培养肉类；开发化肥添加剂，增强植物吸收氮的能力，减少现有化肥的使用；减少森林砍伐以及节约食物。第四种是交通运输，它排放的温室气体占总排放量的16%。可以用廉价又排放低的电力作为所有交通工具的动力，并以廉价代替燃料为其他交通工具提供动力。同时减少开汽车，汽车生产中少用碳密集型材料，更高效地使用燃料。当然最有效的还是转向电动车和替代燃料。最后第五种是制冷和取暖，它排放的温室气体占总排放量的7%。这就需要实现电气化，发展清洁燃料和更高效利用能源的解决方案，如设计并建造节能的绿色建筑。

  盖茨知道，实现零排放需要一个过程。在未达到这一目的之前，气候变化仍然会给人类社会带来各种灾难。所以，适应气候变化，防范气候变化灾难，应注意三个问题。第九至十二章论述了这些问题。这就是降低气候变化带来的风险，做好应对突发性气候灾难的准备工作，以及灾难发生后度过适应期。应对气候变化灾难有四个要点。第一，城市需要改变发展方式；第二，强化自然防御体系，保护生态；第三，全球饮用水的需求量将超过供给量，这就要采用海水淡化等措施；第四，引入新资金，资助适应气候变化的项目。这要使这些投资项目有吸引力，并评估金融市场中与气候变化相关的金融风险。

在实现零排放目标和适应气候变化中，政府要起到重要作用。这种作用包括弥补投资缺口、创造公平的竞争环境、破除非市场壁垒、紧跟时代步伐、规划企业转型、迎难而上，以及技术、政策和市场三管齐下这七项。

实现 2050 年的零排放，政府还要扩大相关创新的供求。在供给方面，未来十年把清洁能源和与气候变化相关的研发投入增加四倍；在高风险、高回报的研发项目上大力下注；把研究与我们的最大需求相结合。在需求方面，运用采购权；出台有助于减少成本和降低风险的激励措施；改变规划，为新技术的竞争创造条件。实现的方法是给碳定价，采用清洁电力标准和采用清洁燃料标准。政府应该将零排放定为目标，为实现这个目标制订具体计划，政府要为能源研发提供资助，并确保项目的目的是生产可负担的清洁能源。在美国，联邦政府、州政府和地方政府都应该承担各自的责任。

实现零排放与我们每个人相关。每个人在社会上有不同的角色，所起的作用也不同。作者在最后一章中说明我们每个人作为公民、消费者、雇员和雇主所应起的作用。他在最后说："我是一个乐观主义者，因为我知道技术的力量，也因为我知道人类的力量。"他相信，零排放目标是可以实现的。

应对气候变化是一个热门话题，所出的书车载斗量。但由于比尔·盖茨世界首富和企业家的特殊地位，他的书一出版就迅速走红。2021 年年初英文版在美国出版，很快就有了法文、西班牙文、中文等译本。许多知名人物都写了书评。例如，英国前首相戈登·布朗在《卫报》发文，高度评价此书，并提出四点"进一步的措施"。

比尔·盖茨这本书内容相当广泛，这是他与各领域专家交流的结果，所以也可以看作一本综合各专家之见的著作。这本书通俗而切合实际，可读性强。恐怕这也是这本书在作者名气之外受到重视的原因。不过对2050年能否实现零排放，许多专家还是有疑问的。书中提出的许多建议，实施起来还有技术与经济困难。应对气候变化还是需要集思广益的，要有更多人参加。从这种角度来看，这本书的出版是有意义的。

从远古的国际贸易到全球化

——《茶叶、石油、WTO》
《一件T恤的全球经济之旅》

公元前3000年,人类社会已经有了跨地区的贸易。国家出现之后,这些跨地区贸易就是国际贸易了。从那时的跨地区贸易和国际贸易发展到今天的全球化,经历了一个漫长的过程。了解这个过程,对我们理解全球化是有意义的。

一

亚当·斯密说:"人生来就有一种将一件物品转移并与另一种物品进行交换的癖好。"这种交换就是交易或贸易。生来就有的"癖好",作为一种本能是来自人生存与发展的需要。

这样看来,贸易不是源于社会分工,而是源于生存与发展的本能需求。不是分工引起贸易,而是贸易先于分工。分工无非是使贸易上了一个新层次,更广泛,更频繁而已。

人类生存与发展需要各种资源,但世界各地的资源分布并不平衡。有些资源是人类生存离不开的,但并非各地全有。这就只好通过贸易来解决。例如,盐是人生存的必需品,但并非每一个地方都产盐。这就需要贸易。无盐的地方用自己的某种物品来换盐。产盐的地方可能盐太多,自己吃不完,就可以换自己需要的其他东西。这就有了双方互利的贸易。再如,良渚文化的统治者需要用玉器祭祀,太平洋岛国的人需要用黑曜石制造石器。这就有了玉石和黑曜石的贸易。在远离海洋的内地发现了海贝，被作为装饰品或货币。这些海贝必是通过贸易而来。这些贸易并不源于分工，而是互通有无。分工出现在人类进入农业社会之后，但贸易应该在农业社会之前。

远古贸易的起源应该是盐、黑曜石之类的必需品。进入农业社会之后，社会出现了分工，从事不同经济活动的人，也要交易他们的产品。比如，手工业者需要农民种的粮食，农民也需要手工业者制造的生产工具，他们之间就必然产生交易。贸易更普遍了。不过这些还是距离相当近，或者住在一起的人之间的贸易。

阶级出现之后，社会形成富有的统治阶级。他们拥有的财富多了，又有了权力，需求就不仅是生存与发展的必要了。他们要生活更舒适，还要显示自己的财富与权力，这就产生了奢侈性需求。他们要修建宫殿，用黄金、白玉装饰自己，还要祭神祭鬼，这就需要许多本地不出产的东西，如黄金、玉石、香料、丝绸等。这就产生了远距离、跨地区或跨国的贸易。

这时交通条件差，无论是海上还是陆上，运输不仅成本高，而且风险大。所以进入远距离交易的还是以奢侈品为主。交易的物品一般具有体积小、重量轻、价值高的特点。那时大量交易的生活必需品，如粮食等还只是在近距离、交通方便的地区。如在古罗马时期，小麦、橄榄油、葡萄酒等的交易还是沿地中海各国的范围之内。远距离交易的还是奢侈品，如通过海上从东南亚来的香料，通过海路或陆路从中国及其他地方转运到罗马的丝绸。

当时，国际贸易并不重要。每个社会都是自给自足的自然经济。就整个世界而言，通过交易而获得的物品在经济总量中所占的比例极低。像迦太基、威尼斯这样的以贸易立国的国家少之又少。中世纪时尽管贸易总量在不断增加，但自给自足的基本状况并没有改变。贸易，尤其是跨地区、跨国家的国际贸易无足轻重。

国际贸易的真正大飞跃还是在工业革命之后。工业革命后出现了火车、轮船、汽车、飞机，极大地改善了交通条件。运输成本极大地下降，运输中的风险也在减少。同时，随着社会经济的发展，人们的各种需求也大大增加。过去的许多奢侈品现在成为生活必需品。过去只"飞入"富人家的各种奢侈品如今也"飞入"寻常百姓家。从交通的巨大进步与需求看，大量物品进入国际贸易的时代已经来到了。法律、商业交易规则和信用制度的完善也有助于国际贸易的发展。

工业革命之后，西方国家对美洲、亚洲、非洲许多国家和地区的殖民化把国际贸易扩大到这些原本落后的地方。尤其是二战后，许多原来的殖民地国家独立，采用了"出口替代"的对外发展战略，把国际贸易推高到一个新阶段。这时世界真正向全球化大步迈进。

国际贸易和全球化的发展给各国带来了利益，甚至成为许多国家经济起飞与增长的"发动机"。证明国际贸易好处的理论也在发展。近代，最早是亚当·斯密的"绝对优势理论"，然后是李嘉图的"比较优势理论"。现代有了赫克希尔-俄林的"要素禀赋理论"。近年来又有了克鲁格曼的需求细分与规模经济理论。这些理论以不同的时代为背景证明了国际贸易与全球化给各国带来的利益。在当代，全球一体化的理论与现实使全球化成为不可抗拒的历史潮流。

国际贸易和全球化从长期来看是有利于各国的。但在短期中，对不同国家和一个国家的不同行业，影响并不相同。在这个过程中，有些国家和一个国家的某些行业会受到暂时的损失，而且，全球化也加剧了各国和一国不同利益集团的收入差距扩大。尽管所有人的福祉都增加了，但相对状况的差距扩大了，这就引起反全球化的思潮以及各国在不同时期的保护主义政策。全球化是在反对声中实现的。

我们正处于全球化的时代。读两本书了解全球化的历史和现实，对每一个人都是必要的。

二

先介绍一本关于国际贸易与全球化历史进程的书。这就是美国历史学家威廉·伯恩斯坦的《茶叶、石油、WTO：贸易改变世界》（李晖译，海南出版社，2010年）。

这本书的英文原名是"A Splendid Exchange"，直译出来是"辉煌的交易"。这个题目相当抽象，太泛泛，让读者尤其是中国读者不易了解它的内容，由译者或出版者改个名字是合适的。茶叶是传统社会国际贸易的主要物品，石油是现代社会国际贸易的主要物品，WTO是促进全球国际贸易和全球化的国际组织。用这三个词来代表国际贸易与全球发展的进程，再加一个副标题说明这本书的中心思想：国际贸易和全球化如何改变了世界，是合适的。不过我读完全书后觉得把副标题"贸易改变世界"作为书名，把"茶叶、石油、WTO"作为副标题，也许更能体现全书的中心思想，更能引起读者的关注。

同类书还有不少，比如我读过的著名历史学家彭慕兰和史蒂文·托皮克合著的《贸易打造的世界：1400年至今的社会、文化与世界经济》（黄中宪、吴莉苇译，上海人民出版社，2018年）。这本书也相当优秀，且在读者中知名度更高。我没选这一本的原因有三个。一是这两本书写法不同。《贸易打造的世界》是横向介绍国际贸易的历程，它介绍国际贸易中市场准则的形式、运输手段的发展、贸易物品种类的扩大、国际贸易中的暴力、现代世界市场的形成、世界贸易与工业化和去工业化的关系。这些内容都非常重要，对我们全面了解国际贸易与全球化都不可或缺，而且这本书也写得通俗、有趣。不过，我还是想以纵向介绍国际贸易与全球化的历史，所以选了《茶叶、石油、WTO》。二是《茶叶、石油、WTO》从公元前3000年一直讲到现在，包括了五千年左右的国际贸易史。《贸易打造的世界》从1400年前开始，缺少了更早期的国际贸易历史。从这本书要介绍的内容角度看，这种时间的取舍是合适的，但与我们介绍人类整个国际贸易历史的目的不一样。三是这两本书都相当好，但比起《贸易打造的世界》来，《茶叶、石油、WTO》的知名度要低得多。也许是《贸易打造的世界》作者之一彭慕兰在中国的知名度比《茶叶、石油、WTO》的作者伯恩斯坦高得多；也许是前一本书的出版者上海人民出版社比后一本书的出版者海南出版社名气要大得多；也许是前一本书出版于2018年，后一本书出版于2010年；也许是前一本的宣传营销工作做得比后一本好；总之这两本书知名度完全不同。我觉得，后一本书写得并不比前一本差，且知名度低，居于"弱者"地位。我希望大家对《茶叶、石油、WTO》有更多了解，所以选了它。当然，我是希望读者朋友这两本书都看的。

在"引子"中，作者从海上与陆地丝绸之路开始简单回顾了全球贸易史。他认为："很少有其他的对历史的研究能够像对世界贸易起源的探索这样，为我们详尽讲述当今世界的情形。"这个历史进程说明，"'全球化'并不是一个单一的条件，甚至也不是一系列条件的组合，它是一个在非常非常漫长的时间里逐渐演化的过程"。这正是作者讲世界贸易历史要证明的中心思想，也是我们阅读全书时必须记住的。全书可以分为四个部分。

第一部分包括第1章与第2章，从石器时代长途贸易开始讲述世界贸易的来源。至少在公元前3000年，美索不达米亚已经有了贸易活动的存在。这里是肥沃的新月沃地，农业发达。苏美尔人已用他们过剩的谷物来交换有战略价值的金属，尤其是铜。这个最早的贸易轴心长达3000英里，始自安纳托利亚群山，沿美索不达米亚，离开波斯湾，穿过印度洋的海岸线，直到印度河。这条贸易路线上重要的节点有乌尔、阿卡德、巴比伦和尼尼微。贸易数量和复杂程度随着时间的推移而逐渐扩大。先是在中东，后向西经地中海到达欧洲的大西洋海岸，向东则一直进入中国。贸易的物品有粮食和铜、锡、铅等金属，并扩大到大象和胡椒。在贸易中还出现了作为一般等价物的货币，不仅有铜币，还有金币、银币。可惜西罗马的天气让这条古老的贸易路线在长时间里陷入停顿。

第二部分包括第3章到第6章，介绍中世纪印度洋上贸易的崛起。这个故事从西阿拉伯半岛开始，伊斯兰教爆炸式传播，影响范围从安达卢西亚到菲律宾，伊斯兰教的先知穆罕默德就是一位商人。

伊斯兰教用一套先进的体系将大的商贸港口组织在一起，把大量本地人和商贸家族与来自远方不同种姓的人混杂在一起。这个体系几乎没有欧洲人参与。这时的欧洲人被阿拉伯半岛、亚洲和非洲的穆斯林统治者赶离印度洋长达一个世纪。许多资料，如《马可·波罗游记》、中世纪旅行者的描述、阿拉伯旅行家白图泰的见闻，都证明了中东与中国贸易的昌盛。郑和下西洋表明当时中国航海技术之先进。贸易带来乳香和没药及其他物品。但每个国家都面临贸易、掠夺和保护的三难选择。政府对此的选择决定了其贸易环境，甚至国家命运的结局。当然，贸易及人员交流也带来鼠疫等瘟疫，带来灾难。

第三部分包括第7章到第10章，介绍近代达·伽马环球航行之后全球贸易的发展。葡萄牙航海家达·伽马和麦哲伦的全球航行开启了新的贸易阶段，穆斯林人对贸易的垄断被打破了。葡萄牙人绕过好望角的航行宣告了欧洲商业统一全球时代的开始。葡萄牙人向东方进发，在果阿占据了控制印度洋的制高点，并控制了马六甲海峡和霍尔木兹海峡。以后英国人取代了葡萄牙人，从此贸易在全球迅速扩张。传统贸易物品香料的地位下降，其他商品进入贸易。在这种贸易的扩张中，1601年成立的荷兰东印度公司和略后的英国东印度公司起到了重要作用。

美洲的发现促进了棉花、茶叶、蔗糖、烟草、鸦片，甚至奴隶的贸易繁荣。贸易越来越重要，各国之间的贸易竞争也加剧了。美国的独立战争从倾倒英国东印度公司的茶叶开始。贸易的重要变化是，1700年前，全球商业的运转以武装贸易为核心，目的是维护对香料等奢侈品的垄断；1700年以后，发生了根本性变化。蔗糖、咖啡、茶叶、棉花、奴隶及制成品成为主要的贸易物品，商业竞争取代了武力的垄断。

第四部分包括第11章到第14章，介绍现代国际贸易和全球化。这个过程一方面是贸易迅速扩大，进入全球化阶段；另一方面是在这个过程中受到暂时损失的一方对国际贸易和全球化的抵制。换言之，这一时期是自由贸易和保护主义之间的斗争。

英国对中国的鸦片贸易给中国带来灾难，中国当然反对这种罪恶的鸦片贸易，这导致中英之间的鸦片战争。中国失败了，被强行拉入世界贸易大循环。同样，英国对印度的机织棉布出口，摧毁了印度赖以为经济基础的手工业棉布，也给印度带来贫困。英国从自由贸易中获益，从而废除了《谷物法》实行自由贸易，还出现了亚当·斯密和大卫·李嘉图的自由贸易理论。英国的工业革命和新技术使工业制品成为贸易的主要物品。

美国南方更喜欢自由贸易，出口棉花、烟草等农作物。北方的工业尚落后于英国，主张保护贸易。这就爆发了南北战争。但这一时期蒸汽船的出现，钢铁产量的剧增，引发了贸易革命。20世纪30年代大危机给美国带来的灾难使美国通过《史慕特赫雷法》，奉行保护主义。各国之间贸易战加剧。1947年的关税和贸易总协定与随后出现的世界贸易组织（WTO）对促进世界贸易起了积极作用，但保护主义仍然存在。贸易的扩大最后引起全球化，全球化在增进全世界福祉的同时也损害了一些国家与利益集团的暂时利益，这就有了1999年对世界贸易会议的抗议。尽管有种种反对，国际贸易和全球化仍在不断迅速地扩大。世界不是一夜变革的，有一个艰难而曲折的过程。

还要回到"引子"来总结全书。作者指出，两个看起来非常简单的概念构成了这本书的主旨。"第一，贸易总是一种人类出自本能且无法减弱的需求，且与人类对食物、住宿、性及伙伴关系的需求同样原始。""第二，我们对贸易的需求已经从根本上影响到人类生存轨迹。贸易仅仅通过让一个国家致力于依据自身的地理、气候及智力资源从事一定物质的生产，以换取其他国家最拿手的产品，就已经直接推动了全球繁荣。"读完全书再来读这一段话会感到格外亲切，也理解更深。

这本书要介绍的是全球贸易史这样一个涉及面极广，又相当复杂的问题。但作者抓住了中心，又写得通俗而有趣。这本书的译文是忠实于原文而通畅的。我只注意到一个小小的不足，就是把历史学家 Kenneth Pomeranz 译为"肯尼斯·波梅兰兹"。用音译是对的，但这位史学家的中文名字是彭慕兰。这是他给自己起的中国名字，应该译为这个名字才对。他的大作《大分流》在中国已为广大读者熟知，把他的名字译错不应该。

三

20世纪90年代，我在康奈尔大学进修。其间结识了一位在此读博士的中国朋友，他开了一家纪念品商店。在回国前，他送了我一件康奈尔大学的纪念T恤，告诉我："别小看这件T恤，它用美国的棉花在上海生产，我又把它买回美国，在美国印上康奈尔大学的标志，这可是一件全球化产品。"

2011年，我读了美国学者皮翠拉·瑞沃莉的《一件T恤的全球经济之旅》（石建海译，中信出版社，2011年），才真正领会了朋友的话，知道了一件小小T恤的全球之旅。一件简单得不能再简单的T恤都不再是某一国的产品，而是全球化的结晶，遑论汽车、飞机、电脑这些复杂得多的产品？当今的全球化已经超越了国际贸易，每一种产品的生产都是全球化的。全球化给全世界带来福祉，但也充满了贸易竞争和争端。从一件T恤认识全球化中的成绩与各种问题是一个极好的角度。这就是"从一滴水看世界"吧！这种立意新颖的写法和内容使这本书充满了魅力。它曾获得《金融时报》最佳财经书奖，又被亚马逊网络书店评为编辑首选十大好书，并被译为14种文字，成为全球畅销书。

这本书第一版的"序言"说明，作者是通过一件T恤来说明全球化的。用美国的棉花在中国生产出T恤，再运回美国印上各种图案，这就是全球经济的一体化。作者在经历了多地对全球化的抗议之后，第二版的"再版前言"中就强调了这个全球化过程中的冲突与矛盾。她是沿着一件T恤生产加工过程的各个地点，考察和采访完成这本书的。

T恤的原料是棉花，所以在第一部分"棉花让我们看清了世界"中，以美国棉花种植中心佛罗里达州雷恩施夫妇的棉花农场为代表，介绍美国的棉花生产。这一部分包括四章。

美国是世界高科技和制造业强国，为什么在棉花的生产上仍居世界首位？作者回顾了美国棉花生产的历史。在殖民地时代，棉花是在南方蓄奴州由奴隶生产的。低廉的奴隶劳动使美国在棉花生产中拥有优势。南北战争后，奴隶劳动被废除了。美国的棉花优势又靠什么呢？不少人认为，现在棉花生产靠的是政府补贴。政府对棉花生产的补贴的确存在，但绝非美国棉花生产优势的主要来源。作者认为："美国棉花非凡的适应能力和企业家的谋略来自他们的性格以及美国的制度与管理体制。"这就是说，美国的农场、市场、政府、科研机构和大学各尽其能，共同创造了美国棉花生产的优势，这是其他发展中国家所不具备的。美国政府不仅有补贴，更重要的是有一套支持棉花生产的公共政策。位于得克萨斯州世界棉都拉伯克的得州科技大学从事与棉花相关的研究。作者在雷恩施棉花农场见证了棉花生产的重大进步。技术上是机器、化学品（农药与化肥）以及转基因技术。市场营销也有许多进步。商业组织、市场营销、风险分摊和政策的作用共同保证了美国棉农团结起来一致应对各种市场变化。所以，在全球化中，美国棉花成了赢家。

T恤是在中国制造的。在第二部分"中国制造"中，说明了中国为什么在这方面有优势。这一部分包括四章。

作者到上海考察T恤的制造。她在上海第三十六棉纺针织服装厂考察了棉纱的加工，又在上海光明服装三分厂考察了T恤的制造。棉纺织业是英国工业革命的起点，后来又转移到美国，再转移到日本、中国香港，现在转移到中国内地。支撑这个行业的是来自农村的青年妇女。反对全球化的激进分子把纺织厂称为"血汗工厂"。在这里工作的女工的确相当辛苦，工资也比美国低不少。但她们毕竟离开了工作生活更艰苦的农村，有了更好的生活，也有了更多自由，获得了解放。而且，随着经济发展和社会进步，中国政府和法律也开始保护工人的权利和利益，也在改善工人工作的环境。这使劳动力成本增加，纺织业开始转移到中国内地较贫穷落后的地区，或孟加拉、越南和巴基斯坦这些劳动力更便宜的地方。作者通过实地考察和采访工人，回应了激进分子的种种抨击。中国从纺织业中得到发展，同时也改善了工人的状况。

第三部分"贸易纠纷何时休"围绕着T恤与全球化的贸易争端。这一部分包括四章。

对中国和其他国家物美价廉的T恤和其他服装的进口，对美国不同利益集团的影响是完全不同的。对零售商和广大消费者而言，T恤的进口当然是福音，增加了他们的福祉。但对原来的纺织业业主和工人而言，则完全是灾难，利润减少，工厂破产，工人失业。其产品无法与中国产品竞争。受益者是绝大多数，受损者是极少数，但受损者的活动能力与政治影响更大。他们有自己的工会、行会之类的组织，这些组织可以通过公关活动向议会和政府施压。政府为了维持政治上的平衡，被迫向他们让步，对他们的反对做出回应。这就有了围绕T恤进口的争议，有时甚至相当激烈。美国纺织行业的失败者并不甘心。政府出于竞选等政治考虑，也采取了一些限制T恤这类产品进口的措施。

在美国历史上，纺织和服装行业是受到管制和保护最多的制造业行业。作者采访的美国制造业贸易行动联盟的执行理事奥吉·坦蒂洛就是一个反对廉价T恤和服装进入美国的代表，他和其他人的努力使政府不得不通过了一系列限制T恤和服装进口的新法规。但即使在受冲击严重的纺织行业，也不乏支持自由贸易的人。作者采访的美国纺织品和服装进口商协会驻华盛顿代表朱莉亚·休斯就是其中一位。

美国对T恤和服装的限制不仅在于这个行业在美国的重要性，更在于公众对贸易和全球化日益不安，认为这会威胁中小企业。这就是"中国威胁论"的来源之一吧。但越来越多的美国人也认识到全球化不可抗拒的趋势，这种限制总体上逐渐衰弱了。这就是历史潮流不可抗拒之处。承认这一点需要时间。

第四部分"从一件T恤看全球贸易"分析全球化对发展中国家的影响。这一部分包括三章。

美国富人和中产阶级淘汰的T恤和其他衣服极多，这就形成二手衣物的出口市场。这些二手服装流入了发展中国家。2007年美国旧衣服的十五大进口国，全是非洲的贫困国家。作者用在非洲的见闻证明了这一点。这种交易有其缺点，但毕竟有利于世界上的穷人。

在"结论"部分，作者强调，她并不是通过T恤来颂扬市场自由的，而是说明全球化是一个双向运动，既有市场，又有政府保护。仅仅是赞扬或反对都有过度简单化世界贸易的危险，这一点对任何国家都极为重要。

这本书最大的一个特色就是客观公正。世界上不少人担心中国出口的威胁，特别是把中国的工厂诋毁成"血汗工厂"，并抵制中国产品。但作者通过实地考察，公正地指出，中国工人的状况极大改善，政府也采取了相关政策。而且她特别指出，美国也有"血汗工厂"。她还通过实地考察证明了这一点。作者还是赞成全球化的，但并不是一味说"好"，而是有分析，也有质疑。她用双向运动来概括全书的基本观点是正确的。

朋友送我的那件康奈尔大学T恤，作为一个纪念品我现在还保留着。当我读完这本书再看这件T恤时，总是有许多感叹与思考。

全球化的两个节点
——《公元 1000 年》《1493》

现在全世界已成为一个"地球村"。各国经济一荣俱荣,一损俱损,甚至连许多产品是哪个国家生产的都无法确定了。这两年新冠疫情迅速在全球传播,正是全球化的负效应。这种全球化的过程从什么时候开始,又是如何实现的?读两本书来了解这些问题,既有现实意义,又有趣味。

一

在许多人的印象中,全球化是在工业革命以后开始的。

工业革命源于英国。工业革命极大地促进了生产力飞跃和国家财富增加,以及民众生活水平提高。这样的好事其他国家当然要学习、模仿。

工业革命很快席卷西欧、美国,甚至东方的日本。这些早期进入工业化的国家,借助于水上与陆地交通的方便与廉价,相互之间有越来越广泛的贸易与资金来往。这些国家就进入了全球化。马克思、恩格斯的《共产党宣言》极为精辟地分析了这种全球化过程。

与这一过程同时发生的是已经工业化的国家把其他落后国家强行拉入全球化的进程。工业化以后,强大起来的西方国家出于逐利的动机,凭借自己的实力,对亚洲、非洲和美洲国家实行殖民化。

它们把这些地方变成原料供应地和商品市场，并按西方人的需求改造这些地区的经济结构，向这些地区输出它们的宗教和文化。这些原来独立的国家沦为殖民地，被纳入以西方为主导的经济与文化体系中，被迫进入全球化进程。

这两种全球化的进程是不一样的，结果也完全不同。前一种全球化是自愿的，结果是这些国家经济繁荣，民众福祉增加。后一种全球化是被迫的，尽管在独立后也会有经济的发展，但在起初还是痛苦大于收益。这些国家原有的自给自足经济体系被破坏，但又没有能力进入全球化进程，许多民众陷于贫困之中。适应西方国家要求的畸形经济结构，甚至在相当长时期里阻碍了它们的经济发展。尽管经过许多年后，这些国家也得到发展，但殖民化的不利影响直至今天也没有完全消除。这是许多亚非拉国家至今仍然贫穷落后的重要原因之一。

但全球化真的是从工业化时代开始的吗？全球化是通过人口迁移、商品贸易、资本流动以及宗教和文化交流把整个世界联系在一起的历史进程。这个过程是出于人类生存和发展的需要而自发产生的。它与人类的出现同时出现。工业化和之后的殖民化不是开启了全球化，只是加速了全球化。工业化前后不是有没有全球化的差别，而是全球化程度的差别。只有理解这一点，才能弄清楚人类发展和全球化的关系，从而抓住全球化的实质。

从历史上看，人类发展与全球化是同一过程。大约七万年前，智人走出非洲迁移到世界各地，甚至更早时直立人走出非洲，都是全球人口大流动。当一个地方的环境变得不适于人类生存时，当地居民就被迫迁往他地。人口流动就是全球化的重要内容之一。

分工和交换出自人的本能。人类的生存与发展需要各种资源，但每个地区资源的品种与数量并不一定能满足当地人民生存与发展的需要。由此，这个地区的人就要到其他地区寻求自己所需要的资源，通过交换获得这些资源。而且，各地的自然环境与资源有自己的特点，这就形成不同地方的原始的、自然的分工。有了这种分工，某一地方的人就可以生产自己有自然与资源优势的产品,以换取其他地方的产品。不同地区之间的分工与交换就引起不同地区之间的贸易,这就是全球化中国际贸易的开端。这种贸易也与人类的出现并存。盐是人生存所必需的,但许多地方并不产盐,这就有了盐业贸易。中国的商业正是开始于盐业。山西运城的盐湖出产自然结晶的盐,山西人把盐运到各地,这就有了贸易。古代世界许多地区以及中国殷周时都把贝壳作为货币,但只有海边地区才有贝壳,现在各地都发现了贝币,这正是贸易的结果。太平洋许多岛上并不产黑曜石,但现在这些地区也发现了用黑曜石制成的武器。这些制造石器的黑曜石只能来自与产这种石头的地方的贸易。如果这些贸易发生在国家之间,这不就是全球化的内容之一——国际贸易吗?

当然,人类社会早期由于生产力水平和交通条件所限,这种贸易,即使是跨国家的,也仅限于一些地区。如古希腊、古罗马和北非地中海贸易圈,中国、韩国、日本和东南亚各国的贸易圈。随着各种贸易的发展,也有了跨洲的国际贸易路线。如中国通往中亚和西方的丝绸之路,东南亚到欧洲的香料之路等。这些贸易与路线当然与今天不可同日而语,但它毕竟是全球化的开始。

随着人类社会的发展,交通条件的改善,经济的发展和人口的增加,全球化的范围在不断扩大,内容也更广阔了。在工业革命之前,全球化已经出现了两个重要的节点。一个是公元1000年左右,另一个是1492年哥伦布发现新大陆。现在我们就通过两本书来了解全球化的这两个节点。

二

介绍第一个节点的书是美国历史学家韩森的《公元1000年:全球化的开端》(刘云军译,北京日报出版社,2021年)。

韩森是著名的汉学家,耶鲁大学教授。她研究中国史,已有许多著作出版且译介到中国。我通过看她的书,总体上深感她是一位严肃的学者。她对中国历史的研究既不拔高，也不贬低，更不做无端的猜测。她的书展现了一个历史上真实的中国。她的学术态度严谨而客观，但所写的书并不是令人读不下去的枯燥乏味的学究气著作，而是集历史真实性、通俗性和趣味性于一体的，读起来让人爱不释手。这本书正是这种风格的体现。

作者在"序言"中指出："公元1000年标志着全球化的开始。这是贸易线路在世界各地形成的时刻，货物、技术、宗教和人们得以离开家园，去到新的地方。随之而来的变化是如此深刻，以至于普通百姓也受到了影响。"这就是她把公元1000年作为全球化第一个节点的原因。这种全球化由谁推动，对世界又有什么影响呢？作者又指出："公元1000年的全球化推动者，包括北欧维京人以及美洲、非洲、中国和中东的居民。这些探险者用货物交换自己以前从未见过的商品，开辟了陆地和海上贸易路线，标志着全球化的真正开始。这些贸易商和航海家开辟的新路线，使诸多王国和帝国相互碰撞，导致货物、人员、微生物和思想进入新的地区。世界各地的人第一次接触到彼此，今天的全球化便是最终结果。"她还强调，当然这并不是当前意义上的全球化，但"在最基本的意义上构成了全球化"。这个"序言"是全书的大纲，指出全书的中心是说明为什么公元1000年是全球化的第一个节点。本书的全部内容正是围绕这一中心展开的。

第1章"公元1000年的世界"介绍了公元1000年时世界的总体状况，这是全书介绍的内容的背景。当时世界人口约为2.5亿人。许多地区农业蓬勃发展，城市增加。已经出现了专业商人，交通的改善并不大，仍以人力和畜力为动力，但人们仍然到不同的地方进行贸易与交往。

全球化依靠交通，第2章与第3章介绍当时交通的发展。第2章"西进，年轻的维京人"介绍北欧维京人开辟的从欧洲到美洲的航线。据《格陵兰人萨迦》等书的记载，维京人雷夫·埃里克森、其弟索尔瓦德和姻亲索尔劳·卡尔塞夫尼三次去加拿大的文兰（位于新泽西和劳伦斯湾之间），与当地人有接触，并进行了物物交易。维京人航行的意义在于，开辟了向西的新航道，"连接起了大西洋两岸已存在的贸易网络，从而开启了全球化"。第3章"公元1000年的泛美高速公路"介绍当时美洲发达的交通。当时美洲最大的城市可能是玛雅人定居的奇琴伊察，有四万人。当时美洲种植玉米、土豆等农作物，有球场、壁画、庙宇、铜，人口增加。位于今天美国伊利诺伊州东圣路易斯的遗址，有许多建筑、陶器、工艺品"土夫石"，看来已成为一个等级森严的社会。它与奇琴伊察之间有道路联系。当时的居民是贸易能手，已经在消费巧克力。在西班牙人到来之前，安第斯人已经建立了一个广泛的贸易网络。而且，美洲原住民已经构建了一个复杂的道路网络。该网络以奇琴伊察为中心，向北延伸到查科峡谷和卡霍基亚，向南延伸到哥伦比亚，而且随着城市的出现而变化。

第4章"欧洲的奴隶"介绍当时欧洲的情况。北欧人向东进入东欧，与当地人融合形成罗斯人，罗斯人形成了一个贸易联盟，控制了一大片聚居着不同部落的地区。这一联盟的首领罗斯的弗拉基米尔大公建立了俄罗斯，并信奉东正教。由于欧洲和中东对皮毛的巨大需求，罗斯人进入东欧，他们从皮毛和奴隶贸易中获利。大量财富从君士坦丁堡和伊斯兰世界转移到罗斯人手中。早期的全球化创造了繁荣，也带来怨恨和冲突。

当年伊斯兰世界如何呢？第5章"世界上最富的人"正是介绍他们。那时生活在巴格达和伊斯兰世界的人是最富有的。他们购买大量奴隶和黄金。东非和西非的统治者、商人和普通民众接受了伊斯兰教，以便与更广泛的伊斯兰世界联系起来。这就把当地置于以伊斯兰人为中心的全球化力量之下。非洲人在非洲和伊斯兰世界日益活跃的贸易中发挥了关键作用。进入欧洲和亚洲的黄金有三分之二来自西非，从非洲到伊斯兰世界的奴隶与几百年后横跨大西洋的奴隶相当。非洲的基布因港还连接与印度洋的贸易。由于全球化，小聚落变成规模更大的城镇，最终成为城市。从开罗出口的商品除奴隶外还有象牙、铜、青铜和黄金。加纳的古城圭内遗址，不同类型的埋葬点意味着不同的人群生活在一起。这是早期全球化的另一个标志。

第6章"中亚一分为二"介绍道，中亚的资源是骑兵。从匈牙利到中国北部的草原是他们长达7000公里的天然通道。他们开辟了横跨欧亚大陆的道路。阿拔斯王朝失去对中亚的控制权后，有一系列伊斯兰王朝的起落。当基督教传入东欧和北欧时，伊斯兰教进入西非和中亚。这两个宗教集团之间的界限沿着中亚中部延伸。在高丽、日本和辽国，形成了一个北亚佛教集团。辽国皇帝孙女墓中的琥珀显示，产于北欧的琥珀通过6500公里的琥珀之路来到辽国。这是当时世界上最长的贸易路线之一。

第7章"令人惊讶的旅程"介绍当时航路的情况。早期的航行利用季风的优势，把货物从阿拉伯运到印度，再运到中国。当时他们已经可以横跨海洋了。把香料从南亚运到欧洲，波利尼西人已在探索整个太平洋，通过航行与周边所有重要文明相遇。东南亚接受了佛教与印度教。阿拔斯帝国的工匠开发了光瓷与中国瓷器竞争，大约从公元1000年开始，整个东南亚地区都重新调整了发展方向，以便供应中国。

这种调整的原因是中国已成为当时全球化程度最高的国家。第8章"世界上最全球化的地方"正介绍当时中国全球化的状况。比起世界上其他民族，中国人的对外贸易联系更为广泛。他们跨越半个地球向中东、非洲、印度和东南亚出口高端瓷器和其他制成品，中国人生活在全球化世界里，中国进口珍珠、猫眼宝石、象牙、犀牛角、沉香木、香料等。中国当时对外贸易的中心是广州和泉州，而且泉州超过了广州。这两个地方设立了政府管理对外贸易的市舶司。宋代的对外贸易如此重要，甚至数学著作《数书九章》都有对外贸易的题目。当时关税收入占到宋代财政收入的20%。

全球化给世界带来了什么呢？"结语"中做出了总结。全球化给世界带来了利益，但也与今天一样有赢家与输家。今天全球化的难题：贸易战争、文化冲突、产业转移、单边主义，当年全有。结论是"那些对陌生事物保持开放心态的人显然得到更多"。

作者阅读了大量史料，其中有许多是我们一般人很少触及，甚至不知道的。她以这些资料为基础，再现了公元 1000 年时全球化的全景，尤其是对中国当时在全球化中地位的介绍，打破了中国传统社会一向保守封闭的旧观念。这种历史介绍对我们了解全球化的进程，理解今天全球化的成就与问题都甚有帮助。

三

全球化的第二个节点是 1492 年哥伦布发现美洲。许多史学家把这一年作为现代世界之始，以及现代意义上的全球化之始。

说到哥伦布发现美洲的意义，有一本书是必须提到的。这就是美国历史学家艾尔弗雷德·W. 克罗斯比的《哥伦布大交换：1492 年以后的生物影响和文化冲击》（郑明萱译，中信出版集团，2018 年）。这本 1972 年出版的书，从生态学的角度分析美洲与欧洲物种大交换所引起的生态变化。他提出的"哥伦布大交换"已成为一个被经常引用的概念。他为世界认识哥伦布发现新大陆的意义提供了一个全新的角度，从生态的角度认识这个发现的社会意义。但我在介绍全球化的第二个节点时没有选这本书。这并不是因为他在半世纪前出版。经典不会过时，这本书是关于哥伦布发现美洲的经典之作。我不选它是因为，这本书涉猎的面较窄，对这次航行的经济、社会影响分析不全面。生物大交换是所有经济、社会影响的基础，但并非全部。

我选的是美国学者查尔斯·曼恩的《1493：物种大交换开创的世界史》（朱菲、王原等译，中信出版集团，2016 年）。这本书还有一本姊妹书《1491：前哥伦布时代美洲启示录》（胡亦南译，中信出版集团，2014 年）。从副标题可以看出，这本书是写哥伦布进入美洲前的状况的。作者根据许多考古资料证明，前哥伦布时代的美洲比许多人认为的要先进，美洲有悠久的历史与文化。可以把这本书作为《1493》的上卷，对理解后一本书甚有帮助。

《1493》全面分析了哥伦布发现美洲对美洲和全世界的意义，从而可以理解为什么把它作为全球化的第二个节点。

作者从克罗斯比的"哥伦布大交换"出发，认为这是一种生态扩张主义，其实质是"欧洲人却借以将大部分的美洲和亚洲，以及小部分的非洲改造成欧洲的生态版本"。这就是我们说的殖民化推动的全球化过程。这种全球化并不是这些地区人民自愿的，而是西方国家强迫的。西方国家用自己的资本主义模式来主导全球化，并按自己的模式来改造全世界。这就是以西方为主导的全球化，也是全球化第二个节点的核心特征。作者正从这一角度来分析哥伦布发现美洲的各种影响与结果。

本书包括四个部分和一个总结式的"终曲"。前两部分勾画了哥伦布大交换的两个组成部分：大西洋和太平洋之间彼此分离又互有关联的交换。后两部分分析这种大交换的影响和结果。

第一部分"横渡大西洋"从英国人在詹姆斯顿的殖民化开始。这个地方的作用主要在经济方面，但其命运由生态力量决定。这就是烟草的引进。烟草原产于亚马孙低地，它让人兴奋，又易于上瘾，尽管对身体有害又污染环境，却成为第一个全球化的热销产品，并在全球种植和销售。不计其数的人受其害又热衷于它。作者进而讨论引进的物品如何塑造了从巴尔的摩到布宜诺斯艾利斯的所有社会。这就在于它引起了导致疟疾和黄热病的蚊子滋生。这些疾病使当地人大量死亡，从而又引发了从非洲到美洲的奴隶贸易。非洲奴隶种植烟草造就了弗吉尼亚这个烟草种植州的奴隶制和圭亚那的贫穷。疾病在塑造美洲经济和社会中起了关键的作用。

第二部分"横渡太平洋"分析美洲白银对全球化的影响。1545年在玻利维亚安第斯山脉高原上发现了含银量高达50%的富银矿。西班牙人利用印第安人当时最先进的冶金技术提炼白银，形成了波托西这样的当时最富的城市。西班牙人把这些白银运回国内，引发了当时物价上升的价格革命。同时他们又把这些白银运往菲律宾马尼拉，换取香料、中国的瓷器和丝绸等。白银通过贸易进入中国。明政府实行闭关锁国，但国内经济与商业对白银的巨大需求使中国不得不进入全球化。波托西、马尼拉和中国月港连接起了全世界。在这种贸易中，玉米、红薯、烟草等进入中国。当时还没有哪个国家像中国一样迅速接受了美洲的这些农作物。这引起中国人口增加，生态环境受到破坏。这一部分主要分析白银、玉米、红薯如何使中国卷入全球化，以及对中国经济、政治和社会的影响。

第三部分"世界中的欧洲"通过两场革命说明了哥伦布大交换的意义。一次革命是17世纪后期的农业革命。这次革命起源于土豆从安第斯山引入欧洲。土豆的引入并被作为食物，结束了欧洲的饥饿，有助于政治稳定，从而推动了西方崛起。土豆树立了一个现代农业的样板，即农-工综合体。这种综合体建立在改良作物、施用高效肥料和工厂生产杀虫剂这三根支柱之上。这就开启了现代农业。另一次革命是橡胶树从巴西移植到南亚和东南亚引起的工业革命深化。在硫化技术发明之后，橡胶在工业与生活中得到广泛应用。这催生了化工及其他相关行业崛起。当然也破坏了生态环境。这两次革命对西方工业发展及经济有重大影响。

第四部分"世界中的非洲"论述哥伦布大交换引起的另一种重要的贸易：奴隶贸易。奴隶贸易的历史悠久。在哥伦布大交换之前许久，甚至在古罗马时代就有把东欧斯拉夫人和西非黑人作为奴隶买卖的情况。但与哥伦布大交换之后大量非洲黑奴穿过太平洋被卖到美洲相比，只是小巫见大巫。大约在1700年，穿过太平洋的人90%都是黑奴。这是由于美洲的棉花、烟草、甘蔗等农作物种植园需要大量劳动力。各种流行病和艰苦的劳动、恶劣的生活条件使劳工寿命不长，这就需要非洲源源不断的黑奴来补充。这使美洲成为血统、人种、文化上交杂的"大杂烩"。这是种族的融合，也是种族的冲突。既出现了一些各族人共居的大城市，也有不少人不堪压迫逃往大森林。

终曲"生命之流"是对哥伦布大交换引发的全球化的一些思考。应该说,这种变化总体上对各国是有益的,但不仅破坏了各地原有的生态,也使落后地区陷入贫穷。即使各地都受益,也扩大了世界贫富差距。

哥伦布大交换使过去隔绝的美洲与旧大陆连为一体,这就成为全球化的第二个节点。不可否认的是,这个节点之后,欧洲和美国兴起,中国衰落,非洲被彻底瓦解。

这本书提供了一个全新的视角来看全球化。它从哥伦布大交换出发,但论述得更广泛,也更深刻。对我们认识哥伦布发现美洲的意义,对我们认识今天的全球化都有许多启发。作者强调的是,全球化既有受益者,也有受害者。全球化的两个节点都说明了这一点。尽管今天全球化还是益处大于害处,即使过去的受害者今天也享受到全球化之益。不过这个过程经历了许多罪恶和苦难。我们永远不能忘记这一点。

这本书的作者是记者。他收集了大量资料,也去过许多地方考察,又以通俗有趣的笔法写出这本书。这本书虽然有47.3万字,但作者用许多我们不熟悉的故事讲了许多道理,也不乏新观点。这正是这本书受到广泛好评的原因。

这两本书作者专业不同,风格不同,但都有趣而有益,值得一读。

工业革命与全球化
——《征服海洋》《钢铁之路》

工业革命推动了全球化。如果说，工业革命前的跨国、跨地区贸易是全球化的萌芽，那么工业革命才开启了现代意义上的全球化。研究全球化必须从工业革命开始。

一

工业化对全球化的推动作用是多方面的。

在工业革命前，人类社会的经济发展是极其缓慢，甚至停滞的。虽然经济总量在增加，但人口也在增加，人类始终没有走出"马尔萨斯陷阱"。从英国学者安格斯·麦迪森写的《世界经济千年史》（伍晓鹰、许宪春、叶燕斐、施发启译，北京大学出版社，2003年）看，工业革命前，人均收入几乎没有增长。在生产力低下的情况下，各国能交易的物品也极为有限。从远古的盐、黑曜石、玉石、铜等金属、海贝，到工业革命前也不过增加了茶叶、丝绸、香料、瓷器等。不仅品种有限，而且数量也有限。

工业革命之后，生产力爆发式增长，不仅可交易的物品种类极大丰富，数量也极大增加。已经实现工业化的国家需要把自己的产品推销到其他国家，也需要从其他国家进口原材料。没有这两个条件，它们甚至无法生存下去。在这股强劲的潮流冲击下，各国的自然经济状态自愿或被迫打破了。贸易立国成为当年的生存法则。无论你愿意不愿意，都卷入了这股不可抗拒的全球化潮流中。启动这个潮流的就是工业革命。

工业革命改变的不仅是经济，随着经济发展而来的还有意识形态改变。贸易不发达的时代，经济是自给自足的自然经济，意识形态也是"小国寡民"占绝对主流。人们满足于靠自己极为有限的资源及所生产的产品过一种清心寡欲，"鸡犬之声相闻，老死不相往来"的日子。工业革命打破了这种宁静，人们看到了更广阔的外部世界。更多的欲望和需求产生了。打破自己所在地的资源限制，获得自己无法生产的产品的冲动变得不可抗拒。传统保守的意识形态或快或慢地在瓦解，新的开放观念进入人心。别小看这种意识形态的变化，它是工业革命和贸易的结果，也是全球化不可或缺的催化剂。

经济与意识形态都要求迅速扩大跨国家、跨地区的世界贸易，走向全球化。但仅有这两个条件还不够，更重要的还有交通条件的相应进步。

国际贸易的范围和数量还取决于交通条件。工业革命之前，国际贸易受到极大限制。当海上贸易通道仅仅是要靠自己摸索风险不可知的航道，陆上的贸易通道如罗马古大道、秦朝的驰道极为有限，丝绸之路固然长，但还要靠人走出来之前，你又能到世界上哪些地方？当海上交通工具是靠人力或风力的木船，陆上全靠人力、马和骆驼这样的畜力时，你能运多少东西？而且，靠这些贸易之路和交通工具时，代价会有多高？所以，当时远途贸易还只是茶叶、丝绸、贵金属、香料这类体积小、重量轻、价值高的物品。粮食、建筑材料这类大宗物品还只能在有限的范围内交易。

工业革命改变了这一切。人借助于各种航海仪可以更安全地在海上航行。在陆地，借助于各种机械工具，可以修建通往各地的安全、便捷的公路，甚至效率更高的铁路，以后又有了空中航路。陆地交通四通八达，海上空中可通向世界各地。在交通工具上，人用煤炭、石油、天然气这些化石燃料代替了人力、畜力、风力这类自然力，造出了蒸汽机、内燃机作为动力，制造了汽车、火车、轮船、飞机。有了这些通畅之路，有了更快、载重量更大的交通工具，人们可以把各种物品运到世界各地。更重要的是运输成本大大下降。只要需要，运送任何货物都是可能的。任何地方的任何物品都可以被方便、安全、廉价地运往世界上任何一个地方。这就为全球化创造了条件。现代由于这些进步，在世界上不同地方生产一种产品的零部件或原材料，然后在某个地方组装成产品都成为可能，这时全球谁也离不开谁，"一荣俱荣，一损俱损"，全球化真正实现了。

在工业化所创造的全球化各种条件中，交通工具的进步极为重要，这些交通工具的出现正是工业革命的直接结果。在本文中，我们就通过读两本书来认识两种至关重要的交通工具：轮船和火车的发展及其对全球化的意义。

二

海上交通工具如何通过船舶的进步而变得廉价、方便、高效，我们可以读英国学者布赖恩·莱弗里的《征服海洋：探险、战争、贸易的4000年航海史》（邓峰译，中信出版集团，2017年）。

从这本书的副标题可以看出，海上交通的发展，成功征服海洋是由人类对未知世界的探险、各国之间的海战和贸易推动的。人类征服海洋以船舶制造、航海仪表制造和航海技术的进步，以及人类对海洋、航路的认知为前提。这些都取决于人类科学知识的增进和生产能力的提高。这都有赖于科学革命和工业革命。这本书分为六个时期，介绍了人类征服海洋的历程。

先从人类早期征服海洋的活动开始。这个早期是1450年之前。人类征服海洋的活动应当相当早。七万年前，智人走出非洲。五万年前左右，人类已到达澳大利亚等许多岛屿。他们一定是乘船或其他水上交通工具跨海的。不过人类的这个壮举没有留下什么遗迹。这本书从有据可查的古埃及人开始。早在公元前3500年，古埃及人已经发明了船帆,说明他们征服海洋的活动一定在此之前。公元前2000年,米诺斯人已经活跃在地中海东部。公元前1200年到公元前900年,腓尼基人已横渡地中海,从事贸易活动,这才有了迦太基这个商业大国。公元前1000年,玻利尼西亚人已开始远航,最远距离达3200公里。公元前8世纪,维京人不仅乘船来到欧洲掠夺,而且还去过美洲,在加拿大留下遗迹。在15世纪前,最伟大的航海是明代郑和下西洋。他率领的船队,船已相当大而结实,且使用了指南针等航海仪表。他的最远航程到达4800公里。这时的航海主要用以人和风为动力的桨帆船,适应于不同海域,形式多样。航海仪表主要还是指南针,定位主要靠天象和船长的经验。这一段漫长的时期属于征服海洋的萌芽期,但航海技术已有发展,郑和船队的船相当先进;维京人的船最高航速可达12节;活跃在海上的威尼斯商人用的桨帆船已达3000多艘。

1450年至1600年是一个探索时期,这一时期,欧洲人的探险活动推动了人类征服海洋的进程。哥伦布的航海发现了美洲,达·伽马从海路到达印度,麦哲伦环游全球,航程达到60440公里,他们的成功在于三桅与四桅船的进化,地中海与北欧地区高超的船只建造技术,以及星盘、六分仪和磁性罗盘等航海仪器的使用。推动航海技术进步的是以掠夺财富和扩张帝国为目的的探险活动。首先是西班牙人和葡萄牙人,以后是英国人。最著名的英国人是私掠船长弗朗西斯·德雷克爵士。对新发现地原住民的征服,以及欧洲各国之间争夺殖民地的战争,使航船武装化。16世纪期间克拉克帆船和加利思帆船等船只都加装了大量加农炮,从船头、船尾和没在船舷上的炮位都可以开火。各国对海洋和殖民地的争夺引起海战。1588年,英国海军击败了西班牙"无敌舰队",开始称霸海洋。英国也从海上掠夺中大发横财。1573年,仅在一次袭击中,德雷克就抢掠了20吨黄金与白银。

1600年至1815年是欧洲各国向海外扩张,建立帝国的时代,也是为此服务的航海技术迅速进步的时代。欧洲各国在全球各地建立殖民地与贸易站，范围从美洲延伸到亚洲、印度、东印度，甚至日本。从17世纪60年代起，法国也建立了海军，参与到贸易和殖民地争夺中。在各种战争中，英国确立对海洋的统治达一个世纪之久。这一时期，导航技术、海图、船只设计，以及医学知识进步加快了航行的速度，也降低了海员在长期航海中的死亡率。这时，船只从克拉克帆船向更先进的加利恩帆船转型，星盘和六分仪更为精准，测量经度的海钟发明了。同时，常规海军的兴起，风帆战列舰的出现，带来了秩序，活跃了一个世纪之久的海盗消失了。私掠船被行动迅速的佛盖特帆船（巡防舰）取代。随着欧洲各帝国开拓领土，大规模的奴隶贸易发展了起来，几百万非洲人被运到美洲当劳动力。征服海洋的这些进步也使捕鲸业发展。科学考察工作开始，法国海军上将路易斯·安托万·德·布干维尔和英国海军上将詹姆斯·库克发现了太平洋上的岛屿——澳大利亚和新西兰。人类大航海的时代来临了。

工业革命发生于18世纪下半期，到19世纪已经从根本上改变了船只制造与航海技术。金属船体的汽船取代了木质帆船。起先是靠浆轮推进，只能在江湖近海中航行。19世纪中叶起，靠螺旋桨推进的航海汽船普及，帆船消失了。海洋学诞生，发明了微型六分仪，画出了风向与洋流海图，建立了制度化的公海救援，发明了用于灯塔的菲涅耳透镜，确立了防止船只过载的普里姆索尔载重线。1881年，美国人约翰·霍兰发明了第一艘潜艇下水。19世纪下半叶，豪华邮轮诞生。

这些技术进步使世界贸易快速发展。在1850—1913年，贸易总额增加了10倍。同时欧洲人移民到美国。在1850年前，前往美国的移民达17103万人。20世纪初，客运公司开设了豪华的跨洋班轮服务。同时无线电的发明保证了船运的联系与安全。欧美各国也利用新技术制造各种战舰。依靠先进的战舰，英国入侵中国，美国入侵日本。各国海洋军备竞赛恶化了国际关系。作者把1815—1914年这一时期称为"蒸汽与移民"时期。

从 1914 年一战爆发到 1945 年二战结束，全世界经历了两次世界大战。因此，这是一个"海战"时期。英德两国的日德兰海战、1940 年的大西洋海战、美日的中途岛海战、1945 年盟军的诺曼底登陆，都是这一时期重要的海战。

从 1945 年到现在是"海洋全球化"时期。在国际贸易与海战中，船只仍具有核心地位。在 20 世纪 50 年代到 2000 年之间，全球航运的吨位增加了 6 倍。在货运中影响最大的是集装箱革命。集装箱极大地提高了效率，在电脑帮助下，不到 20 人的班组就可以操控巨大的集装箱货轮。而且，电脑与 GPS 导航系统的运用保证了航运安全。战舰也有巨大发展，导弹代替了大炮，航母越来越大，且由核动力驱动，航程几乎没有限制。50 年代还出现了核潜艇。美国的海军力量使它成为海上霸主。大型豪华邮轮带来超级享受。人们开始探测深海。这种发展促进了世界发展，但也引起战争危机加剧，如古巴导弹危机、英阿马岛战争；也导致海洋污染加剧，如美国油轮"埃克森·瓦德兹"号泄漏原油 3.8 万吨，严重污染海洋；同时也促成非法移民增加。这时帆船已成为一种娱乐、运动的工具。

从全书看可以说明几个重要问题。第一，海上交通工具的进步是全球化至关重要的一步。只有在海上交通便利的情况下，才有人口的流动与国际贸易的发达。物品与人员的流动把全球紧密联系在一起。

第二，海上交通的发展取决于建造船舶的水平和航海仪表、海洋知识的进步。这一切有赖于工业革命，所以工业革命后才有真正的全球化。对一个国家而言，工业水平和科学水平决定了该国在海洋上的地位，要想强国就要海洋强国。

第三，通过海洋产生的全球影响是双重的。一方面，从长期和总体上看，增加了全世界人民的福祉。这是主流的一面，但同时也引起许多不利影响。首先，征服海洋的过程也是西方国家对亚洲、非洲、美洲殖民化不断扩大的过程，这个过程也给这些国家带来了灾难。其次，随着海上交通发展，国际贸易扩大了。但这种贸易中既有增加福祉的物品，也有不利之处，如带来了毒品和奴隶贸易。

再者，通过海上全球化也加剧了国际冲突，海战及海上扩军备战都在破坏世界和平与各国的安宁。最后，海上交通发达有利于人类利用海洋，但也加剧了海洋的污染，破坏了海洋的生态环境。

因此，我们要通过国际合作让人类更好地利用海洋。尤其要为海上创造一个合作、竞争的有利国际环境，更要保护海洋，不再破坏海洋环境。只有这样，海洋才能成为人类福祉的来源。关于保护海洋环境这个极重要的问题，本书着墨不多。我们推荐一本英国海洋保护生物学家、海洋保护权威卡鲁姆·罗伯茨的《假如海洋空荡荡：一部自我毁灭的人类文明史》（吴佳其译，北京大学出版社，2016年）。这本书对海洋环境所受破坏的严重性和原因，以及保护全球海洋环境的出路做出了深刻而值得深思的分析。

三

改善陆上交通实现全球化的主要是铁路。关于铁路的发展，我们可以读英国铁路史专家、知名记者克里斯蒂安·沃尔玛的《钢铁之路：技术、资本、战略的200年铁路史》（陈帅译，中信出版集团，2017年）。

人类征服陆地的历史应该比海洋早。二百万年前，直立人走出非洲，七万年前智人走出非洲，其实就是人类征服陆地的开始。人类进入农业社会后就在修路。古罗马的大道，秦始皇时修的驰道，都是人修的。还有许多道路不是人有意修的，而是在无路的地方，走的人多了，形成一条道路。古代的丝绸之路、茶叶之路，都是这样的路。无论如何，有了道路，人就可以靠人力与畜力把物资运到其他地方进行交易。这一段历史很漫长，进步也较为缓慢。尽管有"条条大路通罗马"之说，其实在工业革命之前，陆上的道路运输困难与风险不比海上少多少，运输成本也比海上高得多，且无法进行被海洋隔开的或太遥远的运输，谈不上四通八达，联系起全球。

使人类真正征服陆地的是铁路，铁路的出现正是工业革命的结果。作者在"引言"中指出,"在所有工业革命时代的伟大创举中,铁路的发明对后世的影响最为深远"。在铁路出现之前,不论远近,只要踏上旅程,就意味着一场艰难的冒险。而且,就国内与国际贸易而言,在铁路出现之前,靠人力与畜力,运输成本极高。所以,交易的只是盐、茶这类生活必备品,以及一些体积小、价值高的奢侈品。而且交易范围也极为有限。人们只能"日出而作,日落而息"。铁路和相应的标准时间的出现推翻了关于距离和时间的一切概念,引发了一场社会剧变。铁路使人们远距离工作成为可能,促进了城市和乡镇的空前发展,也扩大了人们的社交范围。铁路也使人们的生活发生改变。他们可以享受到远处旅行,到海边休假的休闲方式。铁路也使战争发生了根本变化,更快、更廉价地运送士兵与物资,使战争范围更大、更激烈。没有铁路就不会有一战与二战。铁路还产生了全新的商业管理模式与方法,促进了历史上最大的人口流动。总之,铁路改变了一切,没有铁路就没有现代社会。

铁路是如何出现的呢?铁路在我们的概念中,既包括了钢铁修建的路,又包括在上面行驶的机车与车厢。在历史上,真实的情况是先有钢铁的路后才有上面的机车与车厢。所以这本书对铁路的介绍从路开始,先讲钢铁之路的演变。

铁路是一种有轨道的路,不同于古罗马大道或秦始皇的驰道,更不同于人走出来的丝绸之路。这就在于它有固定的轨道,这种路出现的时间很早。七千多年前,车轮就出现了,有轨道的路也随之产生。古希腊时,人们为了防止下雨天车轮打滑,就开挖出特定通道。类似的轨道也出现在庞贝古城与西西里岛的遗址中。在希腊神话中,俄狄浦斯在这类轨道上与父亲相遇,为争夺优先通行权将其杀死。这反映了这种轨道存在的事实。

最早用于运输的木制轨道出现于1350年,它的原型现存于德国弗莱堡的一座教堂里。在以后几个世纪中,德国与英国都修建了许多这类马车道,用于矿区重载货车的通行。接着人们又开发出专供车辆行驶的轨道,用木材制成,称为"车行轨道"。1726年,史称

"大同盟"的煤矿主集团修建了一条共享车道，把分散在各地的煤矿联结在一起。甚至坦菲尔德车道的干线还修为双向双轨。

18世纪后期，德国采矿工程师弗里德里克·克劳斯塔开始尝试铁制轨道。很快英国中部的主要钢铁工厂也采用了铁轨运输。这些轨道被称为"铁路"或"铁道"，轨距为1.5米，接近于今天的标准轨距1.435米。这种轨道盛行了40年，顶峰时有数千英里，主要运货，有时也运人。还有一些矿主运用电缆和重力原理，设计出了更为复杂的铁路系统。但这时无论采用哪种轨道形式，依然靠马或人力拉动车轮，效率极低。

推动铁路发展的还是蒸汽机。英国人理查德·特里维希克是把蒸汽机技术应用于铁路牵引动力的第一人。但被称为铁路之父的是英国人乔治·斯蒂芬森。他自学成才，善于挖掘他人的理念和想法，并将其转化为可行的方案。他主持修建的利物浦—曼彻斯特铁路于1830年9月15日开通。这是世界上第一条用机车牵引的铁路，也是人类铁路时代的真正开始。

英国开始修建铁路之后，其他国家纷纷效仿。首先效仿的是美国。美国的铁路与英国的差别在于路线更长，采用了动力更强劲的机车，火车车身也更重，在管理上颇有效率。铁路还引发了投资与投机热潮。到南北战争时，铁路已达48280公里，到1916年时已达40万公里，形成世界最大的铁路网络。在欧洲，法国、比利时、德国、荷兰和俄罗斯都在兴建铁路。除了经济利益外，政治上与其他国家结盟和军事上的利益也十分重要。甚至印度和古巴也修建了铁路。这是一个"铁路狂飙"的时代，在机车和信号等方面都有了许多重大进步。

随着铁路带给人们的出行方便和铁路网络在经济、军事和政治上的优势突显，铁路的全面推广势不可当。由于铁路建设、机车和通信技术的进步，铁路的推广时期来临了。奥地利和瑞士的铁路穿越阿尔卑斯山，巴拿马的铁路穿越丛林，美国的铁路穿越美洲，英国修建了伦敦地铁。这时出现了垄断铁路行业的铁路巨头。19世纪的后70年被称为铁路时代。这不仅靠技术进步,而且也靠工人艰苦的工作,甚至是牺牲。当时火车的客运服务尚不完善。

19世纪最后25年是铁路的成熟时期。俄罗斯修建了9250公里的西伯利亚大铁路(对这条铁路有兴趣的读者还可以看英国学者克里斯蒂安·沃尔玛的《通向世界的尽头:跨西伯利亚大铁路的故事》,李阳译,三联书店,2017年),南美洲建成数条翻山铁路,英国在印度修建了为避暑的山间铁路。有了电力列车,舒适的东方快车提供了优质服务。美国还修建了跨海铁路。铁路的管理也成熟了。在铁路建设中,也出现过资本市场投机、贪污腐败,以及各种犯罪问题。

在一战前,铁路已达顶峰。战时被广泛用于运输士兵和战略物资。当然,在二战中还被用于运送将被屠杀的犹太人。这就使铁路成为战争冲突中被袭击的对象。当时属于土耳其奥斯曼帝国的汉志铁路就受到一系列破坏性袭击。这时的铁路开发出动力更强劲、速度更快的柴油机车,也出现了高速蒸汽列车。

二战后,高速公路迅速发展,汽车成为主要运输方式。航空飞行的成本日趋合理,铁路出现了衰落的趋势。但20世纪70年代后,由于石油危机,以及汽车尾气污染严重,铁路又受到重视。尤其是子弹头机车速度极快,各国都在建高速铁路。其中中国建造了世界上最大的高速铁路网络。铁路以其高速和廉价得到复兴。欧洲跨海隧道建成,各国轻轨、地铁、高速铁路网络以及新型电气化铁路遍及全球,这些标志着世界正迎来一个新的铁路时代。

从铁路两百年的发展史可以看出,铁路的出现以其高速、载重量大、方便、廉价成为全世界货物与人员流动的主要方式。所以,铁路是全球化强劲的动力。在历史上如此,今天如此,以后也会如此。

铁路的发展靠技术进步。这种技术进步是全面的。既有修建铁路的技术,有制造机的技术,有铁路信号、通信技术,也有铁路管理的技术。缺一样,铁路都不可能有如此大的进步。所以,铁路是一国科技研发能力和制造业生产能力的综合体现。现在高速铁路的发展也是技术进步的综合结果。

与一切技术进步一样，铁路也是"双刃剑"。铁路也加剧了战争的残酷程度，成为犯罪分子的工具。在铁路的发展中，社会也付出了代价，劳动者也做出了牺牲。从这个角度认识包括铁路在内的一切技术进步才全面。

这两本书的作者都既是各自研究领域的专家，又是文章高手。他们写的这两本书通俗有趣又知识丰富。同时每本书都配有大量精美的插图，图文并茂，不仅增加了我们阅读的兴趣，还使我们对所涉及的设备、技术有了直观而清晰的了解。这两本书都属于"DK"系列，这个系列书已有多本在国内翻译出版，且受到读者好评。

回望丝绸之路
——《丝绸之路新史》《穿越丝路》

"一带一路"的提出扩大了我国的开放,也促进了中国和相关国家经济社会的发展。这个口号的提出也引起我们探索历史上丝绸之路的兴趣。

一

我国在历史上总的趋势还是开放的。且不说汉唐时代的开放造就了中国的盛世,到南宋时泉州还是东南亚国际贸易的中心。明清时期采取闭关锁国的国策,但仍然有频繁的对外交往。不必去说郑和航海的意义,没有对外交往,美洲的白银如何进入中国,让我国货币体系采用了银本位?没有对外交往,我们如何能吃上土豆、玉米、红薯及众多蔬菜?又如何能穿上棉布做的衣服?

要与国外交往就必须有路。如从广州通往世界各地的丝绸之路,以及从泉州通往东南亚的海路。在陆上的路中,最著名的就是丝绸之路了。"一带一路"中的"路"狭义上就是这条路。

历史上丝绸之路的"路"与今天"路"的含义有点不同。它不是什么人有意设计、建造出来的,像古罗马大道或秦代的驰道那样。它是在无数人走过之后形成的,这正应了鲁迅先生的一句话,"地上本没有路,走的人多了,也便成了路"。丝绸之路正是这样走出来的路。

按历史学家的说法,丝绸之路从西汉张骞通西域开始,唐代最盛,到宋代之后就基本不存在了。实际上,如果定义它为非人工建造的路,这条路可以追溯到很远。大约五千年前,小麦就是顺着这条路进入中国新疆,以后又进入内地的。只不过那时还没有丝绸进入远方交易或作为货币,成为丝绸之路有点超前了。但无论叫什么名字,这条人走出来的中外交往之路早就存在了。

中外交往也并非只有这一条路。例如,清初中俄《尼布楚条约》签订之后,山西商人把福建武夷山等地的茶叶贩卖到蒙古、俄罗斯等地,这就有了人和骆驼走成的茶叶之路。在俄罗斯西伯利亚大铁路修成以前,这是中国与欧洲国家交往的主要通道之一。但无论有多少条路,没有一条像丝绸之路这样重要,这样有名气。所以,无论谁,只要说到中外交往,就不能不说丝绸之路。

丝绸之路这个名称正式提出的时间并不长。19世纪70年代,德国地理学家李希霍芬受德国政府委托设计一条东起山东青岛,经西安,通往德国柏林的铁路。他在1868—1872年到中国调查煤矿和港口,设计这条铁路路线,绘制了一套五卷本的地图集。第一次用了丝绸之路这个词,并画出了具体路线。以后这个词和这张图被人们广泛接受,如今媒体和许多著作所用的就是当年李希霍芬画的图。

瑞典探险家斯文·赫定1936年出版了一本关于他在中亚探险的书,1938年被译为英文。书名就是《丝绸之路》。1948年,英国《泰晤士报》把这路定位为中国边境到欧洲的诸多道路。由此带来一些错误印象,似乎丝绸之路是商旅往来的人造大路,有如今日高速公路。且贸易的物品主要是丝绸,中国人通过这条路把丝绸运往欧洲。

其实丝绸之路在历史上所起的作用与海上丝绸之路、茶叶之路等并不相同。海上丝绸之路和茶叶之路是地道的贸易之路,主要交换的是物品。中国的瓷器、茶叶、丝绸等主要是从这两条路出口到国外的,外国的物品,如钟表、皮毛等也是通过这两条路进入中国的。丝绸之路也有物品交换,但主要贡献并不在贸易上,而在于文化、宗教、艺术、人口等的非物品交流。唐代时住在长安的不少其他民族居民是通过这条路进入的，印度的佛教与艺术也是通过这条路进来的。

今天提"一带一路"，贸易当然是重要的，但也不能忽视文化及其他交流的意义，全球一体化不仅是经济的一体化，也是更广泛内容的一体化。贸易往来是基础，但并不能排除其他方面的交流。同时，今天"一带一路"的范围也要广泛得多。不仅包括历史上丝绸之路经过的那些国家和地区，也包括丝绸之路没有涉及的那些国家和地区。从广义上看，今天丝绸之路的"路"可以包括全世界。

"一带一路"的提出引起我们对历史上丝绸之路的关注。中外史学家就古代丝绸之路写了许多著作。比如英国学者彼得·弗兰科潘的《丝绸之路：一部全新的世界史》（邵旭东、孙芳译，浙江大学出版社，2016年）；日本学者白桂思的《丝绸之路上的帝国：青铜时代至今的中央欧亚史》（付马译，中信出版集团，2020年）；中国学者郭建龙的《丝绸之路大历史：当古代中国遭遇世界》（天地出版社，2021年）等。这些书从不同的角度介绍丝绸之路，都写得各有特色。不过我选的两本是与历史上丝绸之路更贴近的书。

二

第一本书是美国历史学家芮乐伟·韩森写的《丝绸之路新史》（张湛译，北京联合出版公司，2015年）。在前文中，我们介绍过韩森教授的另一本书《公元1000年》（在《全球化的两个节点》一文中），并已对韩森教授做过介绍。她的这本书同样精彩。在我的这本书中，选入两本书的作者只有韩森教授一人。

作者在"序章"中首先要纠正李希霍芬留下的对丝绸之路的误解，对丝绸之路正本清源。她指出："丝'路'并非一条'路'，而是一个穿越了广大沙漠山川的、不断变化且没有标识的道路网络。事实上，在这些艰苦的商路上往来的货物量很小。但是丝路确确实实改变了东方和西方的文化。"这本书正是"试图解释这条小小的'丝路'是如何成为人类历史上最具变革力的超级高速公路的"。

这里要注意这段话中的三个要点。第一，丝绸之路并不是像李希霍芬画的那样的一条大道，而是由许多人走出来的小路组成的一个道路网络。第二，这条路并非是以贸易为主的道路，因为在那里的居民大多是以农业而不是商业为生，也就是说，大多数人是种地而不是做生意的。贸易大多发生在当地，且以物物交易为主，贸易都是小额的。第三，这条路之所以成为"人类历史上最具变革力的超级高速公路"，并不是因为它对物品交易的作用，而在于它传播了宗教、文化、艺术、技术并带来了移民，改变了东西方文化。

在"序章"中作者要纠正的一些不正确的流行观念还有：第一，丝绸之路上的交易物品中，丝绸仅仅是一种，更重要的还有矿物、香料、金属、马具及皮革制品。玻璃和纸也常见，特别是纸更为重要。第二，丝绸更重要的不是作为交易的物品，而是作为交易媒介的货币。在唐代政府承认的三种货币：铜钱、谷物和丝绸中，铜钱极为短缺，谷物易腐烂，很多交易就由成匹的丝绸完成。第三，即使中国在丝路上有驻军，也没有任何文献记载过罗马帝国时代，罗马与中国有往来。中国人只到过乌兹别克斯坦的撒马尔罕。第四，丝绸之路也不始于西汉张骞通西域，早在商朝时，生活在今天新疆的人就把货物运到中原地区。第五，在古罗马普林尼时代，中国并非唯一的丝绸生产者，古代爱琴海东部就有科斯丝。所以古罗马的丝绸并不一定来自中国。第六，对丝绸之路进行探险、考察的早期都是外国探险家，如英国军官汉密尔顿·鲍尔、瑞典探险家斯文·赫定、出生于匈牙利的斯坦因等。这些对我们认识丝绸之路和阅读这本书都极为重要。

这本书通过对楼兰、龟兹、高昌、撒马尔罕、长安、敦煌藏经洞和于阗的考古发现，让我们认识一个历史上真正的丝绸之路。

楼兰是中亚的十字路口。斯坦因在楼兰王国尼雅发现的佉卢文木质文书证明，丝绸之路在语言、文化和宗教传播中，起了至关重要的作用。佉卢文是书写梵语和其他语言的文字,为来自阿富汗、巴基斯坦的犍陀罗人使用。当时的楼兰王国相当于今天英国的面积,以后改称鄯善。养蚕和缫丝技术通过这里向西传播,棉花则从西亚传到尼雅。这里也有中国驻军。这里的贸易无一例外是驻军用粮、钱、绢从当地人手中买马、粮、衣服和鞋。尼雅人更愿意用粮食或牲口而不愿意用钱币交易。只有外来人才把绢当作钱使用。这里已有佛教的传入,也有佛塔。

丝绸之路是语言交流的通道,龟兹正是丝路各种语言之门户。这是由于语言大师鸠摩罗什及其团队的努力。鸠摩罗什是语言天才,掌握了多种中亚语言,包括母语龟兹语以及梵语、犍陀罗语,可能还会焉耆语和粟特语。他们把佛经由梵语译为汉语,使当地人接受了佛教,并建成举世闻名的克孜尔石窟。龟兹成为当时的佛教中心。经过翻译,汉语大概吸收了3500个新词,如"般若"(智慧)、常用的"刹那"等。佛经还被译为当地的其他语言,如龟兹语(吐火罗语A)、焉耆语(吐火罗语B)。还有些龟兹语的文书与世俗贸易相关,记载了商人的活动。但出土文书并没有长途贸易的记载。而且当时的贸易与驻军相关,军队撤走后则是旅行者和小贩维持的小额交易。

吐鲁番连接汉文化圈和伊朗文化圈,历史上是一个多民族的城市,来自中国和撒马尔罕周边粟特地区的移民构成了最大的聚落。这里的高昌王国成为胡汉交融之所。玄奘西天取经曾经过此地,并得到帮助。唐灭高昌王国后,这里更加汉化了。从古墓和文件中看,这里的主要贸易伙伴是撒马尔罕附近的东伊朗世界,并没有与古罗马的贸易。这里的贸易主要用绢帛付账,所用的货币为伊朗的银币及其仿造品。贸易最繁华时是唐代驻军时。粟特人在丝路贸易中居统治地位。从事贸易的主要是小型商队。在回鹘人统治时,基督教和摩尼教进入这一地区。

粟特人属于伊朗族。当时主要居住在撒马尔罕,这是粟特胡商的故乡。从发现的粟特文书中可以看出他们的司法、宗教、社会习俗等生活状况。早在4世纪初期，洛阳、长安、武咸、酒泉和敦煌都有粟特人居住。从5世纪开始，粟特人在泽拉夫善河流域开拓新的居民点，到5、6世纪时，粟特已成为中亚最富庶的地方。片治肯特是丝路上重要的考古遗址之一。商业谷仓和市场表明这里有零售业，但没有供商队住的永久建筑，更多的贸易证据来自城中发现的数以千计的铜钱。当地人也用金币。在穆格山中发现的中国纸张是少见的长途贸易证据。8世纪中亚人从中国战俘那里学会了造纸，由此纸传到西方。但从目前证据看，丝路商业大体上是本地贸易，由小贩在短距离内进行。造纸和制丝技术，以及祆教和伊斯兰教等宗教都随着移民传播。

唐代时的长安是丝路的终点，也是国际大都会。丝绸之路在唐代最繁荣。在西安发现了粟特人和印度人的墓葬。许多粟特人住在长安，并由政府任命的"萨宝"管理。当时西安商业繁荣。东市交易的主要是国内产品，西市交易的多为外国产品。来逛市场的人可以在饭店、酒馆、小吃摊以及妓院中消费。行商可以把货物存在仓库里，把钱存在类似银行的机构中，并在旅店住下。移民也带来自己的宗教，如祆教、基督教、佛教、景教。从一家商店进行的608笔交易看，大多数由女性进行。在西安定居的粟特人成千上万，有使节、难民、农民、金属匠、士兵、军人亲属，但商人不多。唐从西域撤兵后，陆上丝绸之路衰落，海上丝绸之路兴起。

敦煌藏经洞的文物集中体现了丝路的特点，是"丝路历史的凝固瞬间"。藏经洞的文物被斯坦因、伯希和等人窃走。其中包含了佛教、摩尼教、祆教、犹太教、景教等各种宗教的文献。使用的语言包括梵语、粟特语、藏语、回鹘语、于阗语等。当然还有大量汉语文书。财产清单中的许多物品来自国内。许多使节进行贸易活动，绝少提到商人。除了拨给官兵大量的军饷外，贸易都是小规模的本地贸易，而不是繁荣的长途贸易。敦煌文献中呈现的丝路贸易图景详细而准确。

于阗是佛教、伊斯兰教进入新疆的通道。1006年，信奉伊斯兰教的喀喇汗王朝征服了和田王国（于阗），使当地人皈依了伊斯兰教，并用维吾尔语取代了于阗语。佛教是公元800年前从于阗进入中国的。已发现于阗语的佛教文献。从于阗人的开支清单看，成匹的丝绢是旅人使用的主要通货。他们用绢买大麦、骆驼、马匹，雇向导。当然，丝绢也并不总是当钱用，还有做衣服的。还存在物物交易。许多文献表明，丝路并不是一条做生意的商人领着骆驼队行进的大道。来往于这条路上的使节、王子、僧人和居士都在做生意，但买卖的物品都是当地的土产。

最后的"结论"是对全书的总结。丝路的历史可以追溯至人类起源时期。中国、印度、伊朗等中亚国家和文明之间通过这条路的交往一直未断。丝绸之路的重要性并不在贸易，而在于这条路上的不同民族行人各自传播了自己的文化，并与当地人融合。所以，它是东西方宗教、文化、艺术、语言和新技术交流的大动脉。贸易是存在的，但规模有限，往来的商人并不多。交易主要是政府给士兵军饷用于交换。唐撤出西域后，丝路就衰落了。

作者运用了大量考古发现的文献与文物来论证她的中心观点。她对文物的发现、考证以及说明的问题做了详细而客观的介绍。讲的是专业的考古，但每个人都读得懂，且读得有趣。这正是这本书的魅力所在。她从这些资料中得出了与我们一般印象不同的结论，但会让人信服。我们过去对丝绸之路的了解毕竟太肤浅。

三

《丝绸之路新史》通过对丝绸之路上七个重要的地方考古出土的文献与文物来还原历史上丝绸之路的真相。李伟主编的《穿越丝路：发现世界的中国方式》（中信出版集团，2017年）则是通过对丝绸之路上各个国家的实地考察来认识丝绸之路的历史与现实的。

2015年，著名的《三联生活周刊》组织记者用一年时间考察了丝绸之路上的哈萨克斯坦、乌兹别克斯坦、吉尔吉斯斯坦、亚美尼亚、格鲁吉亚、意大利、马来西亚、新加坡等国。既有陆上丝绸之路的国家，也有海上丝绸之路的国家。这本书就是这次长途考察的结果。全书共分五章。

第一章"中国发现世界：丝绸之路"说明中国人如何通过丝绸之路认识世界。这一章主要考察了乌兹别克斯坦和吉尔吉斯斯坦。

丝绸之路像一条飘逸的丝带，穿行在亚洲腹地，把东方文明、印度文明、阿拉伯文明、波斯文明和欧洲文明串联在一起。在这条路上，中国人一步一步向西，完成了自己的地理大发现。结果是中国人在发现世界、认识世界的过程中，以海纳百川的胸怀接纳了世界。在这一过程中，中西文化交流与融合得以展开。中国被它塑造，世界也被它塑造。在这一过程中，丝绸之路上的伟大的西行者有西汉的张骞，发现大秦（即罗马帝国）的东汉的甘英，去过中亚和印度的唐代僧人玄奘，唐代走过中亚、西亚与非洲的杜环，元代横穿整个欧亚大陆到达土耳其伊斯坦布尔的景教徒拉班·扫马，明代随郑和下西洋的外交官陈诚。记者考察了乌兹别克斯坦和位于费尔干纳盆地的吉尔吉斯斯坦，记叙了这一带的风土人情、历史与现实。中国古代的地图描绘了丝绸之路，体现了通过这条路的地理知识交流。这些地图包括宋代的《汉西域诸国图》，元代的《广轮疆理图》，明洪武年间的《大明混一图》，明嘉靖年间的《蒙古山水地图》和《广舆图》，明万历年间的《坤舆万国全图》和清代的《乾隆内府舆图》。这些地图都反映了中国人如何通过丝绸之路逐渐认识世界。

第二章"中西风物"和第三章"从长安到罗马：融合之路"介绍通过丝绸之路，中外动植物、物品、民族、宗教、科学与艺术的交流与融合。这一部分是全书的重点。

第二章介绍通过丝绸之路，物品、植物与动物的交流。应该说，丝绸原本不是丝绸之路上最早流通的物品。这条路最早交易马匹与皮毛，应称为"马毛之路"，而海上丝绸之路也以交易胡椒为主，应称为"胡椒之路"。但在丝绸之路上有重大意义的交流是中国的丝绸与西方的玻璃。先看丝绸。从上古到汉代，中国丝绸业已经发展出一套当时世界领先的织纺技术,在提花织锦方面尤其堪称一绝。三国时不仅提花机得到再次改良,大批人口的南迁也把山东与中原的丝织业向南移至四川与江南。唐代制丝技术已传至拜占庭等地,宋代丝织业已相当发达,丝绸之路上留下了许多丝绸制品文物。再看玻璃。战国时代已有类似玻璃的物件,也有"陆离"等名称,宋以后才有玻璃一词。但中国的玻璃是铅钡玻璃,西方则是钠(钾)钙玻璃,西方的玻璃技术来自亚述人,中国很大程度上来自炼丹术。以后中国的瓷器取代了玻璃,西方的玻璃技术发展起来。在丝绸之路上,制丝技术从东方传向西方,玻璃技术从西方传向东方。在中西物品交流中,唐代名臣魏征还是葡萄酒酿制大师。粟特商人把丝绸运往西方,又把玻璃运进中国。元代汪大渊两次随商船游历东西洋许多国家。从丝绸之路传入的植物众多,如苜蓿、石榴、黄瓜、菠菜、豌豆、蚕豆、睡莲、开心果、红蓝花。通过海上丝绸之路来的动物有大象、犀牛、猞猁、猎豹、狮子等。

第三章介绍民族、宗教、科学和艺术的交流与融合。通过丝绸之路进入中国的宗教有佛教,经过汉化成为中国人的信仰之一;作为光明使徒的祆教与摩尼教;还有景教。罗马彰显的是古典的全球化图景,也是通过丝绸之路传播的各种文化交融的产物。莫高窟壁画是中西融合之美,其人物、故事、经变、装饰、飞天都是这种融合的体现。中国皇权对占星的重视,既是古代中国天文学最强大的推动力,也是西方经典天文学进入中国过程中最强大的阻力。《大衍历》和《九执历》之争正说明这一点。龟兹乐舞的传入,曾掀起一阵洛阳家家学胡乐的旋风,成为改写中国乐舞史的新潮流。中国安化黑茶通过经恰克图的北路和经新疆的西路进入圣彼得堡。这也是丝绸之路的延伸。

与《丝绸之路新史》只写陆上丝绸之路不同,这本书把丝绸之路扩大到海洋上。第四章"中国人的海洋之路"介绍中国人通过海上丝绸之路与国外的交流。

英国历史学家A.G.霍普金斯指出,在达·伽马和麦哲伦航行之前，在欧亚大陆和广阔的印度洋上，各主要古老的中心文明已经通过陆路与海路形成了一个共生圈际，这种经济贸易、文化和政治上的交流，是一种古典版本的全球化。中国在这种古典版本全球化中做出了自己伟大的贡献。中国早在汉代就有与印度之间的南海通路，到唐初经由马六甲海峡的商道已完全成熟。这条商道运走了中国的丝绸和瓷器，也运来了马鲁古群岛的香料、印度的棉花，以及阿拉伯的干枣和皮革。古代室利佛逝国的繁荣与其和中国的交往有很大关系。马六甲的迅速发展得益于对室利佛逝传统的继承，如今这里还有郑和航海留下的各种文物。新加坡有许多中国人留下的痕迹。如今的马六甲海峡既有竞争，又有合作。唐代陆上丝绸之路衰败后，以广州为起点的海上丝绸之路通向波斯湾和亚洲。在唐宋之际，出口是瓷器与丝绸并重，进来的不仅有各种物品，也有佛教与伊斯兰教。明代中国人最大的海洋地理疆域认知进步是"东洋"和"西洋"概念的产生。随着美洲与东亚之间直接贸易联系的建立，玉米、番薯、土豆、烟草、花生、番茄等通过东亚进入中国，造成明清两代持续最长的农业繁荣和人口增长时代。从广州出发开启了中国人的走向世界之路。

　　古老的丝绸之路，无论陆上的海上的，都成为历史，今天它们如何呢？第五章"古老丝路与现代崛起：'一带一路'背后的大国战略"介绍我国现在的"一带一路"及意义。

　　从战略的角度看，"一带一路"的道路选择，意味着中华民族的伟大复兴又到了一个关键的节点。我们有现实的基础，也有自己的独特优势，是一条全球框架内的中国道路。中亚是"一带一路"开拓的第一个区域，我们已与这些国家建立了密切的经济贸易和文化交流关系。由此我们走向世界。在这一过程中我们的海外投资和人民币国际化，既要推陈出新，又要注意规避陷阱。我们对海外基础设施的规划与建设正在进行中，且已取得成就。如雅加达－万隆高速铁路、中老铁路、中泰铁路、瓜达尔港等。

　　这本书的最大优点是把丝绸之路从陆上拓展到海上，更全面地反映了中外交流。这本书以游记的形式，仿佛领着我们在丝绸之路上游览了一次，这是这本书的另一个优点。

把这两本书结合起来读，我们对丝绸之路的历史与现实会有更全面、深入的了解。

英国的现代化
——《现代世界的诞生》《工业与帝国》

无论英国现在的经济状况和世界地位如何,所有人都承认,英国是世界上第一个工业化国家,也是世界上第一个进入现代化的国家。英国为什么能率先进入现代社会?它进入现代社会的历程是什么?它为其他国家进入现代社会提供了什么经验?了解这些问题对认识世界史,认识现代社会的经济、政治、社会与文化都是极有意义的。

一

现代化一直是学术界的热门话题。各国学者对这个题目所发表的论著用车载斗量来形容都远远不够。对于现代化的看法,有一些已达成共识,但存在的争议也相当多。作为一般读者,我们没有必要,也没有能力去深究那些复杂的含义和争论,我们只要在最简单的一般意义上去理解现代化就可以了。

从最简单的一般意义上说,现代化就是市场经济加民主政治。这两者的基础是由文艺复兴、宗教改革和启蒙运动开启的思想意识的根本变化,以及由科学革命和工业革命引发的经济增长。没有这些,谈不上现代化。

市场经济与民主政治的关系在现代化研究中是一个有相当大争

议的问题，有点像"鸡生蛋，蛋生鸡"一样。从现实的一些现象看，市场经济并不一定以民主政治为必要前提，有时在专制政治制度下，从传统经济转向市场经济还更容易一些。智利在皮诺切特的军事独裁下完成了市场经济的转变，印尼也是在苏哈托的专制下实现了市场经济转型。从许多国家的经历看，转向市场经济，富裕起来后，无论时间长短，最终还是要走向民主政治的。不过这是不是规律还没有定论，只是现实中存在这种现象。我们不想过多探讨这个问题，只想谈现代化中的市场经济问题。

市场经济是一种不同于商品经济的经济体制，把市场经济与商品经济混为一谈，或者认为商品经济是市场经济的萌芽，必然走向市场经济，是错误的。

自从有了人类社会，就由于人本能的需求产生了商品交换。进入农业社会后分工出现，商品交换更广泛、更普遍了。在传统自给自足的自然经济中，有些社会商品交换就极为发达，如中国宋代仍然是以农耕为主的自然经济，但商品交易已相当发达。有些国家，如古代的迦太基和中世纪的威尼斯，商品交易在经济中占据绝对主导地位，就成为商品经济国家。但它们并不是市场经济国家，也并不一定会发展成市场经济国家。许多学者把明清时代发达的商品交易或称商品经济作为资本主义（也就是市场经济）的萌芽，但事实上这个商品经济的萌芽并没有自发地长成市场经济的参天大树。也不是资本主义的入侵摧毁了这个萌芽，而是当时中国这块土地就不具备让这个萌芽长成参天大树的条件。我们是在经历了许多痛苦和曲折，在 20 世纪 80 年代后才开始走向市场经济的。

商品交换，或商品交换已在经济中占主导地位的商品经济和自给自足的经济一样，只是一种经济活动的方式，可以在不同制度中存在。远古的狩猎-采集经济，中世纪的封建制度下，都可以有商品交易，甚至商品经济存在。但市场经济本身是一种经济制度。它不可能与其他经济制度并存于一个社会中。没有这套制度，再发达的商品经济，如中国宋代、迦太基和威尼斯，也成不了市场经济。

市场经济的这套制度是市场交易规则和保证这套规则的法律制度。这套制度包括的内容很多，也很广泛。但其中有两点最为关键。一是人人平等。每个人都有自由从事自己选择的经济活动并与别人平等竞争的权利。二是产权保护。哈耶克指出，个人财产是个人自由的基础。没有了财产权，就没有其他一切权利。所以，市场经济以产权明晰和产权保护为基础。产权明晰可以有多种形式，但无论什么形式，属于个人的产权一定要得到强有力的保护。在这两种基本制度的基础上就可以建立市场经济需要的各种制度。这些制度保证了市场经济的正常运行。

这套制度其实是隐含于人性之中的，在传统社会或中世纪已有萌芽。但"萌芽"成为"参天大树"，这套制度的完全确立需要一场流血的革命或不流血的和平演变。使得革命或和平演变发生的则是思想解放。这种思想解放就是打破传统主流意识形态，用全新的思想来代替它。这种全新的思想就是人的解放，人文主义或个人主义的确立。在欧洲，这种思想解放是通过文艺复兴、宗教改革和启蒙运动来实现的。没有这种思想解放，不可能有市场经济的建立。

市场经济制度能够成功还在于它极大地发展了生产力，实现了经济高速增长和人民生活的大幅度提升。一种经济制度如果不能实现经济繁荣和人民福祉增加，无论用什么暴力维护，都是持久不下去的，因为这违背了人性。制度变化和经济变化就改变了整个社会，这样一个社会就进入现代化了。这个经济繁荣的过程是以工业化为中心的。所以，市场化与工业化是现代化过程中不可分割的两个基本内容。

现在我们就读两本书来了解世界上第一个现代化国家英国的市场化和工业化，以对现代化这个历史进程有更多、更具体的了解。

二

第一本书是英国学者艾伦·麦克法兰的《现代世界的诞生》（管

可稑译，上海人民出版社，2013年）。

麦克法兰先生是世界著名的历史学家，剑桥大学国王学院教授和终身院士。他对现代化起源的研究享誉全球。这本书并不是他的专著，而是他应清华大学国学研究院"王国维纪念讲座"的邀请，就现代化问题而做的一个讲座。本书是经过整理的演讲记录稿，正因为是讲座，对象是对现代化没有什么研究的莘莘学子，所以，他在讲座中融合了他在这一领域的研究成果，并以通俗、有趣的方式讲给这些学子。这个讲座共17讲，以英国现代化的历史为例，说明现代化的起源，并总结出一些现代化的共同规律。

在"致中国读者"中，作者指出，"本书是我毕生思考现代世界起源问题的集成"。他以英国的现代化来说明这种思考是因为："英格兰之能率先实现非凡的转型，从一个农耕世界变成一个工业世界，是一组互相关联的特点导致的结果，每一个特点都必不可少，但是任何一个特点都不是现代性的十足起因。"这就是说，现代化是多种因素共同起作用的结果。作者正通过英国的现代化来说明这一点。这是整个讲座的中心，是我们读这本书时必须记住的。

作者在第一讲"怎样提问"中讲的其实是从什么角度来研究现代化问题。他指出在认识这个问题时要注意三点。一是现代化与道德没有关系。二是现代化发生在英国并不是必然的、注定的。三是并非仅仅欧洲有现代化的因素，导致现代世界诞生的所有因素几乎都来自欧洲之外。英国率先实现现代化就在于"一系列似无历史可能性的表征必须同时出现在某个时间节点上"。这就是：第一，"恰到好处的人口结构。这意味着死亡率和生育率得到有效的控制"。第二，政治支柱，即政治自由。第三，是一种特定的社会结构。包括家庭的力量被削弱；基于血统的严格的社会分层被消除；一个开放的、流动的、较为精英主义的体系的建立；公民的首要忠诚对象是国家，而不是其他因血缘而来的团体，个人取代集体，成为社会的基本单位；民间团体得以成长，社会成为公民社会。由以上表征又引出两个结果，即：第四，新的社会财富生产方式兴起，这就是工业革命。第五,一种特定的认知方式,这就是科学的和世俗的思维模式。这五个表征同时出现于同一个地点,且这些连锁因素迅速发酵。以下各讲介绍这五种表征在英国是如何同时出现的。

在第二讲"战争,贸易和帝国"以及第三讲"现代技术"中,作者介绍了英国这些表征出现的背景。这就是,英国通过贸易和战争形成了一个庞大的帝国,这三者的结合,塑造了当今世界的可能样貌。同时,英国的农业革命和工业革命使其有了引发其他变化的经济基础。

第四讲分析"资本主义的起源",这里的资本主义就是指现代化。他指出,"市场资本主义是一个集态度、信仰、建制于一体的复合体,是一个寓经济和技术于其中的大网络"。英国的这种大网络的形成首先在于对财产权的态度,因为法律保护财产权是英格兰自由的根基,是个人主义资本主义的定义性表述之一。这一原则早已出现在英格兰的法律和社会中,而且财产所有权的单位是个人。其次是对利润最大化、对积攒财富和花费财富的态度。英国早在新教改革之前就接受了韦伯所说的"新教伦理"。第三是劳动力的非家庭使用方式,这促进了商品交易和货币经济发展。最后是在社会结构、心理结构、道德结构上,英格兰的城市和乡村之间不存在天悬地隔,这有利于人口在城乡之间流动以及城市化。这些在中世纪就存在,所以"英格兰从中世纪以来便是一个资本主义国家"。

从第五讲"物质生活"到第十六讲"民族性"分析了英国现代化形成的各个方面。

与其他国家相比,英国物质财富较为丰富,人民富裕。他们日常饮食丰富,可以保证充分的营养,早已穿上昂贵又结实的服装,建筑、装潢都体现出富裕。有一种生产体系的高效工作模式,而且热爱各种运动和游戏,有了养花、园艺和其他业余爱好。

英国法律不认可贵族或绅士阶级,一切自由人在法律面前基本平等。社会结构是小规模的贵族阶级和庞大的中产阶级,一个庞大而昌盛的中产阶级的成长,既是资本主义现代性的起因,也是它的结果。而且各阶级之间流动性高，一个人可以因为财富而受到尊重，各阶级的人都可以上升或下滑。英格兰人的荣誉感不属于家庭主义性质，而是商业社会需要的荣誉感。一个人应当诚实、公正、廉洁、守契约、重承诺、不欺诈、讲公正。

在文化上，游戏、运动和业余爱好是映照资本主义的一面镜子。英格兰人的游戏赋予人生一种意义，也带来一套能将人们联成一体的仪式，英格兰人也通过游戏培养公平竞争的意识。他们爱养宠物，喜欢园艺，体现了对大自然的热爱。在文化上没有高端与低端的鲜明分立。这些说明，至少从中世纪开始，英格兰是一个地理上统一的阶级社会，农村与城市互相联结，统一的文字、货币、法律、语言普及到了农村每一个角落。这就解释了存续至今的心态、道德、物质文化中并未表现出高低文化之差，或大小传统之差。

在家庭关系上，英格兰不承认"家庭共同财产权"，财产属于个人。养育子女不是家庭的责任，学徒制与佣工制代替了家庭。个人有婚姻自主权。子女对父母尽孝转变为现代社会的夫妻之间尽责。男女相当平等，妇女在很多方面享有很高的法律地位。他们不重视有血缘关系的亲属，友谊的基础是共同的兴趣。英国人实行晚婚，又有四分之一的妇女不结婚，这就控制了人口，保持了稳定的人口结构。

英格兰通过公民社会的建立消除了亲属关系、绝对主义国家和绝对主义教会的强制合作关系。这种关系通过俱乐部和社团这些组织形成公民社会。这些组织来源于财产信托。它实现了权利去中央化和地方团体及地区团体的自治。这就实现了宗教宽容和新型风险事业中的合作，建立了人与人的互相信任。在权力和官僚制度方面，民主政府的理念几百年前在英国诞生，保证了权力制衡和人民思想、言论和结社的自由权，明确了中央化与去中央化的界限。中央化使国家成为一个整体，去中央化避免了官僚机构的膨胀。英格兰权力体系的核心理念是人民与统治者之间签订了一项政治契约。此外，还有了高效税收制度。权力下放是一种个人主义体系。

在法律方面，英格兰很早就有了法律面前人人平等的观念，在11—13世纪就有了法律的同一性和平等性。有为防止暴力的警察体系，有警官和中间阶层担任的治安推事。这有助于建设安全的农村，也平息了复仇的暴力。

教育成为社会流动的途径，让儿童们准备好进入一个个人主义的、资本主义的、竞争的，但有序又合作的社会。教育发生在家庭之外的学校。教育普及、高识字率与其他因素共同成为工业革命的背景。英语具有平等主义的性质，是全民共说、全民共写的语言，没有白话与宫廷语言之分。英语也极富音乐性、节奏性和暗示性。英国的艺术充满了矛盾对立，如垂直哥特式的刚正不阿与装饰哥特式的偏斜、多变、任性、非逻辑、不可预测的对立。把它们统一在一起的是折中。

科学机构是知识的发现、创新和传播之地，它是半自治机构。13—19世纪科学在英格兰幸存并勃兴使它有了专门的空间。英国哲学的经验主义、英国人对客观世界的探索与实用主义结合起来，促进了科学知识的增加，和科学革命的结合又启动了工业革命。

在盎格鲁－撒克逊时代末期，英格兰已形成一个民族国家，用共同的语言、法律、通货和政府基本统一了全国。这就有了爱国主义传统。其文学有一种延绵不断的知性与情感的共鸣，历史也如此连贯。

英国的宗教很早就系统性地消除仪式、"魔力"和偶像，消除了神秘世界观，鼓吹伦理和道德，从不鼓吹肉体牺牲和奇迹。这种世界观构成现代科学的基础，也有助于消除经济发展的障碍。英格兰的新教与国家分开，在宗教和思想上自由。英格兰宗教的变化是它整个生活的中心。

英格兰的民族性成因在于一种混合政体——君主制、贵族制、民主制的三结合——和一种混合宗教。这使英格兰的民族性没有共性，充满了多样化与矛盾，具有内敛、孤立和低调的特点。这种民族性娩育了现代世界。

最后一讲"英格兰道路"是一个总结。在 10 世纪，英格兰已成为一个独立的、富裕的、一体化的民族，自有其独特的法律体系、政治体系和社会体系。在 15—16 世纪，"英格兰已有了一个自治的、制度性的经济体系，伴随着活跃的市场、大量的商贸活动、发达的制造业底盘、货币的广泛使用、细致的劳动分工。而且，英格兰有了一个统一的、自治的、广受尊重的法律体系。英格兰也有一个与其他领域分立的政治体系，其中包括一位受制于法律的君王、议会上下两院、下放到地方的权力，有效而又比较合理的税收制度"。这已经是一个现代世界。它的这一切通过它的殖民地，尤其是北美，传播到世界各地。这就是了解英国现代化史的意义。

这本书最大的特点是引用了大量名家对英国的观察和评论，并比较了英国与其他国家的不同。这使全书内容丰富，也极有启发。

全书译文基本准确、通畅。但有些经济学专业名词，译文不准确。比如"边际报酬逐渐缩小"应译为"递减"，"夸耀性消费"一般译为"炫耀性消费"，进口税（customs revenue）应译为"关税"，国产税（excise Taxe）应译为"销售税"，"语文学校"（grammar schools）应译为"文法学校"。许多译名是约定俗成的，还是要"从众"。

三

英国现代化的另一项内容是以工业化为中心的经济发展。这方面，我们推荐英国著名马克思主义史学家埃里克·霍布斯鲍姆的《工业与帝国：英国的现代化历程》（梅俊杰译，中央编译出版社，2016 年）。

在读这本书之前，我建议读者先读任剑涛教授写的"导读：工业革命与不列颠新帝国的兴衰"，以及译者梅俊杰研究员的"译者序：准确把握英国现代化的特点"。这两篇文章对这本书做了概括介绍，抓住了全书的中心，对我们阅读全书十分有益。我一直主张，每一个译本都应该有这样一个"导读"或"译者序"。这是一个好的译本不可或缺的，可惜国内许多译作都无。

作者的"原序"并不长，要关注的是他对这本书中心的概括。这就是"试图描述并解释英国作为首个工业强国的崛起。从其领先者短暂霸权的跌落、其与世界其他地区颇为特殊的关系，以及这一切对英国民众生活的若干影响"。在以后，他又把这个主题概括为三个问题：为什么英国能成为世界上第一个工业国，并在18世纪至20世纪初成为世界经济的核心支柱？英国与包括帝国领地和经济附庸国家在内的国家的关系如何？英国的开拓性成就与其他工业强国的兴起对英国的影响是什么？抓住这三个问题，阅读这本书就容易了。

在"导言"中，作者分析了英国能成为第一个工业强国，后又衰落的社会根源。这就在于英国的两个独特性。一是"在社会与政治领域，英国的体制和做法与前工业化的过去保持了一种显著的（哪怕是表面的）连续性"。二是"这个国家在很多方面又跟人类历史上过往一切阶段都彻底决裂"。这就是保守性与变革性的统一。它的转型取决于三个因素："旧制度的灵活性、适应性还有抗拒性；转型的迫切性和实际需要性；一般孕育新制度的大革命所包含的风险性。"这就是英国形成的兼容性。一方面有全新的社会基础，以及相关意识形态的全面胜利；另一方面是有明显的拘守传统、变化迟缓的制度架构。这就解释了为何英国几乎没有为捍卫其政治和经济制度而流过血。英国的保守性表现为两种现象，英国人喜欢维持旧制度的形式，以及曾经的革命性创造也会因为时间推移而获得传统色彩。把握英国的这些特点对理解全书的历史描述与分析是重要的。作者还强调，英国的工业化有其特殊性，其他国家能从中学到的原则上可以很多，实际上很少。这就是说，并没有放之四海皆适用的"英国模式"。其他国家还要从自己独特的历史与传统出发，走自己的道路。这一点也很重要。

第一与第二章论述英国工业革命的起源，说明工业革命为什么发生在英国。

到1750年，经济与技术的进步、民间企业的经营、自由主义的盛行,英国不仅已经富裕起来,而且英格兰已经是一个全国性货币与市场经济体。这是工业化的经济基础。同时,工业利益已经能够左右政府政策。这是工业革命政治上的基础。工业革命是经济与社会转型所促成的加速增长。所以,英国工业革命并不是从零起步,在此之前,至少已有两百年的时间为连绵不断的经济发展做好了准备。作者认为,工业革命首先发生在英国,不能用气候、地理、人口的生物变化或其他外在因素来解释,比如煤炭资源丰富这一因素(彭慕兰在《大分流》中就这样解释)。这些因素不能单独起作用,只是在特定的经济、社会和制度框架内影响生产力,也不能用"历史偶然"、科学革命、宗教改革或政治因素来单独解释。工业革命首先发生在英国,而且发生在18世纪中期以后,在于英国当时已是发达国家。经济、社会和意识形态的传统纽带已弱化并可以随时割断。资本已积累到满足投资的程度,成为市场经济体,形成了统一的国家市场,制造业发达,且有高度发达的商业体系,交通方便,有经验丰富又肯干的劳动力。即使有障碍也容易克服。更为重要的是,人口增加和收入增长创造了国内市场,与外国的联系和广大殖民地创造了国外市场,同时又有政府支持。除了英国,没有哪个国家同时具备这些条件。工业革命发生在英国合情合理。

第三到第五章论述1840年前工业革命的第一阶段及其影响。

这一阶段工业革命的主业是棉纺织业。它成为工业革命的领跑者。詹妮纺纱机、水力纺纱机和走锭纺纱机的发明为纺织业的发展奠定了技术基础。纺织业由大量小作坊组成,这使其业务结构及其业务支离破碎。纺织业就由市场上交易的网络连接起来。其劳动力主要是妇女、儿童和非熟练劳工,这就使劳工的组织性极其弱小且不稳定,强大的工会运动难以发展。整个行业用手艺行业的方法组织起来,但它包含了新制度的三个要素:工业人口分为雇主与工人;生产集中在工厂中进行;以及资本家对利润的追逐主导了整个经济和全部生活。纺织业引起经济增长,为出口做出巨大贡献,且对资本积累做出贡献。它在整体上刺激了工业和技术革命。它也引起政治与社会矛盾，工人贫困化。英国的上层阶级并没受不利影响，但劳动者只有工资收入，没有以前的其他收入；工业劳动变得固定、重复、单调，与以前不同；劳动集中于城市。以前的经验、传统、智慧和道德都变得无用。劳动者相对贫困，消费受到挤压，小自耕农和小农场佃户状况也恶化了。农业不再主导英国经济。农业规模扩大，转向高效商业化。圈地运动使农民失去土地，成为工人或失业，为此政府出台了"济贫法"，但济贫费补贴了农场主，贫困并未减少。它们共同扩大了农业变迁引起的社会问题。但随着一些技术进步，产量出现了惊人增长。同时，农村贵族的政治力量也大大削弱。

第六到第八章论述1840—1895年工业革命的第二阶段。

这一阶段煤炭、钢铁和铁路取代棉纺织业成为基础。这是由于世界其他地方的工业化为英国提供了快速拓展的市场，同时资本积累越来越多，开始寻找投资机会。这种变化的结果是发生了重工业领域的工业革命，总体状况得到改善，英国向海外的资本显著增长。英国进入全面工业化时期。这一时期，中产阶级基本实现了改造制度的目标。劳动人民的状况有所改善，有了保护工人的各种工厂法，劳动人民也可以参加选举。但1870年后，英国失去世界工厂的地位，开启了帝国主义时代。在工业强国中，英国地位最为疲弱，国际贸易压倒了工业化，其他国家的发展形成与英国的竞争，国际收支主要靠航运、海外投资、保险、经纪佣金等。英国成为工人的国度，工人占人口的77%。总体上人民的生活状况有所改善，但仍有40%的工人生活在贫困甚至更糟的状况中。

第九到第十一章论述英国经济的衰落。

第二阶段之后，继续发展需要四个条件：以科学和技术为基础；把制造过程分为一系列简单环节，包括标准化与管理；工人收入的提高；以及企业规模扩大。但英国在这些方面都落后了。其原因在于缺乏创新精神和社会因循保守。英国经济从工业退向贸易和金融。英国农业由于大量进口和新兴地区农业实力强大而衰落，随之土地贵族衰落。农业人口对GDP的贡献率小于其他人口。在两次世界大战之间，英国经济步入一败涂地的境地。但由于经济压力尚不强烈，以及国家干预，所有变革都属于防御和消极性质，尚未酿成根本性后果。

  第十二到第十六章论述二战后英国的现代经济。这一时期的关键改变是自由放任转向国家干预。1979年后又转向自由放任。

  在工业化时期，自由放任取代了重商主义，政府所管的仅仅是税收和货币。二战后由于遭受重创的产业亟须政府采取行动，同时工党上台，凯恩斯主义出现，英国被迫转变为国家计划和管理程度最高的一个经济体，仅次于社会主义国家。这种国家干预一是对一些重要行业实行国有化，二是实施全民福利政策。这使经济在1950—1973年实现了长期繁荣，同时人民收入增长，生活水平提高。这时英国在国际舞台上衰落，但并未影响国内生活。英国社会分为四个等级：专业人士和工商人士组成的中产阶级；白领下中产阶级；薪资较高的熟练蓝领；以及半熟练与无技能者。他们分别占人口的12%、20%、35%和33%。女性参工率提高，占劳动力队伍一半。同时收入不平等加剧，但是富人并不受累进所得税的影响，中产阶级收入增加，其他人日子也比过去好得多。在英格兰以外的其他地区，威尔士更多融入国家与国际经济，与英格兰的差距在缩小；苏格兰低地地区适应并引领了经济发展，与工业化一拍即合。这两个地区有强大而复杂的民族情绪，但没形成民族主义。爱尔兰曾被英格兰征服，由于贫穷许多人移民英格兰。北爱尔兰出现过恐怖主义。但总体上，英国不可分割，且各地的经济差距在缩小。60年代中期，经济上经历严重困难。这表现为，海外贸易竞争能力衰退，财政赤字严重，国际收支恶化。70年代之后，以前起缓解作用的因素不起作用，投资减少，国际金融体系崩溃、石油危机和拉美债务危机使经济危机加剧。这就有了自由放任的复兴和加入欧盟的举措。英国已成为欧洲和世界的一部分，不能单独行动。

  在"结论"中，作者指出90年代，英国GDP排名世界第六，人均GDP为第十七名，大幅度去工业化后，仍是富裕国家，但在世界上不那么重要了。

　　作者是马克思主义史学家,但对历史描述客观,且有独立见解。对经济社会的整体分析是马克思主义的方法论,对底层人士的关注是马克思主义的特点。

　　关于英国经济的衰落,再推荐一本罗志如、厉以宁教授的《二十世纪的英国经济:"英国病"研究》(人民出版社,1982年)。虽然是四十年前的著作,但并不过时,值得一读。

民粹主义害了拉美

——《掉队的拉美》《安第斯山脉的生与死》

上大学时读过一本关于阿根廷的书,对那里的超级球星、迷人的伦巴,以及发达的经济留下了深刻印象。2017 年,我去南极时在阿根廷住了几天。球星依然让人发狂,伦巴同样动人心弦,但经济却完全变了。现在的阿根廷贫穷落后,通胀严重,社会秩序混乱。回来以后一个问题一直在我脑中回荡:阿根廷为什么会变成这样?

一

一个国家的经济繁荣与否取决于它的制度和主流意识形态。西方国家的兴起源于它们以人文主义为主导的主流意识形态与市场经济和民主政治制度。中国传统社会中的贫穷落后,根源在于保守封闭的传统文化与专制制度。

不过制度与意识形态哪一个更重要,就有点像"鸡生蛋,蛋生鸡"的问题了。我们当然不会纠缠于这种类似"诡辩"的问题。我想强调的是,无论意识形态是否有唯一决定因素的作用,它都是极为重要的。没有宗教改革、文艺复兴、启蒙运动,西方难有以后的发展。中国保守封闭的传统文化也的确阻碍了中国走向现代化。而且,更为重要的是,一个国家即使建立了市场经济和民主制度,如果没有与之适应的意识形态,制度也会被扭曲,发挥不了它应有的作用。我指出这一点主要是针对拉美的情况。

拉美在历史上也富过，二战前并不比发达国家差多少。但此后一直在走下坡路。1700年，拉美和北美的生活水平大致相同。到1800年，拉美的人均收入仅仅是北美的三分之二。拉美各国差别相当大，但二战前巴西、阿根廷还是相当发达的。到2009年，拉美的人均收入降至北美的五分之一，巴西、阿根廷也早已衰落了。长期的经济不振造成民众贫穷、社会动乱、政变不断、贩毒猖獗。这使大量青壮年逃往国外。每年大约有40万人非法移民美国，还有数万人非法滞留欧洲。拉美经济还属于市场经济，政治也是民主政治，但这两种制度都受到严重扭曲，不能正常发挥作用。造成这一切的根源就是长期作为主流意识形态的民粹主义。

民粹主义（populism），又称为平民主义。大体上可以理解为，极其强调平民的价值观和理想，把平民化和大众化作为所有政治活动和政治制度合法性的最终来源，依靠平民大众对社会进行激进的改革，以平民的理想为目标，又以平民为唯一决定性力量。这种思想表面上以平民为中心，实际上他们的平民是一个整体而抽象的空洞概念。以平民为名，否定了组成平民的每一个活生生的人。这就以"平民"的名义剥夺了每个人的人权和尊严，为这个空洞的"平民"可以牺牲每一个人。无论是民选上来的，还是靠政变上台的领导人，都自诩为平民的代表，实行专制，完全违背了每一个平民的利益。民粹主义19世纪上半叶产生于俄国，在世界各地都有影响，但如今在拉美最甚，居于主流意识形态的地位，主导了经济与社会的发展。

拉美各国民粹主义的表现也不尽相同，但有三点是共同的。

首先就是在政治上反对西方国家，在经济上反对全球化。应该说，它们反对西方源于长期受西方国家殖民压迫，受尽了苦难。即使独立之后也没有完全摆脱西方政府和跨国公司的控制与剥削。拉美国家一直渴望政治和经济上独立，这是完全可以理解的。但真理跨过一步就变成谬误。现在拉美各国都是主权国家，有了自己独立的地位，西方在政治上经济上的控制已大大弱化，但他们依然对西方恨字当头，甚至把西方国家在拉美的跨国公司，正常的贸易、金融来往，都看作是西方的控制与剥削加以抵制，由此而反对全球化，这就矫枉过正了。

这种反西方的态度集中体现在"中心－外围理论"上。这种理论是阿根廷经济学家普雷比什提出的，并成为许多拉美国家发展战略的基石。这种理论把世界分为中心国和外围国。中心国指欧美发达国家，外围国指包括拉美在内的发展中国家。中心国依靠自己在经济与军事上的优势剥削和奴役外围国。因此，外围国要靠自力更生发展经济，摆脱中心国的奴役与剥削。由此引出的发展战略就是进口替代。进口替代就是只进口自己经济发展需要的设备和原料。当自己的经济发展起来时，就切断与西方的联系。

其次是民粹主义与斯大林模式的社会主义相结合。民粹主义者认为，斯大林时代苏联的社会主义就代表了平民的利益。因此，采取了许多与计划经济类似的政策。如剥夺外国资本，赶走跨国公司，对许多重要行业实行公有制，国家直接控制这些行业的企业，尤其是银行和石油等重要行业的全面国有化。这样，市场经济制度就被扭曲了，无法正常发挥调节经济的作用，甚至变为计划经济。

最后是重分配，轻发展，超前实现全民高福利。实现高福利当然是平民的愿望，也是当权者拉拢民众的重要手段。但福利的程度取决于经济发展的程度。福利快于经济发展，不仅经济无法发展，福利也维持不下去。平民目光短浅，只见暂时的福利，不管长期发展。这种小恩小惠的福利使平民支持独裁者。我在阿根廷时，长居那里的台湾人告诉我，如今平民仍念念不忘实行福利政策的民粹主义总统庇隆和庇隆夫人，常有人到他们墓前献花。这些平民根本没有意识到，正是庇隆和庇隆夫人的民粹主义政策害了阿根廷，害了他们。

我们读两本书来了解拉美民粹主义的现实与历史，寻找今天拉美贫穷落后的真正原因。

二

第一本书介绍拉美的现状，是智利学者塞巴斯蒂安·爱德华兹的《掉队的拉美》（郭金兴译，中信出版集团，2019年）。

爱德华兹是智利人，但在美国接受教育和工作。他获得芝加哥大学博士学位，现任教于加州大学伯克利分校，为该校管理学院国际经济学杰出教授。他长期研究拉美问题，并于1993—1996年任世界银行负责拉美和加勒比地区的首席经济学家。他撰写了大量有关拉美经济的论著，是这一领域国际知名的学者。他受过现代经济学的训练，作为拉美人，他又熟悉拉美的历史与现实。这两个优势结合在一起就使他的这本书介绍真实、分析深刻。

在"前言"中他指出："拉美经济史宛如一曲悲歌，充满哀伤与挫折，已逾五百年。"这本书讲述的则是"最近数十年来拉美为打破经济表现平庸、危机、通胀、贫穷和独裁统治之间的恶性循环而付出的努力"。这就是这本书的中心。这本书共分四部分，从历史到未来介绍了拉美。

第一部分"长期衰落：从独立到'华盛顿共识'"介绍拉美民粹主义的历史与现状及其对经济社会的影响，说明了民粹主义是拉美贫穷和落后的根源。

2003年，出身民粹主义组织的卢拉当选为巴西总统。但他上台后一反民粹主义的立场，改善了与美国的关系，吸引了外国投资，实行财政审慎、经济稳定、贸易开放和市场化导向的政策，取得成效。这代表着走出民粹主义。但拉美最反美的委内瑞拉总统查韦斯，以及阿根廷、玻利维亚、厄瓜多尔、巴拉圭、尼加拉瓜等国仍坚持反美及反市场的立场，实行国有化、提高贸易壁垒和加大政府干预的政策。这表明拉美的民粹主义虽然已经动摇，但依然十分强大。民粹主义与反西方、反全球化形成恶性循环。民粹主义使拉美陷于贫穷和不安之中，但民众却把它归罪于资本主义和全球化。这对美国也是一种灾难，因为拉美贫困引发的贩毒、走私、洗钱、非法移民等威胁着美国的安全。拉美能否走出民粹主义阴影仍待观察。

20世纪90年代，以"华盛顿共识"为指导的市场化改革失败。这使拉美向左转，民粹主义愈发强烈。市场化改革初期也取得了一些成就，但拉美缺乏长期发展的条件，如产权得不到保护、缺乏法治、收入严重不公、汇率盯住美元、财政赤字十分严重等。这些问题根深蒂固，远非"华盛顿共识"所能解决的，也不是短期内可以解决的。这使90年代以来的市场化改革浮于表面，半途而废。这就使民粹主义又占了上风。未来拉美会有三种类型的国家：仍然信奉民粹主义的国家；既没有沉湎于民粹主义，又没有进行改革的国家；少数摆脱民粹主义，走上市场化创新发展之路的国家。

作者从历史上分析了拉美长期贫穷落后与民粹主义之间的关系。独立后的1820—1870年间，落后在于政治动荡、持续内战与权力斗争。1870年后，新生的民族国家稳定下来，到1890年，人均收入每年增长2.6%—3.1%，高于美国。1940—1980年在保护主义和政府主导下发展仍比较快，但这些民粹主义的政策也是以后停滞的根源。西班牙殖民者留下的天主教和限制贸易的政策也与停滞相关。财产与收入不平等成为民粹主义的社会基础。

从20世纪30年代开始，大多数拉美国家的发展战略都为民粹主义的贸易保护主义、政府控制和国家对经济活动的广泛参与。这就使通胀、贫困和不平等更为显著。这又导致了革命或政变。肯尼迪政府为应对"共产主义威胁"，向拉美各国提供经济援助，并实施名为"争取进步联盟"的援助，但仅仅是人均收入每年增长2.5%，实现收入平等、出口多样化、农业综合改革、教育与住房改善、物价稳定，并没有取消各种保护主义政策。这些政策使一些国家经济发展加快，但另一些国家仍处于动荡中。这时拉美各国又选择了进口替代发展战略，并由国有企业主导经济。结果失业严重，非正规部门的灰色经济发展。政府财政挥霍、货币政策宽松又引起动荡和货币危机。这就产生了"华盛顿共识"的市场化改革。但这份改革中隐含了重大的弱点，如高汇率盯住美元、私有化的私人垄断代替国家垄断、缺乏产权保护制度等。这加剧了经济危机和民众的失望。

第二部分"'华盛顿共识'与危机频发：1989—2002年"分析了以"华盛顿共识"为指导的市场化改革的结果。

1992年，拉美许多国家开始了市场化改革。但改革对经济环境的改变微乎其微。大部分拉美国家仍然是管控最多，市场扭曲最严重，保护主义盛行。企业难办，税负沉重，产权得不到保护，司法体系无效率，契约难以执行，腐败猖獗，法治水平低下，基础设施严重不足。这次改革的成效是，减少了控制与管制，降低了进口关税，放松了对企业和金融的管制，大幅度减少了赤字，恢复了民主。但国家仍处于落后状态，民选的领导人又成为民粹主义者。

阿连德1970—1973年在智利的民粹主义统治使智利深陷危机，皮诺切特政变上台后推动了成功的市场化改革，获得成功。至今智利仍是拉美经济社会状况最好的国家，且没有"之一"。萨尔瓦多开始也有成功，但并未持续。墨西哥的改革让人们充满了希望，但1994年比索大幅贬值引起危机，此后又有恰帕斯州的起义。1995年和1996年墨西哥极为艰难，大量公司破产，贫民增加，收入不平等加剧。墨西哥的教训是：盯住汇率制极为危险，庞大的国际收支赤字会引发不良后果，短期资本流动极不稳定。盯住汇率制要以外币计价的债务来维持本币币值，银行要被严格监管。透明的金融运作对增加投资的信心极为重要。2001—2002年阿根廷的危机是一切危机之母。这场危机的外债违约是现代史上损失最惨重的货币危机，由此引发了宏观经济内源性崩溃。引发这些严重后果的还不在于危机本身，而在于对冲击准备不足。改革半途而废，支持货币改革的政策未能到位。这些失败又导致民粹主义回潮。

第三部分"民粹主义的回应"分析20世纪90年代和21世纪初的危机和失败之后，拉美又成为民粹主义政客的沃土。

民粹主义政客往往直接求助于民众对自己政策的支持。民粹主义盛行时都表现出威权主义倾向。民粹主义表现为四个阶段：开始时似乎取得成功；然后经济遇到瓶颈，这是需求膨胀和外汇短缺的结果；此后是普遍的短缺、加剧的通胀和资金外流；最后是灾难后的清理。

当前的民粹主义可以称为新民粹主义。它同样指责私营部门和外国公司及多边机构是罪魁祸首，也直接寻求民众的支持。新民粹主义的"新"就在于：第一，不强调彻底的扩张性财政与货币政策，也不计划实施公共部门工资大幅度增加，以保证财政与物价的合理性。第二，不用非民主的方式夺取或维持政权。第三，他们对外国的批评不是外国的公司和银行，而是全球化体系。他们用越来越强的政府控制和限制，而不是通过财政赤字来实现收入再分配。新民粹主义通过民主选举掌权，又利用法律体系，借助拟定新变法来推进他们的事业。正因为如此，新民粹主义又产生了新立宪主义。

对民粹主义有不同的回应。委内瑞拉的查韦斯是使其极端化。这包括：抨击全球化；反对资本主义和自由市场；把外企国有化；把同党塞入最高法院；干预他国内政；支持以绑架为主要手段的游击运动；推动改善穷人健康和医疗的计划；还制定了新宪法，保证自己连选连任。巴西的卢拉则是走出民粹主义。查韦斯的政策给委内瑞拉带来灾难，卢拉的改变使民粹主义在巴西消失。现在巴西国内稳定，各种惠及平民的项目得以实施。

第四部分"未来的挑战"是对拉美未来的一个展望。

2008年的金融危机增强了民粹主义的吸引力。此后拉美国家可分为三种类型：第一类国家坚持民粹主义，它们前途堪忧。第二类国家既没有陷入民粹主义，也没有进行市场化改革。这些国家经济不会崩溃，也没有惊人的表现。第三类国家是走出民粹主义的，它们会有迅速的发展。拉美未来是智利巴西化还是委内瑞拉化，对拉美和欧美各国都是一个重大问题。

这本书一个重要特点是，不仅论述自己的观点，而且引用了众多不同专家对拉美问题的分析和见解。这就开拓了我们的眼界，使我们能从多角度了解拉美问题。读一本书等于读了许多本书。

三

第二本书是美国人类学家金·麦夸里的《安第斯山脉的生与死：追寻土匪、英雄和革命者的足迹》（冯璇译，社会科学文献出版社，2017年）。

《掉队的拉美》是一本严肃的学术著作，全面而深刻地分析拉美民粹主义的历史与现实，及其对拉美的影响。尽管内容丰富，写得也不枯燥，但还在学术著作范围之内。这本书是记录拉美历史和现实的故事的。这两本书的内容与写作方式完全不同，风格也相差甚大。我选这本书有三个原因。一是让大家更全面地了解拉美的历史与现实。特别想让大家知道，拉美不仅有民粹主义，还有其他许多更复杂、更有趣的东西。拉美的历史与现实同样是丰富多彩、五光十色的。这才能真正了解拉美。二是这本书尽管并没有直接涉及民粹主义，但书中人物与故事中反映出的历史和现实还是民粹主义盛行的社会基础和表现形式。这对理解上一本书的内容和思想是大有帮助的。三是这本书写得太有趣了，读这本书会认识到一个鲜活的拉美。

这本书的作者游历了哥伦比亚、厄瓜多尔、秘鲁、玻利维亚、智利和阿根廷，记述了这些地区传奇人物和风土人情的故事，像是一本收集了当地故事和传说的游记。全书共记叙了九个故事，涉及拉美的历史与现实。

拉美是一个贩毒活动最为猖狂的地区，第一个故事就是以此为背景的。故事主角是哥伦比亚麦德林贩毒集团首领巴勃罗·埃斯科瓦尔和反毒英雄警察马戈·马丁内斯。他们之间正义与邪恶的斗争正是拉美历史与现实的一个侧面。哥伦比亚是一个充满暴力的国家。在历史上西班牙殖民者为掠夺黄金、宝石占领这片土地，对原住民实施暴力，而后原住民也用暴力反抗。现实中暴力是收入分配极不公正的结果。麦德林贩毒集团正是在这一环境中形成的。埃斯科瓦尔青少年时就从事犯罪活动，以后贩毒，并消灭其他毒贩，形成麦德林集团。他靠贩毒的暴利，对官员和其他威胁他的人实行"银与铅"策略，"银"就是用钱收买，"铅"就是暗杀。他靠金钱，一度担任候补国会议员，享受国内司法与外交豁免权。他的真面目曝光后就与政府对抗，或用银收买，或用铅暗杀，甚至暗杀了主张禁毒的总统候选人。警察马丁内斯不畏麦德林集团暗杀他而制造的爆炸事件，也拒收高达600万美元的贿赂。他与警方经过一系列努力，终于击毙埃斯科瓦尔和该集团的主要成员，使麦德林集团瓦解。当然，这并不意味着贩毒活动已经终结，至今哥伦比亚仍然是向美国贩毒的重要中介站。

第二个故事是达尔文在厄瓜多尔科隆群岛的考察及进化论的建立。作者在这里旅游时遇到相信和不相信进化论的人。在此地，只有不到47%的人相信进化论。进化论本身有不完善之处，但主要还是《圣经》讲的上帝造人影响太大。看来科学战胜宗教并不容易。

第三个故事是秘鲁光辉道路运动的兴衰。光辉道路的领导人是古斯曼。他是一个中产家庭的私生子，但仍受到良好的教育，成为哲学教授。他自称信仰马克思、列宁和毛泽东的思想，主张以武装斗争、农村包围城市夺取政权。80年代初，这场运动从安第斯山脉的贫困地区起步，向全国发展。他们屠杀政府官员、政治家和警察，在各地甚至首都利马进行恐怖活动，在当时影响极大。政府对他们进行残酷镇压，最后由贝内迪克托领导的特别小组抓捕了古斯曼及其他骨干，这场死亡7万多人的运动才结束。90年代后，秘鲁进入稳定发展时期，贫民的状况开始改善，这类动乱才真正结束。

第四个故事是发现马丘比丘遗址的美国教授海勒姆·宾厄姆的人生沉浮。海勒姆在秘鲁库斯科探险时发现了马丘比丘，然后又把他挖到的文物赠给他任教的耶鲁大学。他成为美军中校、耶鲁大学教授，还当上康涅狄格州州长和美国参议员。实际上在他之前，已有当地一个赶骡人利萨拉加发现了马丘比丘，而且这里也不像他所说是印加帝国迁都后的首都，只是一位皇帝的行宫。1929年后他由于违反参议员规定而被公开谴责，他走私的文物也被迫还回。

第五个故事包含了两件看似不相关的事。一件是印加帝国时代，一个叫胡安妮塔的14岁少女被选中送到海拔20700英尺的火山上，作为祭品献给神明。现在这个少女遗体被发现，并保存在博物馆中。另一件是美国人埃德和他的妻子克丽丝在秘鲁时，学习秘鲁古老的纺织技术，并帮当地女织工尼尔达组织织布合作社，发展这种技术。这两件事交叉地记述，反映了古印加帝国和今日秘鲁少女不同的命运。这就是这块土地上从古到今的变化。

第六个故事是秘鲁和玻利维亚之间的的的喀喀湖及湖上居民的生活状态。尽管有国外冒险者和旅游者进入，也有了一些现代物品，但仍保持了原有的传统。他们仍住在用香蒲草编制的岛和屋子里，用香蒲草制造船，保留了乌鲁斯的传统。这就是古老传统的顽固性。

第七个故事是关于格瓦拉的。格瓦拉是知名革命家。作者并没有多写他的生平与革命事迹，只写他最后在玻利维亚牺牲的时刻。格瓦拉的死在于他的革命理想与行为太乌托邦化了，失去了群众基础。但他的社会主义革命思想在当地仍有影响。抓捕与杀害他的人由于各种原因，下场也不好。玻利维亚至今仍没有摆脱贫穷。

第八个故事是关于布奇和圣丹斯这两个劫匪的。他们在美国、阿根廷进行抢劫，特别是抢银行。他们在玻利维亚图皮萨作案时被击毙。这是20世纪初美国常有的事，如今拉美仍然如此。这也反映了拉美贫穷和不公正引起的犯罪活动猖獗。

第九个故事是智利和阿根廷最南端天涯海角的原住民雅马纳人的结局。1830年左右，达尔文乘坐的比格尔号船长费茨罗伊把四个雅马纳人从这里带回伦敦，途中一人死去。他想把剩下的三个人改造成英国人，学习英语和礼仪，然后再送回去。结果并不成功。原住民在1833年时有3000人，到2014年只剩下1人。英国人1871年仅1人，2014年已达65000人。我去南极时到过乌斯怀亚，这里已没有一点原来的模样，完全是一个欧洲小镇的样子。欧洲人就这样消灭了原住民，把拉美变成了他们的地方。

这本书用游记形式介绍了拉美的地理、人文和历史，从中可以看出民粹主义盛行的根源。罪魁祸首是西班牙殖民者。它们对拉美的殖民掠夺和以后引进的天主教与制度都不利于这里的经济发展。这就形成拉美贫穷落后且不平等严重的局面，动乱、贩毒、腐败、革命不断。但这一切都没有改变拉美的状况，民粹主义就根深蒂固了。政治家推行的民粹主义政策又加剧了贫穷与不平等。贫穷与民粹主义形成一个恶性循环。直至今天这种恶性循环仍没有被打破。

这本书用游记的形式，作者去到书中事件发生的地方，采访了当地人，还原了许多当时的历史场景，使全书内容丰富而生动，许多地方都值得思考。比如，玻利维亚许多人至今怀念格瓦拉，我在古巴去过格瓦拉博物馆，确实人头攒动。我想这就是因为，尽管格瓦拉的理想和行为有点乌托邦，但他的人格是高尚的，理想也并不错。人还是要有一点理想的。

这本书的作者还写了另一本《印加帝国的末日》（冯璇译，社会科学文献出版社，2017年），写印加帝国在西班牙入侵和内斗的情况下是如何灭亡的。这本书也相当好，值得一读。

从历史和现实看诈骗
——《骗局》《钓愚》

网络的发达,给我们提供了极大的方便,也为各类诈骗分子提供了诈骗的新工具、新方式。如今网络诈骗花样翻新,受骗者苦不堪言。但诈骗并不是网络发达的产物,从古到今,各种诈骗活动从未停止过。网络只是被诈骗分子利用而已,罪不在网络。读两本书了解历史和现实中的诈骗案例,对我们找出诈骗横行的原因,设计对策,以及防止上当受骗,是有益的。

一

诈骗就是用谎言和假话欺骗别人达到自己的目的。在现实中,诈骗这个词是贬义词,诈骗当然是坏事,是罪恶。其实我更愿意把诈骗作为一个中性词,指人类的一种行为,有好有坏。

孙子兵法中有"兵不厌诈"之说。这就是说,在战争中,诈骗是一种可以利用的手段。诈骗作为达到目的的手段,和其他手段一样是中性的,谁都可以用,谁都在用。至于是好是坏,就取决于战争的性质。二战时诺曼底登陆前,盟军用各种方法来诈骗德军,让他们误以为盟军会在加莱登陆。德军受骗,放松了对诺曼底的防御,二战取得决定性胜利。反法西斯战争是正义的战争,盟军用诈骗手段获胜就是正义的行为,至今也没人认为盟军诈骗不妥。德国在入侵苏联前，也采用了诸多诈骗手段。突然袭击成功，使苏军蒙受沉重的损失。德国侵略苏联是非正义的战争，这种诈骗当然受到指责。同是诈骗的手段，谁都可以用，关键还在于要达到什么目的。我认为，"兵不厌诈"的"诈"就是中性的。

还有一种诈骗其实是善意的。最常见的是，老人患了绝症，家人和医生都不告诉他实情，用一些"小病而已，过几天就好"的话骗他，目的是让他心情愉快地度过人生最后的时光。这种诈骗不就是好的吗？信息是不对称的。为着善意的目的，向对方有意掩盖一些真实信息，编造一些虚假信息，当然也是善意的诈骗。我们每个人在与家人相处或与朋友交往中都会这么做。这种诈骗，何害之有？

当然，在我们平时的话语中，诈骗还是指那些为达到不良目的而编造的谎言。诈骗成为一个贬义词也正来源于此。出于中性的或善意的目的编造谎言，我们并不称为诈骗，而有其他用词。坏的诈骗给我们带来身体、财产或心理上的严重损失。许多讲诈骗的书也是指这类诈骗。对这类诈骗，我们要分析其原因，揭露其设骗局的方式，从而避免上当受骗。

诈骗行为的出现其实来自动物的本性，来自一种求生存的本能。动物行为学家观察到许多动物为捕食或防御而进行诈骗。动物的诈骗本质上与人的诈骗一样。无非动物没有人那么有智慧，诈骗手段没有人那么高明而已。

人进行诈骗还出于贪婪的本性。从经济学的角度看，人行为的目的是使自己的个人利益最大化。这里说的个人利益是广义的，既有金钱、物质之类的可计算利益，也有心理或其他方面的不可计算利益。实现这种利益最大化要求付出的成本最小，获得的收益最大。或者更准确地说，在付出的成本为既定时，收益最大。诈骗就是达到这个目的最好的方法。说点谎言，玩点花样，需要什么成本？但如果诈骗成功，则利益巨大。诈骗所获简直就是天上掉馅饼的意外横财。正因为这样，才有无数人前仆后继，绵延不绝。

希望通过诈骗来实现个人利益最大化仅仅是一种愿望。使这种愿望变为现实的，还是社会环境提供的条件。社会条件是土壤，有了阳光、雨露，人心中自有的诈骗种子才会成长为邪恶的参天大树。那么，这种土壤、阳光、雨露是什么呢？

诈骗横行的条件之一首先在于信息不对称。任何人要想获得有关的全部信息是不可能的。这不仅由于收集相关信息需要付出包括时间在内的巨大成本，而且拥有信息的一方也会竭力保护自己的信息不外泄。每个人拥有的信息是不对称的。有人拥有的信息多，有人拥有的信息少。这样，信息多的人就可以用他们更多的信息进行诈骗。信息不对称是无法消除的，诈骗也不会绝种。许多上当受骗的人都是缺乏信息造成的，企业用广告诈骗消费者正是我们常见的一种。在市场上，"买的不如卖的精"就是指卖方比买方信息多。

另一个条件是社会法制不健全。如果每一个诈骗者都会受到法律严惩，让他们诈骗的成本远大于收益，诈骗也就没有了。但没有一个国家的法律可以无所不包、无罪不罚。何况时代在进步，法律的修改总赶不上诈骗手法的发展。而且在现实中，即使法律完善了，能否完全执行也是一个大问题。总有不少人由于各种原因逃避法律的惩罚。现实中还有不少诈骗是在合法与非法的灰色地带，有法也难以实施。法律不是万能的，诈骗正钻了法律制定与实施的空子。

诈骗的严重程度还取决于一个社会的道德水平。人与动物都有贪婪的本性，但人与动物最大的差别在于对贪婪的克制程度。社会有道德规范，每个人有自己的道德修养。社会的道德规范制约着每个人的贪婪行为，个人的道德修养也制约着每个人。每个社会的道德水平不同，这就决定了诈骗严重程度不同。

当然，社会上人与人的各种交往工具也成为诈骗的工具。现代社会科技日益发达，使诈骗的工具也越来越多。互联网就是一个例子。

诈骗有行骗与受骗双方，以上分析的诈骗条件包括了双方。受骗者同样有贪婪之心，总想一夜暴富，缺乏法律保护和道德制约，又缺乏信息与判断力，上当受骗就难免了。

我们讲的这些诈骗的"一般原理"有点抽象、空洞。还是看两本书来具体化吧。

二

美国畅销书作者迈克尔·法夸尔的《骗局：历史上的骗子、赝品和诡计》（康怡译，三联书店，2020年）介绍了历史上的各种骗局。我们可以通过这本书了解各种骗局的共同特点。

这本书的扉页引用了古希腊哲学家柏拉图的一句话："所有骗人之物，必有迷人之处。"这就是说，诈骗者总是根据所要达到的目的和人性的弱点，针对不同人的心理特点，设计出千奇百怪、不断变化的骗局。这些骗局有其无法抵御的迷人之处，这才使人上当受骗。柏拉图这句话是全书的中心思想。这本书正是要通过历史上的各种诈骗案例来说明，这些骗局如何"有迷人之处"。全书共分十章。

第一章"超级巨骗"写历史上几个著名骗子的骗局。第一个是16世纪法国预言家诺查丹玛斯在《诸世纪》中用模棱两可的语言来预言未来的重大灾难，至今仍有人相信。第二个是一位自称乔治·撒马纳托的骗子声称自己是"台湾亲王"，编造当地怪异的历史，写出了《台湾历史地理考》。这个骗局成功到当年伦敦主教亲自举荐他去牛津大学进行台湾历史的研究与讲习。第三个是19世纪中叶科学已发达时，自称"榨金王子"的P. T. 巴纳姆用死猴子的上身和干鱼的尾巴假造了一条斐济美人鱼；把黑人老妪乔伊斯·赫朗作为华盛顿幼儿时的保姆，作为当世奇人到处展出；还假造过卡迪夫巨人。第四个是奥斯卡·哈特泽尔用所谓德雷克遗产骗钱。在他被判有罪后，受害人还认为他是英雄。第五个是20世纪美国人维曼冒充海军高级将领、外科医生、律师和飞行员，到处行骗。第六个是黑社会杰诺维塞家族的文森特·"阿亲"·吉甘蒂装疯卖傻用骗局逃脱惩罚，三十年后才被判有罪。这些都是当时著名的诈骗案例。

媒体本应是传递真实信息的，但历史上媒体制造假新闻的事层出不穷。这正是第二章"媒体乌龙"的内容。1980年,《华盛顿邮报》发表其记者珍妮特·库克的《吉米的世界》,编造了八岁儿童吉米吸毒的故事。这篇文章没有一个字是真的,居然获得了普利策奖。无独有偶,美国国父之一本杰明·富兰克林在《宾夕法尼亚公报》上发表匿名文章。文章说当地一男一女与魔鬼为伍,出现羊群跳舞、猪咏唱等怪象,鬼话连篇幽大众一默。推理小说之父爱伦·坡也编造过科学探索类的文章愚弄大众。书中列举了十个媒体乌龙事件。

第三章"兵不厌诈"是讲战争中用诈骗取胜的事例。如大流士一世时,波斯佐人披洛司用苦肉计智取巴比伦。还有中国人熟悉的孙膑复仇。1805年奥斯特里茨战役中法国人假求和,真暗算。1863年美国南北战争中,南军将领内森·贝德福德·弗雷斯特虚张声势以少胜多。一战中英国用掺了鸦片的烟打败了土耳其。二战中盟军用假冒的马丁少校尸体送假情报,丘吉尔用幻影部队骗过希特勒。这些诈骗有正义与非正义之分,有的也是非难分。

第四章"局之大者"介绍历史上一些有重大影响的诈骗。例如,伪造《君士坦丁献土》的文件,为天主教的统治奠定了基础;亨利八世、弗朗索瓦一世和查理五世的互相诈骗使当时的欧洲动荡不宁;1634年,法国红衣主教黎塞留设计除掉忤逆他的神父;俾斯麦伪造电文迫使法国开战;第三帝国用谎言欺骗大众;等等。

第五章"科幻奇谈"不是讲科幻小说,而是讲科学中的造假。最著名的莫过于1913年英国考古爱好者查尔斯·道森伪造的"皮尔当人"了。其他如英国妇女生兔子;德国维尔茨堡大学药学院院长约翰·具林格的石头针和《维尔茨堡石刻本》;19世纪美国人约翰·沃勒尔·基利的永动机;20世纪美国人阿尔伯特·埃勃拉姆斯的原始人部落"塔萨代人";当代用基因技术诈骗等。

第六章"传世高仿"当然是文物造假。包括著名的都灵裹尸布;爱尔兰莎士比亚的手稿;纽约大都会博物馆中的伊特鲁里亚武士像;法国人弗兰-冈尼·卢卡斯伪造的古代文书;荷兰人汉·凡格伦伪造的维米尔画作;1971年美国人克里福德·欧文伪造的大富翁霍华德·休斯自传，而且骗了两家著名出版社；德国文物商康拉德·库肖伪造的希特勒日记；摩尔教的马克·霍夫曼为了伪造不被揭穿，甚至制造谋杀案。

第七章"致命谎言"就是编造谎言引起的灾难。早在12世纪就有人利用12岁男孩威廉的死编造出他受到犹太人迫害的血谤谎言。直至1899年还有人把小姑娘受害而死加罪于犹太人。还有污蔑犹太人的《锡安长老会纪要》。这些都成为希特勒迫害犹太人的来源。16世纪后，关于女巫的谣言也造成许多妇女受害。

第八章"欺世盗名"是冒充皇室成员以博取虚名。15世纪末，一个手艺人的儿子兰伯特·西姆内尔被其老师理查德·西蒙斯包装成有资格继承王位的沃里克伯爵，四处招摇撞骗。17世纪，修道士格里高利·奥特利叶夫成为伪沙皇德米特里，当然好景不长。18世纪，英国皇后夏洛特的侍女沙拉·威尔逊偷王后物品被流放美洲之后，冒充皇后的妹妹玛蒂尔达公主。法国革命中，路易十六夫妇被处死后，冒充路易十七的人一个接一个，最后成功的是普鲁士钟表匠卡尔·威廉·瑙恩多夫。假冒皇室的人中，波兰村姑弗兰齐斯卡·姗兹科夫斯卡最有名。她冒充1918年被苏联处死的沙皇的女儿。

第九章"金蝉脱壳"是介绍用诡计逃出国境的人，其中不乏蒙受不幸的人。古罗马历史中记载了这类故事。18世纪，苏格兰第五代尼斯戴尔伯爵威廉·麦克利威尔，在妻子精心设计下逃出伦敦塔。19世纪，美国弗吉尼亚州的一名奴隶用一个木箱出逃。一战中，协约国的14万名将士，骗过了土耳其军队成功撤退。二战中，被德军关押在科尔迪兹堡的盟军将领成功逃脱。

第十章"愚人娱己"是一种搞笑式诈骗，目的不是个人名利，只是开个玩笑，找点乐子，应该是"恶作剧"吧。著名作家柯南·道尔被两个小姑娘用剪纸拍成的照片所骗，把她们当作精灵。这两个小姑娘就是拿柯南·道尔开心而已。1842年，退休木匠洛齐尔声称设计了方案要锯开曼哈顿，并打算付诸实施，许多人居然相信。19世纪英国作家西奥多·胡克讨厌邻居社交名媛，并设计把各种人都招到她家。著名英国女作家弗吉尼亚·伍尔夫及同伙,把自己包装成埃塞俄比亚皇室成员,让英国海军为他们当导游。还有不少人以恶搞为乐,严肃的媒体在愚人节时也会"逗你玩"。1969年,叛逆时代的年轻人也热衷恶搞。有些谎言说多了,仿佛成了事实。这就有了潜意识广告。

这本书收集了许多历史上的诈骗事件,作者还按诈骗的性质分为十类。从这些范围广泛的诈骗中,我们可以看出诈骗的一些共同特点。第一,诈骗有全然不同的类型。有些是良好的,有些是无所谓的,但大量还以骗取名利为目的,分析诈骗的重点在最后一类上。第二,以名利为目的的诈骗都是为了以最小的成本获取最大收益。这种收益可以是"利",也可以是"名"。第三,诈骗者要成功必须设计一个精妙的骗局,要各种手段把假的说成真的,并让人相信。这说明诈骗者都有着高智商,但心术不正。第四,骗局能成功,不仅在于骗局精妙,还在于有人相信。这就需要公众的愚昧、无知。所以,诈骗的社会基础是公众认知能力低。第五,媒体对诈骗的成功十分关键。如果媒体助诈局之妖风,骗局就会由假变真。如果媒体揭露骗局真相,公众就不会上当。第六,从古到今,诈骗从未停止,但所有骗局都以失败为最后结果。你可以一时骗一部分人,但不能永远骗所有人。诈骗绝非人生成功之路。第七,还要靠法律和道德来对付诈骗。让诈骗者受到严惩,或成为人人喊打的过街耗子,诈骗就会受到限制。

我们从案例中总结出的这些诈骗共同点与第一节论述的诈骗特点是一致的。通过这些案例,可以更好理解诈骗背后的经济学道理。

三

诈骗本质上是一种经济行为。所以,我们再介绍一本经济学家分析诈骗的书。这本书是美国经济学家阿克洛夫和席勒的《钓愚:操纵与欺骗的经济学》(张军译,中信出版集团,2016年)。

这两位经济学家都是诺贝尔经济学奖的获得者。乔治·阿克洛夫是美国乔治城大学教授。他是不对称信息经济学的创立者之一。他在一篇著名的论文《"柠檬"市场：质量、不确定性与市场机制》中指出，在市场上，买者和卖者所拥有的信息并不同，卖者拥有的信息多于买者。这就是中国人所说的"买的不如卖的精"的原因。这样卖者就可以把自己的次品（即"柠檬"）充当优品卖出去。这就产生了卖者诈骗买者的"道德风险"。买者缺乏可以区分次品与优品的信息，只好把二手货市场上所有的物品都看成次品，不愿出高价。这就使二手货市场上，卖者不愿提优品，充斥二手货市场的全是次品。这被称为"逆向选择"。这正是市场机制本身固有的缺陷。他为此荣获2001年诺贝尔经济学奖。另一位作者罗伯特·席勒是耶鲁大学的教授。他在《非理性繁荣》中分析了人的非理性行为为引起股市的暴涨与暴跌，说明了市场上人的行为的非理性。他为此荣获2013年诺贝尔经济学奖。在这本书中，他们把信息不对称和人行为的非理性结合起来，分析人们上当受骗的原因，进而解释市场机制的不完善性。他们主张用政府干预来纠正市场机制这种靠其本身无法克服的缺陷，使市场机制运行得更好。

这本书命名为"钓愚"是指，所有骗局能成功在于他们"钓"的是"愚"人。这并不是挖苦讽刺那些骗局中的上当者，给他们的伤口上再撒一把盐，而是分析他们上当受骗的原因，以免再上当。公共选择理论指出，民众处于一种"理性无知"状态。他们没有去收集各种相关的信息，也不能用理论来分析这些信息，是因为这样做的成本远远大于收益，是一种理性行为。正是这种理性行为导致他们无知。书名"钓愚"中的"愚"正是指这种"理性无知"的人。

在这本书的"前言"中，作者指出，市场经济给了人们选择的自由，也给了人们设局诈骗的自由。企业或出于赢利的目的，或迫于竞争的压力，设局诈骗就成为一种常规手段。他们先举了三个日常生活中企业诈骗的实例。第一个是，1985年，西雅图的柯曼父子推出了肉桂卷，声称"这是世界上味道最棒的肉桂卷"，通过宣传和营销手段使消费者趋之若鹜，并在30多个国家开设了750家连锁店。实际上，这种肉桂卷一个卡路里高达880卡，且含有大量糖霜，对人的健康并不利，是地道的"垃圾食品"。第二个是健康俱乐部的收费方式。按月按年的收费比按次收费便宜。实际上，消费者也许有每天来健身的计划，但由于各种原因，很少有人能做到。这样他们就骗到了消费者的钱。第三个是，假如给猴子一大笔钱，让它们向人类卖家自由购买，结果它们会选择不利于健康的糖浆水果卷。这说明，人在自由选择时，也会由于不良嗜好选择不良物品。

从这三个例子中，作者得出结论：自由市场的均衡并不一定是最优的。这就在于"在完全自由的市场经济中，人们不仅可以自由选择，还可以自由地设局欺骗交易对象"。这首先在于人性的弱点，这些弱点让人非常容易被骗。诈骗者正利用了人性的各种弱点。此外，在信息不对称的世界上，"欺骗者还可以利用具有误导性乃至错误的信息行骗"。因此，"看不见的手"并没有人们想象的那么完美。在现实的市场经济均衡时，一定存在着大量的欺骗行为。市场均衡往往会成为欺骗均衡。围绕这一中心思想，这本书分为三部分。

第一部分"未付的账单与金融崩溃"分析金融诈骗如何引起个人金融危机和国家金融危机。这一部分包括两章。

第一章"诱惑之路"说明个人为什么会成为"月光族"，甚至支出大于收入，引起个人财务破产。传统经济学讲消费者理性，即消费者会根据预算约束和价格来调整自己的消费组合，达到效用最大化。实际上"人们在决定如何花钱时甚至会欺骗自己，一点都不理性"。统计资料证明了人这种收入会小于支出的不理性。同时，"自由市场不仅会带给我们真正需要的东西，也会带来那些迎合人性弱点的东西"。商家也会"千方百计地骗别人，花钱可能是自由市场的必然结果"。要补充一点的是，可以欠债消费的信用卡制度助长了这种趋势的蔓延。

第二章"信誉透支与金融危机"分析金融机构如何透支自己多年建立的信誉引发金融危机。这本书讨论"欺骗行为在金融危机中的作用。这种欺骗被称为'信誉透支'"。"欺骗行为的存在是导致持续性金融危机爆发的罪魁祸首。信用透支损害了很多金融机构的信誉,尤其破坏了固定收益证券评级系统。""资产抵押证券出现的信誉透支情况正是我们预料到的欺骗均衡。"这种情况是如何发生的呢?投资银行是为大企业服务的,它只有以客户利益至上才会被信任,才能赚钱。在吸引客户方面,信誉非常重要。这样投资银行就重视信誉的建立与维护,评级机构也会公正地评级。但以后投资银行从事了许多不同的业务,从自营账户交易到管理对冲基金,再到设计打包新型复杂的金融衍生证券。这时投资银行成为"影子银行",其负债中优质的部分每晚收回并重新投资,从拥有大量流动性资产并寻找避风港的大投资者那里吸收存款。这些投资者可以是商业银行、货币市场基金、对冲基金、养老基金、保险公司或其他大企业。每晚他们贷出数十亿美元。投资银行承诺第二天还款,如果还不上还有可收回的抵押品。投资者担心把钱存在商业银行不安全,就把钱存到投资银行。投资银行发现能通过贷款进行自营账户交易获取巨额利润。它们成为国家和世界的金融交易中心。华尔街上的信息流动给它们以独特的优势。这样,信誉不再是业务的根基。评级机构也满足它们的要求,给出不适宜的高等级。这时,投资银行可以把一堆不良资产用极为复杂的方式打包,信用评级机构也会给予高等级。把不良资产变为黄金,透支信誉就可获利。公众没有意识到这种欺骗行为及后果,也没有能力去揭穿这种骗局,从而上当,成为垃圾债券的买家。金融系统是脆弱的,如果投资银行的资产价值小于其杠杆,融资出现巨大破口,就会破产。当公众发现时,金融系统已处于全面崩溃的边缘。2008—2009年的金融危机正是如此。

　　第二部分"形形色色的欺骗"给出了现实中的各种诈骗,并分析其对我们生活的影响。第三到八章分别介绍了广告与营销、汽车房地产和信用卡、政治中的游说、食品与药品、创新以及烟草和酒精这些方面的诈骗。第九、十两章介绍了金融市场上两个诈骗的实例。一个是储蓄贷款协会为利润而造假。另一个是迈克尔·米尔肯以垃圾债券为诱饵的诈骗。第十一章说明，市场经济中对抗诈骗的力量，包括量化产品质量、推动质量标准的人，有良心地生产高质量产品的商人，以及政府中的打假英雄。他们具有道德高尚与无私奉献的品质。这正是市场经济所需要的。

第三部分"结论与后记"是全书的总结。这本书得出了两个结论。一是市场经济中诈骗的存在是必然的，这就是"人类用以创造繁荣的聪明才智也同样能够用来发展推销术；自由市场中能诞生利人利己的模式，也同样能诞生损人利己的单方获利模式"。由此得出第二个结论，市场经济并不完善，"政府是制衡自由市场失灵的有效工具"，这包括社保立法、证券监管和竞选资金立法。

这本书是大师写的普及性著作，可以让我们认识到诈骗的普遍性与严重性，从而防止上当受骗。同时也让我们认识到，市场经济并不完善，其本身的内在缺陷要靠政府来纠正。

金融诈骗
——《庞兹的骗局》《贼巢》

在现代社会，尤其在今天互联网时代，最普遍、危害又最大的是金融诈骗。本文通过两本书来了解金融诈骗。

一

当社会进入货币经济时代后，金融的作用越来越重要，以金融为工具的诈骗也越来越严重了。

金融诈骗发展迅速且广泛是因为，与其他诈骗相比，它有五个特点。一是金融诈骗在各类诈骗中成本最小而收益最大。就现代金融诈骗而言，只需在电脑上操作就可以实现，几乎不用花什么成本，但如果诈骗成功，真金白银就会滚滚而来。应该说，金融诈骗是一种"性价比"最高的诈骗方式。二是金融市场的知识相当高深、复杂，金融运作过程又不透明。在这个市场上，公众更加缺乏信息。同时，金融市场的活动收益巨大，对希望"一夜暴富"的无知公众吸引力极强。无知与贪婪的结合使得金融诈骗能吸引更多人上当受骗。三是任何一个社会中，金融监督都是最困难的。有更多法律和监督的漏洞可以利用，在合法与非法之间游走更容易。金融创新层出不穷，法律和监督永远也跟不上。这就为诈骗者提供了适宜的条件。四是金融活动的复杂性要求诈骗者有高智商、高学历，又有经验,不像其他诈骗一样谁都可以。这就使金融诈骗的垄断性高。五是金融诈骗使受骗者损失极大,国家金融体系受到破坏,甚至引起金融危机与社会动乱。所以,金融诈骗对社会危害最大。

要了解金融诈骗的这些特点,我们还要从历史上最有名的金融诈骗者,18世纪初的约翰·劳讲起。

约翰·劳于1671年出生在苏格兰爱丁堡一个兼营黄金首饰的银行世家。他年轻时热衷于赌博、打斗、追逐女人,被称为"花花公子劳"。在伦敦时为一个女人与情敌决斗,并将情敌杀死,被判终身监禁后又逃到荷兰。他早在14岁时就进入自己家的银行,对银行业务,特别是信贷有浓厚的兴趣,也学到不少相关知识。在17岁到伦敦后,花天酒地之余还注意学习计算与处理各种货币往来业务,了解银行业的情况,并与金融界人士有密切往来。当时荷兰阿姆斯特丹是全世界的金融中心,他逃到荷兰后研究阿姆斯特丹的银行制度,并于1700年出版了《建立贸易委员会的建议与理由》一书。三年后他回到苏格兰,建议成立土地银行,以低于地价的认购土地权吸引投资者,建立银行。这个建议未被接受,于是他来到法国巴黎实现自己的理想。

1715年,法国国王路易十四去世,国家财政极为困难。继位的国王仅有七岁,由奥尔良公爵摄政。劳是他的密友,他为了摆脱严重的财务困境而接受了劳的建议。1716年,劳倡议的通用银行成立。该行以法国皇室的信誉为担保,以土地作为抵押品发行纸币,并进行票据贴现和存贷款业务。在摄政王奥尔良的支持下,法国政府不断宣布金属硬币对纸币贬值。劳熟悉银行业务,控制了法国的货币和信用体系。他发行适量纸币,保持纸币的可兑换性,以及可以用纸币缴纳税收,并调整利率刺激经济。法国经济好转,政府财政解围,劳的事业大获成功。1718年,通用银行改为皇家银行。这种成功使法国政府迷恋纸币,放弃金属货币,以随心所欲地发行纸币来满足财政无止境的需求。纸币过度发行埋下了金融危机的种子,使这一危机爆发的是世界史上号称三大骗局之一的"密西西比计划"

（另外两次是英国的"南海泡沫"和荷兰的"郁金香狂潮"）。关于这三大骗局可以看查尔斯·马凯、约瑟夫·德·拉·维加的《投机与骗局》（向祯、杨阳译，海南出版社，2000年）。

密西西比当时是法国殖民地。"密西西比计划"由劳在1717年成立的西方公司从事经营开发和征税。该公司获得密西西比河、俄亥俄河和密苏里河流域的专利开发权，以后又获得烟草专卖权，对东印度公司、非洲和中国贸易的垄断权。1719年，西方公司更名为东印度公司，劳又获得了皇家造印厂以及间接征税的承包权。1720年1月，劳出任财政大臣。

西方公司共有20万股，每股面值500利弗尔，以后东印度公司又发行了5万股，每股面值100利弗尔。由于该公司宣称发现了金矿，加之劳的地位，利好的消息满天飞，股价上扬。发行5万股时，购买申请高达30万股。从平民百姓到贵族，许多人排队认购股票。股价最高时达18000利弗尔。劳把股价维持在9000利弗尔，将之货币化，大量发行纸币。到1720年5月初，发行的纸币达到26亿利弗尔。金属货币不足其半。

这种借信用膨胀的局面当然无法持久。一些人把股票和纸币换为外币或金银，寄往国外。劳说服国会使金属硬币贬值，并禁止人民持有500利弗尔以上的金属硬币。通货膨胀加剧，密西西比开发成泡影。金矿的谎言破产，股价急剧下跌，股票成为废纸。法国经济体系崩溃。劳在1720年年底逃走，1729年死于威尼斯，劳的骗术来自他对货币和银行的见解，这些见解体现在他1705年出版的《货币与贸易研究：国家货币供给的建议》中。他正确认识到货币体系的重要性，以及以纸币代替金属货币的必要性，也认识到货币对经济的刺激作用。正因为如此，马克思评价他"既是骗子，又是预言家"。他的这本书在1966年曾再版。

从劳的骗局中，可以看出金融诈骗的两个重要特点。一是金融骗局中有更多、更严重的信息不对称。骗局会更复杂、更迷人，诈骗性更强。二是金融骗局中，不仅个人财产会损失，还会给整个经济带来混乱与损失，从而危害性更大。以后的金融诈骗花样更多、更复杂，但都具有这两个特点。

二

如今人们把各种金融诈骗都称为"庞兹式骗局"。这是因为20世纪二三十年代，庞兹在美国进行的金融诈骗包含了以后各种金融诈骗所用的主要手法，并具有共同的特点。所以，我们要了解当代的金融骗局，还要从庞兹开始。全面介绍这个骗局，写得又通俗有趣的是美国记者米切尔·朱科夫的《庞兹的骗局：一个金融奇才的真实故事》（张志莉译，上海人民出版社，2007年）。

庞兹是意大利人，祖父为中产阶级商人，父亲是邮差。他年轻时上了罗马大学，但由于长期缺课及贫穷而辍学，成为贫困潦倒的花花公子。1903年他来到美国，从事过各种工作。1907年，他到加拿大进入扎罗斯银行。该银行本来是为意大利移民服务的，但由于私自扣下侨民的汇款而破产。庞兹失业后到一家船运公司工作。他偷了一张空白支票，填上423.58美元并兑现，被发现后，入狱服刑三年。20个月后由于表现好出狱。出狱后回到美国，又由于被指责私带外国人进入美国而入狱，两年后出狱。这时他来到波士顿，并在这里实施了著名的"庞兹式骗局"。

当时的美国正处于野蛮的、爆发式发展的时期，迅速致富、发大财、发横财成为一种普遍的社会心态，各种骗局层出不穷。这为庞兹进行诈骗并获得短暂成功创造了机会。时势造英雄，时势也造骗子。

庞兹用来诈骗的工具是国际回邮代金券。这就是一国的寄信人随信给另一国收信人寄去国际回邮代金券和自己的地址，便于另一国的收信人把这种代金券换为邮票回信。当时许多邮寄公司的国际业务都用这种国际回邮代金券。为了使这种方法有效，万国邮政联盟又建立了国际邮政货币体系。这个体系规定，万国邮政联盟的任何一个成员国发行的国际回邮代金券都可以在另一成员国按国家的价值换为该国的邮票。这就是规定了各国货币和国际回邮代金券之间的固定汇率。这种办法在汇率稳定时是可行的。但一战后,各国都发生了通货膨胀,且各国的通货膨胀率并不相同。万国邮政联盟当时无暇调整各国货币和国际回邮代金券之间的汇率,仍然按原来的固定汇率使用国际回邮代金券。这就给庞兹这样的骗子提供了机会。

庞兹计算出,用美元在西班牙买国际回邮代金券再寄回美国卖出,可以用汇率差赚10%的利润。在意大利买,获利高达230%。在通货膨胀最严重的奥地利可获利250%。把这些国际回邮代金券卖给一些国外客户多的国际邮寄公司和其他公司,扣除中间的各种费用,仍有相当高的利润。

庞兹自己并无资本,就想"空手套白狼"去筹资。他向富人筹资,但被他们拒绝,于是转向大众。他对外声称,投资这个项目,90天回报达50%。一些人开始上当。先是投10元、50元,最多100元试试,反正赔了损失也不大。他为此成立了证券投资公司,并设了许多分公司,寻找更多小投资者。他按承诺返还利息。投资者看到真的赚钱了,想赚得更多,就只取走利息而留下本金。同时,《波士顿邮报》又卖力地为他宣传。他住豪宅、买名车,造成自己巨富的假象。他开办了更多分公司,每周收到的投资高达100万美元以上。他用"拆东墙补西墙"的方式,用收到的资金为以前的投资者支付利息,甚至返还本金。人们更加相信他,资金的雪球越滚越大。他把这些资金投资于公司、银行,甚至在有些银行实现了控股。当媒体和检方怀疑他的偿还能力时,他又利用不良律师和媒体为自己辩护。

尽管庞兹靠收购的公司和银行有了一些收入,也控制了一些资产,但他筹集的资金太多了,要偿还的本金与利息太多,仅靠国际回邮代金券的业务已无法偿还。检方已有确实的证据证明他资不抵债,媒体也揭穿了他诈骗的真相。最后他被判刑,并驱逐出美国,死在巴西的一家慈善医院。

不同的金融诈骗有不同的手法和特征。从庞兹式骗局看，各种金融诈骗都有一些共同特点。第一，诈骗者本人的品质有严重问题。一般来说，诈骗而短暂成功者都是聪明而无道德之人。所以在投资时了解筹资者的个人品德是十分重要的。不少诈骗者在设局诈骗之前已经劣迹斑斑，庞兹就是这样一个人。第二，所有金融诈骗的诱人之处都是高回报，通常远远超出正常回报之上。而且骗子都用复杂的专业术语来说明自己高回报的由来。时代越发达，诈骗手段越复杂、越高明，受骗者根本没有必要的知识与信息来识破这些骗局。第三，受骗者财迷心窍，只想一夜暴富，而忘了高风险。这就是受骗的非理性，或者说"愚"。所以，受骗者有自己的原因，不要只抱怨诈骗者。而且正是受骗者的这种非理性成为诈骗者短期成功的基础。受庞兹骗的正是这类人。第四，媒体的炒作使骗子如虎添翼。尤其在互联网时代，这一点更为重要。不良媒体是诈骗者的帮凶，几乎每次金融诈骗中都有媒体当"托儿"。在庞兹骗局中，这个"托儿"就是当时社会上影响甚大的《波士顿邮报》。第五，相关法律缺乏与政府监管缺位是所有骗局能发生和持续的条件。波士顿检方早已怀疑庞兹有问题，但没有及时调查和制止，使他有了短暂的成功。从以后的金融诈骗中可以看出，这些特点一而再，再而三地表现出来，所以，人们才把金融诈骗都称为庞兹式骗局。

其实庞兹的骗局从现在看来并不大，除了受骗者的损失外，对整个社会、金融体系，甚至在波士顿本地影响和危害也极为有限。下面我们介绍规模更大，危害也更大、更广泛的金融诈骗。

三

我在《从历史和现实看诈骗》一文中介绍了阿克洛夫和席勒的《钓愚》。在这本书第二部分第十章"米尔肯骗局：以垃圾债券为诱饵"中介绍了20世纪七八十年代，以迈克尔·米尔肯为首的集团式金融诈骗案。他们建立了金融史上破坏性最大、波及面最广、情节最恶劣、影响最深远的内幕交易网。以垃圾债券为工具进行诈骗，涉案资金高达数千亿美元。这个案件影响并改变了美国金融业的发展进程、经营模式和政府监管制度。不了解这个案例就难以了解金融诈骗，也无法知道，自庞兹以来，金融诈骗有了多大发展。所以，我们有必要对米尔肯诈骗案有更详细的了解。

详细介绍这个案件的是美国记者詹姆斯·B.斯图尔特的《贼巢：美国金融史上最大内幕交易网的猖狂和覆灭》（张万伟译，北京联合出版公司，2016年）。

为了说明这个案件的重要性，书的封面上写了"所有金融犯罪都是这个案件的缩小版、删减版或复制版"，可见这本书的典型性。这也说明，这个案件集中了当代金融诈骗的所有本质特征。要了解金融诈骗仅读《庞兹的骗局》是不够的，还必须读这本书。这本书也受到广泛关注和好评，它曾获得普利策新闻奖，被《财富》杂志评为"75本商业必读书"，被《福布斯》杂志评为"20本最具影响的商业书籍"。

这本书有近50万字，分为两部分。上部"违法"全景式介绍米尔肯集团金融诈骗的整个过程。下部"追捕"介绍发现并惩罚他们犯罪的过程。书名"贼巢"说明，与庞兹的个人诈骗不同，这是一个范围广泛的巢穴。所以了解这个诈骗案先要从这个贼巢开始。

这个贼巢是德崇公司，组成贼巢的有该公司的人，也有更重要的公司之外的人。这个贼巢的核心是迈克尔·米尔肯。他出生于一个富裕的中上层家庭。在加州大学伯克利分校读商科时，读了W.布拉多克·希克曼的一本书（《钓愚》中，作者告诉我们，这本书的书名是《企业债务质量与投资者经验》）。希克曼在这本书中对低等级债券和没有评级的债券（统称为"垃圾债券"）进行了开创性研究。他对1900—1934年期间的公司债券进行了详细分析，最后得出的结论是：与投资蓝筹股和高等级债券相比，对低等级债券进行多元化的长期投资，回报率更高，而且风险更小。希克曼对1945—1965年的债券研究也得出了同样的结论。

这本书发行不到一千册，几乎无人注意，但米尔肯找到了金矿。他仔细研究大量低等级债券的发行者，谨慎地挖掘其中潜在的商业价值与前景，用来消除投资者的戒心和疑虑。他利用自己的研究说服投资者投资于他看中的高收益垃圾债券。许多公司也发现，低等级债券的流动性不断提高，且收益也会大大超过风险溢价。米尔肯早期开发的客户都是一群保险公司的富豪。他们没有一个是华尔街上的精英，也不担心低等级债券的缺点。

低等级债券或垃圾债券有两种。一种是由过去非常成功的企业发行的。它们过去业绩优异，现在却由于运气不佳等因素进入低谷。另一种是由米尔肯新发行，且由他当经纪人的垃圾债券。他把这两类垃圾债券混为一谈，推销他担任经纪人的新垃圾债券。米尔肯取得了惊人的业绩。到1977年年初，他控制这种垃圾债券市场的25%。这个市场几乎无人监管。他的交易活动属于"二次发行"。这种发行不用在证券交易委员会登记，也没有公开的上市价格可以参考。垃圾债券市场是当时美国的金融边缘市场。

米尔肯及其同伙又充当"公司狙击手"，对庞大公司进行恶意收购。他们采用的方法称为"杠杆收购"，即收购者通过大量发行垃圾债券来筹集资金，用于收购一家规模大得多的公司。这种"杠杆收购"在很大程度上提高了与公司并购相关的一切，尤其是风险与潜在回报。这个贼巢的人在并购中通过打探与交流内部情报，尤其是被并购公司的财务状况与股票交易信息，在股市上低价收购，高价出售，获得巨大利益。

这个贼巢的外部成员有毕业于哈佛商学院，在基尔德·皮特公司任职的马丁·西格尔。该公司是和高盛性质一样的投资公司。西格尔在公司从事并购交易业务，并作为应对并购的重要专家，成为该公司董事。另一位是套利人伊万·布斯基。他们俩还成了生意上的合伙人和朋友。布斯基成立了一个新的套利公司：伊万·F. 布斯基股份公司。还有I. W. 伯纳姆二世公司的金融部主管弗雷德里克·H. 约瑟夫，他与米尔肯相交。公司由米尔肯的弟弟洛厄尔担任财务主管，还有许多客户。

  70年代，套利者都力图建立自己的关系网，以获取内幕信息。原来在花旗银行的丹尼斯·莱文向其同事罗伯特·威尔吉斯透露某种股票的信息使其获利，以从他那里获得内部信息。莱文在某瑞士银行开了一个账户，从事非法股票交易。他鼓励威尔吉斯也这样做。威尔吉斯后来转到拉扎德公司，莱文利用他盗取公司文件。纽约某律师事务所的伊兰·赖克也向莱文提供内部信息，成为莱文最有价值的消息源。莱文转到雷曼公司，利用赖克的信任，使公司获利250万美元。与此同时，布斯基与杰米证券公司负责人约翰·穆赫伦勾结，在一场收购狂潮中，通过买卖公司赚大钱。穆赫伦在布斯基陷入城市股票公司股价下跌危机时，又设计了一套复杂的期权交易，把损失转嫁给斯皮尔·利兹·凯洛格公司。西格尔又受到布斯基重视。他们合作，在本迪克公司的股票上，布斯基又赚了25万美元。

  这些人，还有其他一些人，通过德崇公司，由米尔肯把他们组成一个互相利用的团体，这个团体就是一个"贼巢"。布斯基需要德崇公司的资金，通过投资银行家康韦认识了米尔肯。米尔肯阵营中的另一个赢家是迈阿密的金融家维克托·波斯纳。波斯纳通过原伯纳姆公司的恩格尔，与德崇公司建立了联系，并成为米尔肯垃圾债券的购买者。1983年11月，纽约德崇公司首席执行官弗雷德·约瑟夫请其老师卡维斯·高拜组织会议，帮助德崇公司寻找在新兴的并购领域取得领先的方法。参加者有该公司骨干10人。第二年参会人数达50余人。这个会是高收益债券（即垃圾债券）大会。到1984年，已有800多人参加。这样，以米尔肯为首的贼巢中，许多人就通过开会结识，相交，作为一个集团推销垃圾债券，又在股市上通过企业兼并兴风作浪，揭开了米尔肯这个贼巢进行金融诈骗的序幕。

  这些套利者在建立联系之后就利用相互提供的内幕信息，主要是公司之间兼并的信息，从事股市交易。他们会在企业兼并前低价买下将被兼并购买公司的股票，然后在并购方行动时高价卖出。甚至通过报刊透露相关信息或用其他方式，迫使并购方出高价。这些活动使他们获利甚丰。莱文是这些活动的主角。他还进入德崇公司，通过向布斯基提供信息，交结了布斯基和其他投资银行家。书中介绍了以莱文为主线的内幕信息透露与交易，这些非法交易不仅涉及布斯基，还有杰米证券公司的约翰·穆赫伦、高盛公司的罗伯特·弗里曼等多人。

书中重点介绍了布斯基与米尔肯的勾结与合作。西方石油公司是德崇公司的客户。米尔肯无法从该公司与另一个公司的合并中获利，就让布斯基参与。米尔肯早期的客户格尔登·纳吉公司秘密囤积MCA公司的股票，企图收购，他又让布斯基参与。通过内幕交易，米尔肯偿还欠布斯基的资金。在许多公司的并购中，他们都以各种形式合作，大获其利。布斯基知道，米尔肯能获悉许多客户的交易活动和机密计划。米尔肯也需要布斯基这个执行者、资金来源和各种大型交易活动的幌子。而且，米尔肯和德崇公司也帮助布斯基筹资，赚取融资费和股本权益。这正是他们合作的基础。

德崇公司的成功引人注目。许多竞争对手开始效法德崇公司，成立自己的垃圾债券部门，不顾一切投入恶意收购和杠杆收购之中。德崇公司为了维护自己的统治地位，挖来了基尔德·皮博迪公司的西格尔。在1986年4月的垃圾债务大会上，参加者达2000余人，包括参议员和当时的大富翁。布斯基帮助米尔肯的高收益债券部门操控了两家公司的股价。但布斯基在参加一个豪华的游艇宴会之后，于1986年9月17日向联邦当局自首，成为司法部的线人，配合司法部进行秘密调查。这场金融诈骗的黑幕终于被揭开了，贼巢开始瓦解。

下部"追捕"正是介绍这个揭秘的过程以及对相关人员的惩罚。

通过美林公司内部员工举报的内幕交易案，牵扯出了罗伊银行。证券交易委员会的律师由此找到莱文的内幕交易，并将他逮捕。但这只是冰山一角。莱文被迫与政府合作，又引出了威尔吉斯、赖克等人。最重要的是，他交代了与布斯基的关系。这就引出一条大鱼，由此又引出了西格尔、布斯基与政府合作，终于引出米尔肯和德崇公司。

对米尔肯和德崇公司的定罪经历了极其艰难的过程。先是负责此案的卡伯里辞职，由贝德尔接任。他们找到了伊万·F.布斯基公司首席会计师穆拉迪恩的一个文件，并找到普林斯顿·纽波特合伙公司，得到该公司为德崇公司提供帮助的录音证据。德崇公司利用媒体和各种活动转移人们的注意力，树立在全国的声誉。在政府调查之下，股市暴跌，套利者蒙受损失。布斯基被判刑，穆赫伦精神状态恶化，弗里曼的罪行被媒体披露。德崇公司仍在顽抗，米尔肯也利用公关公司和媒体反击。但在政府追查下，德崇公司的交易员穆尔塔什向政府坦白交代。该公司销售员达尔也与政府合作。

1988年9月7日，证交会起诉德崇公司和米尔肯等人。该公司与政府达成协议。但在米尔肯被起诉后，仍有不少人支持他。从1977年到1990年，有104家公司通过德崇公司发行不可兑换的垃圾债券，24%的公司欠债或破产。1990年2月13日，德崇公司申请破产保护，米尔肯被判十年。他出狱后仍有大笔财富，并利用律师、公关公司和媒体为自己喊冤。其他人出狱后也过着比一般人好的日子。这种结果让诈骗者们前赴后继。这就有了2008年的金融危机，不过这也肯定不会是最后一次。

金融诈骗的一个根本原因在于金融监管的困难。首先在于，不管，金融市场出问题；但管得太严，金融死气沉沉，也没有了创新的活力，对整个经济不利。其次是金融活动极为复杂，要有一套完全的立法和规章不可能。任何一部金融立法都难免留下许多漏洞。最后是金融活动发展迅速，立法和监管永远也跟不上。立法总在出问题之后，这是立法的滞后性。当然，即使有了法，发现了问题，调查取证也极为困难。对德崇公司和米尔肯的调查如此之难说明了这一点。

金融市场会永远有问题，只能希望及时发现、处理，使带来的危害小一些。

锅中有致死的毒物

——《美味欺诈》《屠场》

"锅中有致死的毒物"是《圣经·列王纪》中的一句话,指食物中的毒物。由于这种毒物看不到,又被称为"暗藏的危险"。从历史记载看,最晚从古罗马起,就有了在加工食物中添加毒物的做法。在市场经济和工业革命的催化下,这种在加工食物中添加有害物质的做法甚为普遍,甚至愈演愈烈。食物造假对社会危害极大,也是社会各界最关注的问题。经济学家也把它作为市场经济不完善的表现之一。

一

在《从历史和现实看诈骗》一文中,我们介绍了经济学家阿克洛夫和席勒合写的《钓愚》一书。大家一定记得,他们介绍的诈骗的第一个例子就是1985年,西雅图柯曼父子开设的肉桂卷店所推出的畅销食品肉桂卷。他们声称,这种肉桂卷是"世界上味道最棒的",实际上它是用人造黄油烘烤而成,热量高达880卡路里,对健康极为不利。所以,从经济学角度看,食物造假是一种诈骗行为。但它直接危害人的健康,甚至生命,属于性质最恶劣的"图财害命"诈骗。

人类社会在完全食用自然成长的植物和动物的狩猎采集时代是没有人为造假、渗毒的,食物中的致死毒物来自食物本身,如毒蘑菇。在进入农业社会后，有了分工，有了交换，有了可以由人加工制造出售的食物之后，就有了食物造假，人为加入致命的有毒物质。古罗马博物学家老普林尼在《自然史》中记载并谴责了这种行为。其他古罗马作家也有过类似记载。

与一切诈骗行为一样，食物造假的根本原因还在于人性中贪婪的一面。从古至今，商人和生产者造假还出于追逐利润的本性。造假，甚至增添了毒物可以使食物更美味，如在酒中掺加敌敌畏等毒剂。造假也可以降低成本，如用工业酒精制造假酒。不过，在农业社会中，这种食物造假的现象还是有限的。这是因为农业社会仍以自给自足的自然经济为主，食物主要来自自家的耕种或养殖，作为交换的食物相当有限。同时，在技术不发达的时代，造假技术也有限，人工合成的毒物并不多。

进入市场经济和工业革命之后，食物造假这种诈骗行为就普遍且手法不断翻新了。这首先是因为，在这个时代，人类贪婪的本性被市场经济无限放大了。一切产品都成为商品进入交易，生产与消费分离了。城市化，大量人口居住在城市，一切食物都要通过购买而获得。生产者为利润而生产，有追求利润的动力。为追求最大的利润，手段是否道德就不在他们考虑的范围之内。尤其在市场经济初期法制不健全和道德沦丧的情况下，为利润造假就更猖狂了。同时，市场竞争也给生产者和商人带来了外在压力，降低成本是竞争成功的重要条件之一。造假就是降低成本的有效方法。人人都造假，你不造假就活不下去。内在的逐利本性与外在的竞争压力，加之法制与道德缺失，就使食物造假无限膨胀了。

工业革命带来的科学和技术的飞跃，尤其是化学工业的发展，使人可以合成各种化合物，又为食物造假提供了有效的手段。出现了许多不同的食物添加剂，这些食物添加剂使加工的食物更美味或更便宜，但许多添加剂中有"致死的毒物"。这些有毒的物质或不被人们注意，或被生产者和商家有意掩饰甚至美化，造假、有毒的食物就横行天下了。正如有众多的金融衍生工具和复杂的金融活动，才有金融诈骗一样，有化学工业提供的诸多食物添加剂和虚假的广告，贪婪的动机与巧妙的手段结合才使食物造假无法根除。

当然，没有消费者的购买，食物造假也不能持续和扩大。消费者购买这些有毒的造假食物同样出于贪婪。消费者想购买既美味又便宜的食物，这就给造假者提供了市场和机会。"既想马儿跑得好，又想马儿不吃草"，上当自然难免。但更重要的还是食物市场上的信息不对称。生产者和商家知道食品中添加剂的毒性，但他们不会主动告诉消费者。消费者不是化学家或食品专家，也没时间去收集更多的食品添加剂信息。他们仅凭口感来判断食物，但许多添加剂的毒性是无法通过口感知道的。何况所有有毒的食品并不是吃了马上死，而是有一个相当长的潜伏过程，只有毒素积累到一定程度才会使人患病甚至死亡。所以在开始食用时感觉不出来，购买、食用都是正常的。

特别要指出的是，在消费者购买的过程中，虚假广告罪不可赦。厂家为了把自己有毒的食物卖出去，就大做广告，把这些食物吹嘘成天上人间最美味的食物。他们还用各种促销手段让消费者上当受骗，正如肉桂卷店所做的那样。这样消费者就失去了认知与辨别的能力，被广告的花言巧语蒙蔽。在食品市场上和其他市场上一样，厂家是信息多的一方，消费者是缺乏信息的一方。广告所给的错误信息又扩大了这种信息不对称。于是生产者和商家得逞，消费者受害。

诈骗有共性，但不同类型的诈骗又有自己的特性。我们读两本书来认识食物诈骗。

二

第一本书是英国作家比·威尔逊的《美味欺诈：食品造假与打假的历史》（周继岚译，三联书店，2010年）。

这本书的作者是英国著名美食家和历史学家。他是剑桥大学约翰学院教授，还在英国时政周刊《新政治家》担任了五年的美食评论家。从2003年起,她每周都在《每日电讯报》的美食专栏上发表文章,其作品屡次获奖。她把自己对美食的了解和历史学知识结合在一起,写了这本畅销的《美味欺诈》。这本书介绍1820年以来欧洲国家食物造假与打假的历史。读这本书,我们可以对食物造假有一个全面的了解。

在"前言"中作者强调了全书的几个要点。第一,"假冒食品的案例几乎随处可见"。第二,假冒食品可以置人于死地。第三,制止假冒食品之难在于什么是有毒难以界定。第四,今天判断的标准是,是否有毒有害,以及是否恶意为之。这本书的内容是:"一个揭露卑鄙与贪婪的黑色故事,它揭露了那些假饵似的饮食文化,那些为了赚钱可以无视他人死活的可怕谎言,同时这也是一个政府管理失职的故事","本书中歌颂的打假英雄,并非官员政客,而是那些察觉到危险后挺身而出的科学家"。先读这个"前言"有助于阅读全书。

这本书的介绍从1820年开始。这是因为这一年在英国的德裔化学家弗雷德里克·阿库姆出版了一本揭露食物造假的书。这本书就是《论食品掺假和厨房毒物》。此书使欧洲各国政府对食品中加入有毒物质或添加剂行为进行查处和打击。尽管这些措施的作用极为有限,但毕竟让人们认识到,出售的食品或饮品并不如看上去那么美味,有些甚至可以杀人。因此,作者把食物造假分为前阿库姆时代与后阿库姆时代。这本书介绍的正是后阿库姆时代的食物造假与打假。

第一章"德国火腿和英国芥末"围绕阿库姆介绍了英国当时食物造假的状况和阿库姆的打假功劳。他开启了一个食物打假的新时代。

阿库姆出生于德国,是一个实践型化学家。在英国,他还推动了采用煤气灯照明。他在《论食品掺假和厨房毒物》中指出,英国食物的主要问题并不在于原料本身,而是和原料掺在一起烹煮的那些可怕东西。比如在低等级面粉中掺入明矾进行漂白,使面包更白、更轻,有更多透气孔;用铜使蔬菜更绿;牛奶与奶制品中掺入有害的桂樱叶;五颜六色的有毒糖果;用红丹给干酪上色;用树叶造茶;等等。阿库姆在许多论著中用化学这个工具揭穿了造假食品的毒害。他指出，这种造假与英国维护的自由放任的经济政策相关。尽管他揭露造假有功，但由于撕下图书馆图书的书页这样一个小小错误而名声扫地，最后不得不逃离英国。

第二章"一箪饭，一瓢饮"介绍对葡萄酒和面包这类常用食物的造假。其关键都在于添加了有害物质。从对这两种最常用食物的造假可以看出，食物造假多么严重，危害又何其大。

在工业化生产普及后，葡萄酒中就添加各种有毒配料，以提升酒的口感。如加入对健康有害的铅以增加甜度；加白垩以改善颜色；加入葡萄干酊剂和收敛剂、松脂和硫酸、人工增香剂等。尽管有政府的法令与标准，但并不起多大作用。在面包中添加乳化剂、面粉处理剂、大豆蛋白粉、漂白剂、调味剂、反式脂肪，甚至没有列出的某些酵母或发酵剂。而且，面包还缺斤短两。在饥荒时还掺入秸秆、桦树和榆树皮、荞麦壳、苋菜、橡子、麦芽、麸皮、土豆、土豆叶、扁豆、酸橙树叶、峨参等。为使面包更白加入明矾。应该说，中世纪的行会为维护自己的声誉，在禁止面包造假中起了重要作用。但行会消失之后，面包质量下降了。现代有啤酒测试员，胡椒商和杂货商成为食品警察，可惜后来他们的职能被逐渐削弱。这使造假愈演愈烈。

第三章"政府芥末"说明禁止掺假食品为什么如此艰难。

这首先是政府对食物造假的放任自流。19世纪，英国政府并不关心食品安全。这个责任被推给了既无民主权利又无知的大众。这就无法制止食物造假。杂货商把掺假的食品卖给大众，被称为"魔鬼杂货铺"。贫穷也迫使穷人买伪劣食品。马克思和恩格斯都注意到并抨击了这种现象。报刊上对食物造假或真或假的宣传没起多大作用。其次是缺乏分析食物造假的科学工具和方法。19世纪50年代显微镜的出现才解决了这一问题。英国科学家亚瑟·希尔·哈塞耳用显微镜分析食物中的成分，找出了食物中的有毒物质。另一位英国科学家托马斯·沃克利创办了《柳叶刀》杂志，揭露食物造假的真相，这使哈塞耳在对食品欺诈性广告商的斗争中取胜。政府终于在1860年通过了第一部《抵制假货法案》,生产纯正食品成为趋势。但这并不是最终得胜,厂家仍然生产包装出来的"纯正"食品。

第四章"粉色人造黄油与纯番茄酱"论述美国食品的造假与打击。从英国讲到美国,说明造假的普遍性,以及造假与工业化的关系。

美国进入工业化主导的社会后也出现大量食物造假。食品企业甚至招募化学家为他们造假发明除臭剂、色素、调味剂、食品保鲜储藏盒、硬食品软化剂等。当英国抵制造假是科学对伪科学的战争时,美国则是商业对商业的战争。而且,美国联邦式的政治制度下各州与地方政府有相当大的自治权,这使美国的打假不同于英国。美国的造假方式之一是用泔水或酒渣喂牛而生产的泔水奶或酒渣奶,甚至毒死了不少儿童。另一种是用豆油或其他油与添加剂混合而生产的人造黄油。美国打假中一位主要人物是哈维·华盛顿·威利。他既懂科学又会做生意。他在哈佛大学学医,毕业后在普尔大学(中国通常译为"普渡大学")任职,并开始打假。他分析了葡萄糖的成分,指出它被广泛应用于各类糖的制造,也被用于造假。液态蜂蜜其实都是伪装的葡萄糖,只加了一点点真正的蜂蜜。他反对当时应用甚广的防腐剂。防腐牛肉使美西战争中的美国士兵受害。他在国会的资助下,建立毒物小组,证明了食物中掺入硼砂的危害。另一位打假英雄是作家厄普顿·辛克莱。他在我们接下来介绍的小说《屠场》中揭露了美国肉食加工业中的严重造假。在他们的努力下,许多州通过了"纯天然食品的新法案"。1906年6月30日,在当时的总统罗斯福倡导下,美国国会通过了《美国纯天然食品与药品法案》,由此开启了反食物造假的新时期。这个法案要求诚实商标,但也被用于牟利。由于这一法律的实施和威利等打假英雄的努力,厂家逐渐用纯正的番茄酱代替了添加防腐剂苯甲酸的番茄酱。这是一个好的开端。

第五章"假冒食品与合成食品"介绍各国20世纪的食品造假与打假,说明食物造假是世界性的,打假也要在全世界展开。

英国著名作家奥威尔曾指出,合成食品最初只是一些质量低劣的替代品，但很快它们就会取代真正的传统食物。合成食品出现在一战各国经济困难时。例如，用玉米和土豆制成"鸡蛋"，用大米制成"羊排"，用菠菜、土豆、坚果和鸡蛋替代品合成"牛排"等。这种做法还得到政府鼓励。美国没有这样贫穷的时期，但合成食品也充斥大街小巷的食品店，大萧条时期出现了人造食品。1938年政府出台了《联邦食品、药品和化妆品法案》，对牛奶、奶油、果汁、罐装金枪鱼、罐装蔬菜、巧克力、面粉、谷物、蛋黄酱、通心粉及西红柿制品提出了强制性标准。政府通过裁定人造果酱为欺诈来执行这个法案，但不仅不见效，还适得其反。针对添加剂和新式食品，美国组建了专门研究食品中化学添加剂的委员会，并在1958年通过了《食品添加剂修正案》。在1969年12月召开了有关食品与营养的白宫会议，对食品标准进行现代化改革。但营养强化和瘦身食品也往往成为一种诈骗，而且得到一些消费者欢迎。从70年代开始，食品中开始使用由各种化学元素组成的人工香料。1970年，作为律师和消费者权益代表的拉尔夫·纳德团队出版了《化学大餐》，揭示了食品造假和政府监管不力的局面。在英国，卡罗琳·沃克揭露了合法的消费者欺诈体系，并在《卡罗琳·沃克营养指南》中忠告消费者"吃健康、新鲜的食品"。

第六章"印度香米和婴儿奶粉"说明与假冒食品斗争是一个长期的过程，不可能在短期中取得决定性胜利。

当大家以为食品掺假已过去时，实际上与过去相比，食品欺诈的表现形式更加多样，花样纷繁错杂。为此政府要求食品采用说明各种成分的完善商标，但这并没有彻底解决问题。即使在优质食品中也有欺诈，如鱼子酱和番红花粉。这些促使优质食品原产地保护政策的实行。英国的马克·伍尔夫用DNA检测技术证明高价的印度香米中掺假。也有人通过扩大并散布食品恐怖来获利。随着科技进步，过去的一些认知也要改变。比如，传统上认为鸡是低脂肪食品，但现在由于饲养方法改变，鸡肉中的脂肪为过去的两倍。利用高科技培育的人造鸡蛋会使婴儿中毒。这说明食物打假是一个艰巨的长期任务。

最后的结语"21 世纪的掺假食品"告诉我们，21 世纪仍有不断翻新的掺假食物出现。我们不要相信广告，要相信自己的感受。

这是一本把食品与历史结合起来的食物造假和打假史，生动而有趣。它告诉我们造假与打假是一个"道高一尺，魔高一丈"的过程。这个历史永远不会结束。

三

另一本书是在《美味欺诈》中提到的美国作家厄普顿·辛克莱的小说《屠场》（孟繁强译，安徽人民出版社，2013 年）。这本书的英文原名是 *Jungle*，中文的意思是"丛林"。在陆谷孙先生主编的《英汉大词典》中，它的更深层次含义是"弱肉强食的地方，生存竞争激烈残酷之处"。译文"屠场"既有工作的现实场所之意，又有"弱肉强食"的含义。

辛克莱出生于一个没落的贵族家庭，父亲嗜酒而使全家贫困。少年时的遭遇使他同情穷人，并信仰社会主义。他 1906 年出版的小说《屠场》本意是通过立陶宛移民约吉斯一家在美国的悲惨遭遇，宣传社会主义思想。美国尽管也是贫富差距悬殊，穷人处境艰辛，但由于特殊的历史原因，社会主义思想传播并不广泛，也没有深入人心。这本书对社会主义思想宣传的作用极为有限。但作者在本书写作过程中曾去芝加哥一些肉联厂深入考察，书中对食品加工厂恶劣环境和食品造假的如实描写却引起整个社会的关注和震惊，引发了美国社会对食品造假的指责和打击。他之后调侃地说："我想打动公众的心，却不料击中了他们的胃。"这真是"有心栽花花不开，无心插柳柳成荫"。

辛克莱写这本小说是为了揭露美国"工资奴隶制"的罪恶。小说描写一个立陶宛移民家庭——约吉斯一家的悲剧遭遇。

约吉斯一家满怀憧憬从家乡立陶宛来到美国寻梦。他们在芝加哥屠场区找到了工作，以为美好的生活即将开始，不料灾难接踵而至。先是约吉斯工伤失业，接着妻子奥娜被工头诱奸，并被骗至妓院工作。约吉斯因怒打工头而入狱。随后妻子难产死亡，幼小的儿子也被淹死。一同来美国的亲朋好友中，男的流落街头，女的被逼良为娼。美国梦变为可怕的噩梦。更悲哀的是，这个罪恶的社会不仅害得他家破人亡，还毒害了他的心灵。他出狱后无以为计，自暴自弃，到处流浪，干起合伙抢劫的勾当，甚至还在屠场罢工时当上了工贼。所幸的是，约吉斯参加了工人运动。在社会主义运动中，他找到了信仰，找到了人生奋斗的目标。小说结尾时，约吉斯深信社会主义是美国的唯一出路。这正是作者的信仰，也是他奋斗的目标。当然，这也是全书的中心思想。

为了写这本书，辛克莱特意到芝加哥屠宰场体验生活，工作了七周。在这七周中，他目睹了屠场极为恶劣的工作环境以及食品造假的过程。他如实地把这一切写在书中。本意是写工人工作生活之艰难，不料却引发公众对食品安全的担忧，引发了美国食品打假的立法和行动。

小说的主角约吉斯想到屠场工作。他参观屠场的工作环境时，领他参观的老乡告诉他，不该让他们看的，工厂绝不会让他们看。工厂有政府派的检查员，但他们并不忙，乐于与人搭讪。本该检查后才能盖官方合格章的，但十几头猪过去，他们连摸也不摸，就盖了章。在处理各种废料的车间中，男女工人在令人难以忍受的臭气中工作。所有废料都被扔进锅内，制成香皂和脂肪。

约吉斯的工作是把掏出来的牛肉内脏扫进地上的活动门里。地上流着热腾腾的鲜血，人就在地上的鲜血里跋涉。到处臭烘烘的，让人喘不上气。在达勒姆公司准备制造罐头牛肉的地方，牛肉装在满是化学原料的大桶里，桶倒在腌臜不堪的地上，地上的腌菜汁还会被收集起来，落在地上的渣滓和肉渣都要再利用。

约吉斯发现，本来牛犊或刚下完牛犊的母牛是不能吃的，但这些牛肉都被用上了。从各州运来的牛，有的受伤了，有的死了，但

锅中有致死的毒物

都在黑暗里被悄悄加工处理，进入冷藏室。在制猪油的地方，夏天热猪肉发出的臭气让人作呕。一位老人每天都站立在化学原料里，没多久他的新靴子就被腐蚀穿透了。芝加哥河的一条支流，由于油脂和化学原料不断排入而成了"多泡溪"，老板用它的污物来提炼油脂，甚至把河上的猪毛洗干净利用。政府检查人员按老板的要求，不让死牛被运到外州。一个医生发现，有结核病的牛肉中含致命的毒胺，要求给这些牛注射煤油，但被停职了。甚至市长都被迫撤销了整个检疫局。肉厂老板每周能从因结核病和霍乱死在列车上的猪中赚到4000美元。

老板用老、弱、病、残的牛做成罐头。有些牛是用啤酒厂的残渣喂的，浑身都是脓肿。这就是市场上知名的"香牛肉"罐头的原料。军队的罐头都是放了多年的老牛肉，蘑菇番茄酱中根本没有蘑菇。他们还把牲口的内脏、肥膘、板油和牛心、牛肉的边角碎料混杂在一起做成各种罐头和火腿。工人称为"粪香火腿"的食品，是用熏牛肉的废料做成的，还用了化学品染色的内脏。火腿和腌牛肉的下脚料，不削皮的土豆，切掉牛舌的牛喉管，别出心裁地掺和在一起，用香料调味，让它变得有滋有味。老板还希望牛得结核病，以增加重量。他们还从杂货店买回变质的黄油，往里面充气氧化去异味，加上牛奶做成黄油卖。甚至工人掉到罐子里，除了骨头都会被作为上等猪油卖出。

在达勒姆公司，肮脏的屠宰台就是炼狱，常年充满臭气。这些工厂生产的东西，熏肠的颜色是化学药品涂上去的，烟熏味也是化学制剂配出来的，而且肠子里灌的还是土豆粉。这种土豆粉是提取过淀粉和酒精后的土豆渣子，其营养价值不比木头高。有时熏肠用患有结核病的猪肉制成，吃了会中毒。腐烂到不能在其他地方使用的肉类，会被做成罐头或香肠。腌肉车间出来的肉是酸的，就用苏打粉去味。用化学制剂可以把任何肉变成想要的颜色、想要的味道。从腐烂的肉里把骨头取出，用热的烙铁捅进肉洞里烙一下，它就变成了一级品。无骨火腿肠是用塞进肠衣的碎猪肉。加利福尼亚火腿是用肉刮干净的、带有大肘节的肩膀肉。去皮火腿是用老猪肉等。烂火腿被切碎，加入半吨别的肉，又变成好肉。欧洲卖不出去的香肠已发霉变色，用硼砂和甘油处理后，倒进大漏斗里，再制成香肠出售。有些肉放在地板上，和废物、锯木屑混在一起，又有工人走过，吐痰，留下结核病菌。放在库房里的肉，脏水从下面流过，还有被毒死的老鼠。烟熏肉的废料、腌牛肉的残渣，和别的七零八碎的东西倒进桶里，每次清理时，倒进大漏斗，和鲜肉一起制成香肠，用硼酸除去异味，用骨胶上色，贴上"特制"的标签，每磅贵2美分。

辛克莱把工人在工厂所受的非法折磨和食品生产过程同时写出来了。但更打动读者的是这些市场上畅销的肉制品的制作，而不是工人的悲惨遭遇。当时的总统老罗斯福在吃早餐时读这本书。他读到香肠的制作过程时还在吃香肠。他把香肠扔出窗外，大叫着"我中毒了"！这本书引发了公众对食品安全和卫生的严重担忧，直接推动了1906年《纯净食品和药物管理法》在议会的通过，并促成了美国食品药品监督管理局（FDA）的成立。

此后有了法规和政府的监管，整体情况有了不少改善，但食物造假的问题并没有彻底解决。在这本书出版近二百年后，还有肉桂卷这样的伪劣食品出现，正说明这一点。看来对食品造假的打击还是任重而道远。

历史塑造企业
——《公司简史》《跌荡一百年》

企业是经济中从事生产的基本单位。企业这个词出现得较晚,但企业这种实体的存在相当早。只要是许多人共同从事一项生产,这个组织就叫企业,无论称它为"作坊""工场""商号""银号""店铺""工厂"或"公司",实质上都是企业。历史上不同时期,不同国家都出现过不同形式的企业。企业采取什么形式取决于历史,包括经济发展水平、政治制度、传统、文化、社会习俗等。从这种意义上说,是不同的历史塑造了不同的企业。从经济社会的发展中认识企业是很有意义的。

一

企业的历史几乎与人类文明同步。许多生产活动是一个人无法完成的,这就需要把若干人组织在一起进行。这种由若干人组成的生产单位,无论有没有名字或用什么名字,它就是企业。狩猎-采集社会中,若干人合作打猎,这应该就是一个企业,如果加上一个现代的名词,就可以称为狩猎公司。良渚制作玉器的作坊,三星堆制作铜器的作坊,都是企业。如果这些共同工作的人是由政府组织在一起的,就是国有企业;如果是由个人组织的,就是私人企业。当时的经济发展水平决定了这些名为企业的生产组织都相当简单,而且极不稳定。一项生产活动完成，企业就不存在了。

在自然经济社会中，一家一户进行耕种的农户也可以成为企业，国家进行宫殿建设、道路建设、水利工程时也会组织一些国有企业。不过这些能称为企业的生产组织并不重要，也没引起人们注意，因此，关于如何组织企业，企业有什么特点，并没有什么研究，也没有留下什么痕迹，甚至连名字也没有。在商品交换相当发达的自然经济社会中，比如古希腊、古罗马、中国的宋代，企业这种组织形式也没有受到重视。

企业变得重要还是在商品经济占了主导地位，进入市场经济之后。这个时期，一切物品都成为交换的商品，社会分工与专业化水平极大提高，生产能力极大发展。通过有组织的企业进行大规模、专业化生产成为主流。生产效率高低成为一个国家和一个企业成败的关键，这时如何组织企业生产才有效率就成为社会广泛关注的焦点，有了各种企业理论。企业理论涉及的问题极多，即使同一问题，包括的理论也是多种多样的。这些理论都出自企业活动的实践，是对成功企业的经验总结，或对失败企业的教训分析，或者是解决企业组织生产活动中所提出的问题。我们当然不可能让大家通过读书了解各种企业理论。我们只是要让大家了解，企业如何随着历史的进程而发展、变化，或者说历史如何塑造了企业。

企业取决于历史首先在于生产力的发达程度。企业的形式与内部结构总是与经济发展水平相适应。当生产力水平低下，商品交换不发达时，家庭就是企业，极其简单，也不需要什么企业理论。当生产力水平大大提高，商品交换主导经济，分工与专业化水平提高后，家庭企业已完全不适合经济需要，这时就出现了各种许多人共有的企业，采用了合伙制、股份制的形式。企业做大之后，就有了辛迪加、康采恩、托拉斯，甚至跨国公司的形式。企业内部的组织架构、激励机制等都与过去不同。企业正是在经济发展的过程中不断发展的。未来数字经济、网络经济时代，企业肯定会有重大变革。如何变革，我们无法准确预期，只能等企业自己适应这种经济的发展。

企业还取决于一个国家的政治制度和主流意识形态。同一个经济发展水平，各国企业也是不同的。这与各国政治制度和主流意识形态相关。在许多专制的国家里，实行计划经济制度，国有企业占主导地位。在民主国家中，尽管都是市场经济，但政府对经济的管制程度不同，国有企业的地位也不同。而且，不同时期影响一国的主流意识形态不同，企业也会不同。在英国，二战后国有化思潮占了主导地位，工党执政实行国有化政策，许多原来的民营企业被国有化，国有企业占的比重大大增加了。但在70年代末以后，国有企业效率低下的缺点日益明显，自由主义又占上风，撒切尔夫人的保守党上台后，又把国有企业私有化，国有企业所占比重大大下降。

即使经济发展水平、政治制度、主流意识形态相同，不同社会的传统文化和社会习俗也会带来不同的企业形式。东方的中国、韩国、日本，欧洲的意大利，更注重家庭与血缘关系，因此，家族企业就相当重要，即使股份化了，也是家族控股的。欧美的英国、德国、美国，家族与血缘关系相当淡化，社会以公民关系为主体，这样企业就走了股份化的道路。

历史塑造企业就是各国不同的经济发展水平、政治制度与主流意识形态、社会习俗塑造了各国不同形式的企业。我们介绍的两本书正是从这个角度来认识企业的。

二

先介绍关于世界企业史的书，是英国记者、曾任《经济学人》杂志总编辑的约翰·米克尔思韦特和英国记者、《经济学人》杂志资深编辑阿德里安·伍尔德里奇合写的《公司简史：一种革新性理念的非凡历程》（朱元庆译，北京大学出版社，2021年）。这本书并不厚，仅10万余字，但以简略的文字通俗地介绍了世界企业的历史。早期的企业可以称为"作坊""工场"或"工厂"，近代以来，企业的主要形式还是公司，所以世界公司史就是世界企业史。

作者在"导言"中指出:"本书探讨了公司发展的历史,指出公司是西方繁荣的基础,世界未来的希望。"作者给出了公司的两种定义。"第一种将其定义为一个从事商业活动的组织",这个定义是广义的公司,"从非正式的亚述人贸易方案到现代杠杆收购的一切活动"。第二个定义更为具体,或者说狭义的公司,"即有限责任股份公司是一个独特的法律实体,由政府赋予一定的共同权利和责任"。这本书的重点在后一种定义的公司。这本书研究世界公司史主要围绕三个主题。"首先,公司的过去往往比现在更精彩"。这里"更精彩"的意思并不是更好,而是有更多风险,更刺激。其次,"总的来说,公司变得更有道德,更加人道,更具社会责任感"。作者强调这与第一个主题相关。这就是说,过去的公司更多是从事冒险活动,因此"公司的早期历史常常充斥着帝国主义的扩张和投机,以及骇人听闻的掠夺甚至屠杀"。现代的公司规范而讲社会道德,由此引出第三个主题,"公司一直是西方最大的竞争优势之一","一群相互竞争的公司足以造就显著的创新型经济"。了解这些就可以读全书了。

全书共八章加一个"结语"。第一到第三章介绍20世纪前公司发展的历史。第四、第五章介绍美国、英国、德国和日本公司的历史与特点。第六至八章介绍20世纪后的公司发展。"结语"是公司未来的展望。

现代意义上的公司是19世纪中叶才出现的,但它的萌芽期十分漫长。作者回顾了公元前3000年以来从苏美尔人和亚述人到近代公司的演变。早期生意人、劫掠者、帝国主义者创造的强大组织就是公司的早期萌芽。苏美尔人创造了使财产所有权合理化的合同雏形。腓尼基人和雅典人把这种模式带到海上,使地中海遍布类似组织。这种模式依赖于法治。罗马包税人组织的社团创造了一些公司法的基本概念。但此后伊斯兰和中国成为商业中心,却未能发展出公司这种组织形式。在罗马人基础上发展起来意大利的商业帝国和北欧的政府特许公司。

16、17世纪出现了特许公司,如英国的东印度公司。这些公司都是架构复杂的实体。特许公司代表政府和商人合力掠夺新世界的财富。这些公司借鉴了中世纪的两个想法：股票可以在公开市场上出售及有限责任，但商业活动主要由合伙的中小企业进行。

公司最早还是在英国形成的。19世纪20年代之后，法律和经济环境发生了综合性变化，现代公司才开始形成。英国当时由于"南海泡沫"的出现而产生了对股份公司的偏见，商人们倾向于合作企业和非法人公司。这时也出现了运河和保险业的股份公司，但都杂乱无章。主要的奴隶贸易和实业都倾向于合伙制，且把有限责任作为一个缺点。公司的发展来自三个领域的变化，即铁路、法律和政府。铁路对资本要求巨大。英国1844年通过了《股份公司法》，1855年通过了《有限责任法》，1856年又通过了有里程碑意义的《股份公司法》。法国和德国也通过了类似的法律。公司也是政治斗争的产物。现代公司正是在这三个因素的推动下逐渐发展起来，并成为企业主要形式的。这是一个漫长而痛苦的过程。

公司在美国的发展迅速而成功。早期的公司从事商业。西尔斯公司拥有股东、不同的经营单位、全国性供应商网络和领取薪酬的职业经理人，成为公认的现代公司管理者。铁路提供了有效管理的范式，对资本的需求造就了证券市场，推动了公司发展。随后制造业实现了一体化公司。公司的强大也有一些负面效应，但有三件事缓和了对公司的反对意见。这就是公司关注政治、参与政治，承担社会责任，以及公司使美国变得更富裕。

英国、德国和日本也通过不同路径来发展公司。英国在20世纪初几乎没有能与美国巨无霸企业相匹敌的公司。这是因为英国对家族企业和个人管理有强烈爱好，以及反对工业资本主义的偏见。尽管如此，公司还是深刻地改变了英国人的生活，推动了工会的发展，改变了人们的工作习惯，为妇女提供了就业机会。而且英国公司比美国公司国际化程度更高。股市推动了公司的发展，自由贸易使公司更强大。

德国在1871年才统一，但大公司让它迅速成为欧洲工业强国。

它与英美不同的是，强调合作而不是竞争，并赋予国家主导地位。1873—1893年的衰退促使公司合并，法本公司就是例子。德国公司受银行的影响大，而且实行两级公司控制体系，重视自己的社会作用。德国的成功还在于对科学和职业教育的重视以及对管理者的尊重。日本与德国有相似之处。明治维新后向西方开放，公司呈爆炸式增长。政府起到重要作用，财阀成功地把家族所有权与精英管理融为一体。

20世纪以后公司在美国的发展标志着管理资本主义的胜利。一战结束时，大公司已成为美国社会中举足轻重的机构，历史上增长最快时期的发动机，政治生活中的主导力量，把美国从一个"岛屿社会"变为同质化的国家社会。这时公司引入了多部门公司的创新，这使大公司专业化，并确立其主导架构，形成管理至上的模式。斯隆作为职业经理人入主通用汽车公司。他的管理基于权力下放，由众多人员管理一套复杂的体系，容易扩展。这种成功的背后是新的管理文化。科斯的《企业的性质》、伯利和米恩斯的《现代公司和私有财产》以及德鲁克的《工业人的未来》推动了公司发展。公司扩大到对美国和世界的"统治"。

80年代之后，全球私有化和放松管制，使得私人公司大举扩张，但也产生了许多问题。规模庞大引起僵化，增长远慢于小公司。对冲基金出现使华尔街成为企业掠夺者。杠杆收购引起垃圾债券诈骗。硅谷的出现改变了公司，它们产品的核心贯彻了小型化，并开创了一种企业形式。公司的扩张引起各种问题，政府监管随之加强。

今天公司的发展就是跨国公司影响巨大。跨国公司能在外国蓬勃发展的唯一原因是，无论是通过正当或非正当手段，它都比当地竞争对手更善于销售其产品和劳务。最早的跨国公司是欧洲的，如银行、东印度公司和铁路。19世纪最后25年，跨国公司挣脱了沉重的工业外壳，并通过扭曲自身来处理政治问题，特别是关税问题。这时，跨国公司与帝国主义密切相关。到20世纪50年代，美国成为全球首屈一指的大型跨国公司领导者。美国的崛起在于它的技术、大规模生产和经营能力。20世纪最后25年，跨国公司数量大增，与小公司一起推动了全球化。20世纪末，跨国公司受到抨击。

公司的未来会如何呢？无论有些人如何反对公司，认为公司扰乱了旧社会秩序，控制了人们日常生活的节奏，但是公司的优势在于不断改变。许多人认为公司有三种未来：少数公司正在控制世界；公司会越来越不重要；单个公司被公司网络取代。作者认为，这三种都不可靠，后两个比第一个合理。现在公司越来越不像公司，分解为更小企业单位。决定公司未来的是政治，即公司与政府的博弈。影响这场博弈的是公司丑闻和社会责任。未来的问题在于社会对公司的影响。现代公司整体上充满活力，但个别公司脆弱不堪，可有可无。

这本书采用了叙述性介绍。从这种介绍中可以看出：第一，公司对一个国家的经济、政治、社会产生了重大影响。第二，公司以上市公司为主，以股东产权得到保护的法律为依据。第三，公司本身在不断发展，如所有权与经营权的分离，从集权式管理向分权式管理，从一国公司到跨国公司、小公司兴起等。第四，政府与公司的关系应该是：既有对公司的支持，又有对公司的监管。

三

中国有悠久的商业史，也有企业，清代晋商还创造了股份制企业。但中国的现代公司是在鸦片战争后出现的。中国有自己的国情与历史，所以中国公司与外国公司存在重大差别。了解中国公司的发展对认识许多公司理论是有益的。

著名财经作家吴晓波先生写的一系列中国企业史的著作有助于我们了解中国企业。这一系列著作包括：《浩荡两千年：中国企业公元前7世纪—1869年》（中信出版社，2012年）；《跌荡一百年：中国企业1870—1977》（上下卷，中信出版社，2009年）；《激荡三十年：中国企业1978—2008》（上下卷，中信出版社，2007年）；《激荡十年，水大鱼大：中国企业：2008—2018》（中信出版集团，2017年）。这一系列著作介绍从公元前7世纪到2018年近三千年的中国企业史，全面而翔实。尽管共6卷近200万字，但写得生动而有趣，让人读来兴趣盎然。不过这篇文章无法完全介绍，我们选了《跌荡一百年》。之所以选这一本是因为，鸦片战争之后才是中国企业发展的关键时期。了解这一时期的中国企业对认识中国历史如何塑造了中国企业有代表意义。

在《跌荡一百年》中，吴晓波写了中国企业与企业家阶层的历史。1870—1949年，中国仍然是一个专制国家，因此国家与资本、政府与企业家的关系是一个独特而重要的问题。通过这段历史的研究，他得出三个结论。第一，"国家政权与市民社会间的辩证关系，始终是中国现代化的中心问题"；第二，"从过去的130年间，也就是从晚清洋务运动至今，中国商业世界的逻辑竟是如此惊人的一致"；第三，"在中国百年的变革史上，企业家阶层曾经最早把自己的命运与国家现代化紧密地结合起来"。读本书时记住这三点有利于我们理解与思考。

上卷包括三部，写1870年洋务运动到1937年抗日战争之前的企业史。

作者指出，"洋务运动，它便是中国近代企业的起源"。不过，中国的现代企业不是传统社会向市场经济过渡中由原来的私人企业发展而来的，而是在原有专制体制下，由政府造就的官办企业，即国有企业。江南制造总局是近代中国第一家新式工厂，也是一家国有企业。在盛宣怀的《轮船招商局章程》中，提出了官督商办的理念，利用民间资金，但仍由官方总其大纲，没有脱离政府的控制。当时的另一类企业是由买办担任中方职业经理人的外资企业，如英商的怡和洋行，美商的旗昌洋行，英商的太古轮船公司。从1882年到1887年，中国第一批股份制企业有36家。官督商办的体制矛盾无可避免，出身商人、买办的唐廷枢、徐润两人企图把官督商办的招商局民营化，但李鸿章不允许。洋务派在实业上不遗余力，而在制度设计上却毫无作为。状元张謇放弃仕途，办了"绅督商办"的大生纱厂，比"官督商办"是一个进步，但它没有大官巨商作为后台，经营颇为困难。1900年以后，江浙一带的民间资本纷纷投入现代民生产业，其中的代表是江苏无锡的荣氏兄弟。当时办企业的官商、买办商、绅商和民商决定了企业的形式，但都与政府关系密切。政府主导成为当时企业的一大特点。

1911年辛亥革命之后，官办的国有企业大多被民营化，轮船招商局股权变革，"完全商股"。袁世凯死后，军阀割据，政府放松了对民营企业的控制。中国民营企业获得了唯一的"黄金年代"。荣家企业迅速发展，1912年到1917年一口气开出九家工厂。各种企业立法工作也得到推进。开始于1914年的实业投资热被认为是由民营资本掀起的第二次工业化浪潮。中国银行抵制北洋政府的停兑令，金融业得到一定的独立。范旭东的化工产业兴起。民营企业勇于与外资竞争，形成自己的组织，抵制日货。

以虞洽卿为代表的上海资本家出于对工人运动的恐惧支持蒋介石。蒋介石政权本质上仍然是一个专制政府，他的上台就是国家主义的回归。以虞洽卿、陈光甫为代表的商人不满政治控制进行抗争，但政府通过彻底瓦解企业家的组织体系和看似无比优惠的公债政策把企业家"绑架"。政府通过发行高利率公债圈进民间资本，没收北洋军阀的"逆产"，利用危机收编民营企业，以及各地政府发展实业，建立了政府控制的国有企业。其间唯一兴起的民营企业是卢作孚的民生轮船公司。1931年东北沦陷，中国经济萧条，民营企业陷入困境。政府入股中国银行和交通银行，控制金融业。

下卷共三部，介绍抗战开始后的1938年到改革开放前的1977年的企业史。1938年上海租界成为"孤岛"，由于国内外需求增加，形成一种短暂的畸形繁荣。上海伪政府控制上海经济之后，绝大部分企业家不与日本人合作，范旭东、刘鸿生等大企业家把工厂迁至大后方，但在蒋氏政府控制下，民营企业艰难维生。各种形式的国有企业迅速膨胀，占到国统区工业资本的近70%。与此相比，解放区政治清明，经济发展。抗战胜利后，国民党接收大员趁机大发横财，国有企业居垄断地位，政府完全控制了金融与经济，官僚资本迅速膨胀。国有资本控制了全国煤的33%，钢铁的90%，石油和有色金属的100%，电力的67%，水泥的45%，纱锭的37%，织布机的60%，完全控制银行和铁路，国家产业资本占全国产业资本的80%以上，强大而垄断的国家资本主义全面形成。民营企业生存困难。币制改革失败，蒋经国企图挽救败局的针对官僚资本的打虎行动失败，蒋家王朝覆灭。

1949年，新中国成立，经济中心上海物价飞涨。这时上海市政府通过银元大战、纱布大战和粮食大战，打击了投机者，稳定了上海与全国经济。通过重建征税制度，重构上海产供销体系，建立了一个严密而广泛的国营计划管理体系，并成功地驱赶了所有外资公司，新中国经济进入稳定发展时期。通过"公私合营"帮助了民营企业，鼓励民营企业发展，又进行"三反""五反"，稳定了政权与经济。在苏联援建的"156项工程"帮助下，建立了作为经济核心的国有企业，工商业全面实行公私合营，农村实现合作化，走上了社会主义经济之路。

1959年以后，中国经济走了一段弯路，但仍有大庆油田、三线建设、南京长江大桥这样的成就。当一切结束后，改革开放掀开了序幕，一个新的时代到来了。这些就是《激荡三十年》中的内容了。

就这一百年而言，中国企业的历史宏大而复杂，但作者抓住了中心，线索清楚，且文笔流畅，写得生动而有趣，每一部分后面的"企业史人物"补充了正文中的内容，为这本书增色不少。

民国时期企业与政府的关系
——《上海资本家与国民政府》《枪炮与货币》

　　企业是一国经济的基础。从世界历史看,企业兴,国家兴;企业衰,国家衰。决定企业兴衰的因素很多,但企业与政府的关系在任何国家都是重要的。没有政府为企业创造一个公平竞争的良好社会秩序,企业无法成功;但政府干预过多,也会使企业失去创新的活力。每个国家的政治制度、历史传统和社会习俗都不同,这就决定了不同国家企业与政府关系的重大差异。中国企业与政府的关系如何呢?我们以民国时期为例来说明这种关系。

一

　　一国政府与企业的关系最根本的还是取决于该国的政治制度。民国时是什么政治制度呢?这要从民国之前说起。
　　自从秦始皇创立中央集权的专制制度以来,中国历朝历代一直延续了这种政治制度。中间虽然有过魏晋南北朝和五代十国时的分裂,也有过汉唐宋某些年代的放松,但基本制度一直未变。明清两代专制制度达到顶峰。推翻清朝的辛亥革命之前,中国并没有出现形成现代民主人权自由思想的文艺复兴和启蒙运动。尽管以后有五四运动,但那时"救亡压倒启蒙",传统意识形态的地位并未改变。思想不变,制度也很难改变。所以,军阀混战时期不用说,1927

年蒋介石执掌全国后,名义上是"民国",实际上仍然继承了历史上的中央集权专制制度。这是民国时期政府与企业关系的制度背景。

这种专制体制下,一切资源和财产都归皇帝所有,所谓"普天之下,莫非王土"就是这个意思。这种制度并没有消灭私有制,仍然有个人财产存在。但没有保护私人财产权的法律制度,即使有也得不到实施。皇帝或代表皇帝的政府可以根据自己的需要用国家暴力占有、侵犯,甚至为所欲为地掠夺私人财产。

企业生存与发展的基础是产权明晰。无论是采用个人所有制、合伙制或股份制的形式,都必须有明确的所有者。产权明晰,个人才能用自己的财产去建立企业,企业所产生的利润才能用于发展企业。如果对这种产权的法律保护缺失,或无法实施,政府可以用暴力去掠夺私人财产,即使有了企业,也很难做大,做强,很难持续百年而不倒。专制体制下,企业发展的最大障碍还是缺乏产权保护。

专制制度下,政府对政治、文化、思想、社会的一切绝对控制,还要以对经济的全面控制为基础。这种控制的主要途径之一是政府用皇家企业或国有企业等形式控制对国计民生至关重要或利润极高的行业。春秋时齐国的妓院,北宋时的官窑,明清时的江南织造局,都是国有企业。春秋时由齐国管仲提出、两汉之后成为一种制度的盐铁专卖,也是政府对经济的直接控制。

由于经济过于庞大、复杂,政府不可能控制一切经济部门与行业,所以专制制度下仍然有私人企业存在与发展的巨大空间。这就是中国商品经济一直发达的基本原因,即使在专制顶峰的明清两代,民营企业和商品经济依然相当发达。但政府担心私人企业做大,甚至富可敌国时成为政府的潜在威胁,因此就要限制它的发展,如真有威胁了,就坚决消灭。明初朱元璋消灭沈万三就是因为他太富了,不仅出资修建南京城墙,还想用自己的财富奖励军队。中国的主流意识形态一直"重农轻商",商人在社会上受歧视,再有钱也不能进入仕途。政府及各级官员对私人企业的管制、压榨,无所不用其极。民营企业的发展受到极大限制,也没有形成一个引领经济前进的企业家阶层。缺乏一批强大的企业和优秀的企业家，也是中国长期贫穷落后的原因之一。

在清代之前，中国是以自给自足的自然经济为主的，生产的基本单位是一家一户的小农家庭。企业的重要性还没有提到议事日程上。进入近代社会之后，工业成为经济发展的发动机，企业就极为重要了。但专制的政府仍然没放弃直接控制经济的国有企业形式。清末洋务运动的失败原因之一正在于企业采取了官办，即国有企业的形式，即使以后官办办不下去了，也仍采用政府直接或间接控制的官督商办的形式。在专制体制放松或专制政府需要时，私人企业也会有相当的发展空间，但总体上仍然是在极为艰难的政治环境中生存与发展。专制政府下私人企业的特色之一是官商勾结，这甚至成为专制下私人企业成功的"自古华山一条路"。他们生存与发展的每一步都离不了政府的"恩准"。不是他们"贱"，要巴结、行贿官员，而是他们认识到，行贿是最低的交易成本。私人企业的历史不是奋斗史，而是苦难史、血泪史。

蒋介石统治下的民国政府本质上是一个专制政府。我们以上分析的企业发展史就是民国时期私人企业困境的写照。但这样分析还是有点抽象，所以，就读两本书来具体地了解民国时期企业与政府的关系。

二

第一本书是美国历史学家帕克斯·M.小科布尔的《上海资本家与国民政府：1927—1937》（蔡静仪译，世界图书出版公司，2015年）。这本书全面介绍了1927年蒋介石上台到1937年抗战全面爆发前，上海企业家与国民政府的关系，说明专制的国民政府如何控制和压榨上海的民营企业，以及这些企业发展之艰难。

这本书的前面有国内财经作家李德林的"推荐序"，作者的"第二版前言"和"序言"。这三篇中要注意的是"序言"。作者在"序言"中介绍了自己写这本书的目的及全书的重点。传统观点认为，南京政府和城市资产阶级的联合共同构成蒋氏政权的基础。南京政府代表的主要是资产阶级的利益，而资本家能对政府起相当大的政治影响。至少在80年代前，这也是中国史学界的主流思想。我们从小学习的历史就告诉我们，蒋介石政权是大资产阶级利益的代表。但作者指出："这两个集团的关系，事实上其特点是政府极力从政治上使城市资本家俯首听命，并从现代经济中榨取利益。南京政府的政策，所关心的是财政收入，而不是资本家的利益或经济的发展。政府的这种作用加深了中国资本主义的软弱地位，并且有利于列强的经济利益。"这是这本书的中心，全书的内容就是蒋氏南京政府如何控制和压榨上海的资本家。全书共分九章。

第一章介绍蒋介石掌权前上海资本家的形成。鸦片战争后，上海逐渐成为中国工业、商业和金融中心。上海资本家成为上海最重要的新阶级。由于租界存在和政府软弱，上海资本家获得了中国企业从未有过的摆脱政治控制的自由，不仅能打破政府的约束，而且还形成越来越重要的政治影响。他们形成摆脱了商会或行会界限的组织。如上海总商会、上海公共租界纳税华人会、上海公共租界各路商界联合会，其中最重要的是上海总商会。资本家通过这些组织在清末民初时起着不断增长的政治作用，但他们缺乏真正的主权政府的有效保护。

第二章介绍上海资本家出于对工人运动蓬勃发展的恐惧与蒋介石合作。蒋介石在上海资本家财力支持和青帮协助下发动"四·一二"政变，掌握了政权。但蒋氏政权上台后由于与武汉政府对立及财政极为困难，借助青帮向资本家施压，甚至用绑架方式获得贷款和发行公债。1927年秋蒋介石辞职后，资本家获得短暂喘息，但1928年年初压力又再次恢复。上海资本家没有把他们的经济势力转化为政治力量，以前摆脱政治，获得自由的局面由于蒋介石的恐怖统治而结束了。

在国民政府中宋子文是关键人物。他毕业于哈佛大学，又是蒋介石的至亲，任国民政府财政部长。与民营企业相关的政策由他制定。本书第三至五章论述他与上海资本家的关系。

北伐军到上海后，宋子文彻底改变了政府对上海资本家的政策。他废除了高压手段，采取和金融界、商业界、实业界头面人物合作的政策，谋求他们在财政和政治上的支持。在财政上，他给予上海资本家有利的认购公债条件，以建立一个名副其实的公债市场。在政治上，他通过组建各类委员会和开会与资本家协商，把他们拉入政治舞台支持自己。这就开启了南京政府与上海资本家的"蜜月期"。南京政府开支巨大，宋子文不得不实行赤字财政政策，这就要靠上海金融家的支持。工商业承受沉重的税收，南京政府也对工商业提供过适当的援助，但并不系统，规模也不大。1927年到1931年间工商业的繁荣还是由于其他各国放弃银本位，而坚持银本位的中国通货贬值引起出口增加。

上海金融家在政府债券上大量投资，使他们与南京政府和宋子文紧紧绑在一起。但1931年秋的政治经济困难，宋子文无法减少开支使预算平衡，公债市场衰落。广州和南京政府的分裂又使上海公债行情暴跌。孙科下台后，宋子文复职，开始整理公债。上海资本家与宋子文联结更紧密了。宋的承诺及他与蒋介石的关系是持债人对整理公债条例唯一的保证。宋子文与蒋介石在政策上存在争执。宋子文认为应该减少军事开支，且以抗日为中心，但蒋介石要增加军费"剿共"。宋子文反对赤字开支失败，并制订抗日经济计划。在亲日势力主张下，蒋介石向日本妥协，宋子文辞职。上海资本家受挫，日本在中国的势力胜利。

第六章分析中国的白银危机和经济萧条，这是以后上海资本家与南京政府关系的背景。1932年，由于前一年长江特大水灾，日本对东北的侵略以及淞沪战争，特别是从1931年起世界白银价格上升，上海金融和经济萧条。这迫使上海资本家不得不向南京政府靠拢，资本家受政府的控制日益加剧。

第七章和第八章分析孔祥熙出任财政部长后上海资本家与南京

政府的关系。孔祥熙尽管和宋子文一样都在美国留学，但两人在个性品格等方面差别甚大。在对上海资本家问题上，宋子文是团结，而孔祥熙并不寻求与他们的政治联合。他支持蒋介石"剿共"并增加开支，赤字大幅度增加。在他的指示下，政府完全控制了上海金融界。孔祥熙最初以政府控制的中央银行吸收公债和资金来应对财政危机，但这并不够。于是他通过"储蓄银行法"迫使银行家购买政府债券，这引起银行家的反对，于是他在1935年实施银行改组。孔祥熙计划让政府控制中国银行和交通银行。两家银行都继续增资，但由政府控制半数以上股份。中国银行政府控股达60%，交通银行也同样。这两家银行董事会商股12人，政府6人。中国银行由宋子文任董事长兼总经理，原总经理张嘉璈为有名无实的第二副总裁，董事长李铭被免职。控制银行的目的在于用它们的资财弥补南京政府的亏空。以后又在四明商业储蓄银行、中国通商银行、中国实业银行钞票不能兑现时进行改组，实现政府控制。1935年11月，政府放弃银本位，发行法币，由中央、中国、交通三行发行法币，以后又扩大到中国农民银行，从此政府控制了金融界。

政府与工商界的关系如何呢？这是第八章的内容。南京政府后几年加强对工商界的控制，手段虽不直接，但间接控制权势很大。许多工商资本家不得不向政府靠拢。1935—1937年，经济萧条，工商业界希望得到政府援助。官方的援助计划由一个半官方机构国货银行来执行。政府控制经济的关键人物是任中国银行董事长的宋子文。他组建中国建设银公司进行扩张，又用中行资产成立了众多半官半私公司。宋子文利用私权增加他本人和亲属的私人投资，到1937年已控制了相当数量的国内企业。中国银行也通过抵押借款占有失去赎买权的工厂和投资，控制了纺织业和其他行业。孔祥熙控制的中央信托局附属于中央银行，是一家政府企业。他的夫人和儿子投资于工商企业，形成孔祥熙集团。蒋介石集团则通过全国资源委员会控制经济。实业部集团也参与控制经济。政府以各种公司办工商业对上海资本家形成极大冲击。政府办的工商业成为官僚资本主义。

第九章"结束语"是全书的总结。国民政府并不代表资产阶级，这个专制政府绝不允许一个强大的政治上有力量的资产阶级存在。他们热衷于压榨聚敛财富，敌视或慢待资本主义企业，悍然利用罪恶分子控制上海资本家。他们的政策很少考虑资本家。国民政府主要是一种依靠武力支撑的"为我"的自主政治力量。这就是全书要证明的中心观点，也是打破传统观点的突破之处。专制政权并不以某一阶级为依靠，也不为某一阶级服务。它依靠的是武力，实现的是"为我"。通过国民政府的所作所为认识这一点，对我们了解专制体系是有意义的。

三

经济的中心是金融。控制了金融，就控制了经济。我们介绍的赵柏田先生的《枪炮与货币：民国金融家沉浮录》（上下册，长江文艺出版社，2019年）全面研究了国民政府与中国银行家之间的关系，说明国民政府如何控制中国的金融体系，以达到控制全国经济的目的。

这本书的书名为《枪炮与货币》。"枪炮"或者说武力是蒋介石国民政府夺取政权与维护专制政权的工具。"货币"是银行家从事金融活动的工具。国民政府用"枪炮"逼迫银行家交出"货币"，以便专制政府控制金融与经济。银行家不得不顺从政府，他们仍力图按银行业的章法运营，想方设法公开或隐藏地对抗政府。但结局总是"货币"打不过"枪炮"，银行家节节败退。这就是民国时期国民政府与银行家之间的关系。

这本书与《上海资本家与国民政府：1927—1937》都是围绕一个主题互相补充的，但它们之间又有一些重要的差别。第一，这两本书的中心不同。前一本书以事件为中心，这本书以人物为中心，所以副标题为"民国金融家沉浮录"。第二，这两本书包括的范围不同。前一本书的内容是包括银行家在内的整个上海资本家，这本书仅仅包括银行家，而不包括工商业资本家。这使这本书以金融业为中心的主线更突出。第三，这两本书包括的时期不同。前一本书从1927年到1937年，仅十年，后一本书从大革命时代到1949年，要长一些。这样，后一本书反映的历史图景更广阔。第四，这两本书的写作风格不同。前一本书是学术研究著作，后一本书为非虚构作品。所以后一本书在写作风格上更活泼、更生动，包括的内容也更多。但这两本书从不同角度来论述同一问题，所以，想了解专制政府如何用武力控制经济，两本书都要读。

在阅读《枪炮与货币》前，先读一下前面的"本事"和后面的"后记"是有帮助的。"本事"中主要介绍作者所依据的重要史料。这说明本书的可信性，也可以作为读者进一步阅读的参考资料。在"本事"中有一段话表明本书的写作风格。作者说："这本书不是小说，不是传记，不是论文，而是事实记述之一种。这一种区别于另一种，在笔法上杂取种种，有人物，有故事，有场景，有命运，亦有数目字和观念之辨析。"这就是国外所说的"非虚构作品"。这种作品体裁为纪实，有可信性，内容丰富，写法又生动，有可读性。对一般读者而言，读之更有兴趣，尽管两大册近50万字，但读起来并不困难。

在"后记"中，作者指出："这本书写的是起始于大革命时期，终结于1949年的银行家的故事，考察的是他们与国家权力的关系。""本书涉及的形成这种关系的两造，一方是国家机器，一方是实业家和银行家们。这些银行家，最初都参与了国家政权的建立。巨商们有些行动，实乃出于对连续多年动荡的嫌恶。他们希望有一个强人出来，早日结束乱局。资本寻求与政权合作，要的是利益的最大化。但这却是一场失败的合作，结果是商业丧失了自己的独立性。尽管商人们富可敌国，但政府一挥动金融统制的长鞭，他们便成了待宰的羔羊，不得不臣服在权威之下。"这两段话是对这本书内容的指南。记住这些话，阅读这本书极为广泛的内容就容易了。

这本书的内容极为丰富，展现了这一段历史，尤其是民国时期错综复杂的局面。不仅写了实业家和金融家，而且涉及这一时期许多重要人物。如对民国时重要政治家黄郛的介绍甚为详细。但我们介绍的重点还是金融家。在众多金融家中,最重要的是陈光甫和张嘉璈。这两个人贯穿了这一段历史,可以作为金融家的代表。他们起初与政府合作和以后不得不屈服于政府的悲哀正是作为"枪炮"与"货币"的代表之间关系的写照。

本书上册为第一部,时间是1927—1935年,与《上海资本家与国民政府:1927—1937》大体为同一时期。

1927年,上海工人运动风起云涌时,以虞洽卿为代表的上海资本家和青帮用货币与暴力支持蒋介石"清党",建立了蒋氏专制的民国政府。虞洽卿组成上海联合会,给蒋介石资金是"枪炮"与"货币"合作之始。商人本意是摆脱工人运动,但却成了专制政权的附庸,成了它的"钱袋子"。蒋氏政权无休止的索取令他们不堪忍受。

大金融家陈光甫是美国宾夕法尼亚大学沃顿商学院毕业生,任"南三行"之一的上海商业储蓄银行总裁。他认识到,以政府为背景,银行就成了政府的"钱袋子"。他决心打造一家完全按商业化规则运营的私人银行,于是开办了这家在上海极为重要的银行,实行一元即可开户的做法,获得成功。当蒋介石北伐急需军费时,陈光甫和另一银行家凑了五十万元送出。蒋介石在上海组建江苏兼上海财政委员会为其发行公债与筹资,任命陈光甫为主任,而且不得辞职。宋子文辞去民国政府财政部长后,筹资的任务全落在陈光甫身上。陈光甫受命发行江海关附税国库券三千万元。他通过虞洽卿的上海商业联合会向各业劝购,自己也与银钱两业打交道。发行不顺,帮派势力介入,甚至用绑票等暴力手段摊派。他悲叹自己成了政府绑架实业家和银行家的一个帮手。

在政府的"枪炮"之下,有"货币"的银行家都由反抗变为驯服。这时另一位大金融家张嘉璈出场了。由大清银行改变而来的中国银行在近代中国银行中实力最强。从日本留学归来的张嘉璈24岁时出任该行最重要的上海分行副总经理。他与陈光甫和浙江地方实业银行总经理李铭为莫逆之交。他们都致力于银行摆脱政府控制的商业化。当时银行界之元老宋汉章曾因不合作被陈其美逮捕,但当北洋政府勒令中、交两行已发行纸币和应付款项一律停止兑现时,中国银行上海分行总经理宋汉章和副总经理张嘉璈联合抵制这个停兑令。他们得到浙江兴业银行董事长叶景葵、常务董事蒋抑卮,浙江实业银行总经理李铭,以及陈光甫的支持,维护了上海金融稳定和银行信誉。段祺瑞组阁后任财长的梁启超任命张嘉璈为中国银行副总裁兼上海分行副总经理,同时成立上海银行公会。北伐时张嘉璈给蒋介石送去三十万大洋。盐业银行总经理、"北四行"(盐业银行、金城银行、中南银行和大陆银行)联营事务处主任吴鼎昌是北方(天津)金融界大佬,亦关心北伐进展。蒋介石进入上海,不断向银行家索要资金。银行家虽有抵制,但在"枪炮"威逼之下,不得不服从于政府。

在纷乱的军阀与国民党内汉宁之争后,蒋氏南京政府成立。宋子文任财长,用借款、推销公债、抽税、捐款等多种强制手段,从银行界和商界筹钱。上海的银行家和实业家被绑上了南京政府的战车。政府甚至借青帮这样的黑势力进行绑架。陈光甫远走汉口。在北伐中,上海金融界出力最多,到1927年年底已达四千万元,但蒋介石还逼他们拿出更多钱。南京政府又成立中央银行,攫取许多普通银行业务,并千方百计地控制其他银行。陈光甫极为不满,张嘉璈也很失望。政府又向中、交两行下手,进行参股控制,张嘉璈离开中行。

下册包括第二、三两部。第二部写1936—1945年,是抗日时期。第三部写1946—1949年,是内战时期,直至蒋氏政权倒台。

陈光甫的上海商业储蓄银行尽管有了发展,但掌握中国银行大权的宋子文企图对各家私营银行各个击破。各行担心自己的命运,企图组织不动产抵押银行以自保,但受阻未果。

中日交战,国民政府越来越倚重美国。有留美背景与人脉的陈光甫走上前台,与之有积怨的宋子文无可奈何。1936年,以陈光甫为团长的中国币制代表团就白银问题与美谈判。经过艰难谈判达成《中美白银协定》,美方承诺购买白银,维持银价。这有利于实行银本位的中国货币稳定。1938年，陈光甫又率团赴美，达成以桐油为抵押借2500万美元的协议。这笔贷款促使美国与中国结盟，其意义不仅是经济上的。以后中国又用锡抵押向美贷款2000万美元。

由于政府官股进入中国银行，张嘉璈认为，自此中行成为政府附庸，毫无独立性，遂离开中行。在拒绝实业部长、驻日大使等职位后，出任铁道部部长。北四行中盐业银行总经理吴鼎昌同时出任实业部长，后又任贵州省主席。张嘉璈想有所作为，但中日战事使他的计划大部分落空。政府迁至重庆后他致力于发展西南交通事业。后张嘉璈辞去部长之职，到美国考察，并研究战后中国经济的复兴计划。他在美国忙于各种活动，为中国经济复兴努力。1945年他曾到英国见凯恩斯，之后回国。

张嘉璈回国后参与了接收东北，苏方企图夺取东北工业基础，中方妥协。到东北接收东北工矿的地质学家张莘夫等八人被杀，激起民众反苏。张嘉璈从东北回来后被任命为中央银行总裁，以应对通胀等经济问题。他努力解决这些问题，但无果，于是辞职。财长王云五等人的币制改革失败。蒋经国扼制官二代发国难财的"打虎行动"也失败。蒋家王朝在大陆失败。

解放军进南京后，张嘉璈离开上海前往香港，后赴澳大利亚专事写作，三年后又赴美任教，1979年去世。陈光甫、吴鼎昌、钱亦铭、李铭、宋汉章等银行家也离开，或逝于香港，或逝于台湾。过去的一代大银行家退出了历史。新的时代开始了。

这本书是赵柏田先生写民国的"中国往事"系列中的一种。其他两种是《民初气象：变乱之年的暴力、阴谋与爱情》，以及《月照青苔：20世纪南方文人生活小史》（长江文艺出版社，2019年）。该系列介绍民国的各种人物与事件，可以作为民国画卷，对了解民国这一段历史是有帮助的。虽然是非虚构作品，但写得跌宕起伏，像小说一般，十分吸引人。

民国时期上海民众的生活
——《上海工人生活研究》《上海社会与文人生活》

英国文豪萧伯纳说,经济学是一门让人幸福的学问。从这种意义上说,经济学研究资源配置与利用,即选择的最终目的还在于提高广大民众的生活水平。一种经济理论和经济政策是否正确,还在于它是否有助于民众生活水平的提高。因此,经济学家关注不同历史时期民众生活水平的状况。

一

一个国家民众的生活水平取决于该国的 GDP,这一点是常识。但正因为是常识,人们就会忽略两个问题。一是重要的不是 GDP 这个总量,而是平均到每个人头上有多少,即人均 GDP。一些历史学家总爱说,康乾盛世中国 GDP 占全球三分之一,以证明"祖上富过"。但别忘了,当时中国有近 4 亿人,平均下来就没多少了。二是 GDP 中包括了什么,也就是 GDP 的结构。如果 GDP 中的大部分都是与民众生活直接相关的,民众生活水平自然高,但如果 GDP 中大部分都用于军工之类与人民生活关系并不大的产品,GDP 再高也没用。当年苏联 GDP 或人均 GDP 都相当高,但都用在国防产品上了,民众生活水平相当低,这才有以后的苏联解体。GDP 与民众的生活有多少关系,还要具体分析。

那么，根据人均 GDP 来判断一国民众的生活水平就靠谱吗？民众能用在生活上的，并不是人均 GDP，而是人均可支配收入。人均 GDP 与人均可支配收入差距还不小，除了折旧之类的扣除，还取决于政府向民众征收的税有多少，以及给了人民多少福利补贴。

说到"人均"，这也是一种误导。人均是每个人都相同。实际上在任何社会中都存在程度不同的收入差距。讲平均是没有意义的。你有 100 万元，我有 1 万元，我们人均收入为 50.5 万元，这个平均数对我有意义吗？两个社会人均收入都相同，收入较为平均的社会民众的生活肯定比收入不平均的社会好。

民众的生活还取决于收入以外的其他因素，如社会秩序、环境状况、社会习俗与文化等。分析这些与民众生活相关的因素是一门学问。我们不想探究这门学问，只想直观地用实际资料来了解不同时期民众的生活。要了解不同时期、不同地方的民众生活，当然也太复杂了，这篇文章介绍的书，时间上限定于民国时期，地点上限定于上海。为什么这样选择？

民国是中国进入现代化社会的转型阶段。民国之前，中国是中央集权的专制社会，经济上是各家自给自足的自然经济。民国之后是性质完全不同的社会主义社会。民国正是中国向现代社会转型的阶段，这一阶段对我们认识中国历史的发展极为重要。另一个原因是，这一阶段离现在并不远，且那时各种媒体相对发达，留下的各种资料丰富而可信。尤其是 80 年代之后，加强了对民国时期历史的研究，整理了许多资料，也出版了不少优秀的专著，给我们了解这一时期的民众生活提供了极大的方便。

在地区上，我们选择上海也有两点原因。一是民国时期，上海是中国的经济中心，是中国工业化的发源地，也是市场经济最发达的地区。这并不是说，上海可以作为整个中国的代表，但上海经济的许多特点体现了经济转型的特点。这对我们认识中国转型的特点是有意义的。同时，上海又是一个极为复杂的社会，现代社会的各个阶层已经形成。外资的进入使上海形成一个买办阶层。工业化发展，工人成为城市人口主体，还出现不同层次的白领管理人员。经济的发达又促进了文化发展，这就出现了一个靠自己的智力为生的文人阶层。上海三教九流的人都有，中国没有一个城市有这样多样化的现代社会各阶层。总之，上海是研究民国时期历史最值得关注的城市。二是上海当时出版业、媒体业最发达，也是文人学者最集中的地方，这就留下了研究那一时期丰富的资料和研究成果，为今天的研究和介绍提供了便利的条件。而且80年代后对民国历史的研究也集中在上海的研究上。上海民众的生活反映了上海的经济和社会生活，从上海民众的生活认识民国的上海和中国是极有意义的。

上海也分为不同的社会阶层，研究上海民众的生活应该包括上海各个阶层的生活，但我们只选择了工人和文人这两个阶层。上海工业发达，工人是上海城市居民的主体，从他们的生活可以看出上海一般居民的生活，当然不可或缺。文人是各类知识分子。知识分子严格来说还不是一个独立的阶层，资产阶级、企业高管有许多都是知识分子。我们所说的知识分子指靠自己的智力从事各种自由职业的人，其中主要是以写作为生的文人。当时只有在上海，他们人数众多，才可以作为一个特殊的社会阶层被研究。这两个社会阶层在上海有独特的意义，成为我们了解的对象。

二

介绍上海工人生活状况的书是宋钻友、张秀莉、张生三位先生合著的《上海工人生活研究（1843—1949）》（上海辞书出版社，2011年）。

这本书的"引言"是对全书内容的概括，读它可以抓住全书的纲，纲举目张，再读全书就容易抓住重点了。"引言"中"厂区"介绍上海五个工业区和行业的分布；"工人生活要素概述"是这本书的主要内容之一，说明他们生活状况的恶劣；"劳资冲突及其调解处"介绍工人的斗争及相关的补救措施；"研究综述"介绍国内外学术界关于上海工人状况的研究，既是作者研究的依据，也为我们深入了解这一问题提供了帮助。全书分为三篇。上篇介绍上海工人人数、行业及生活基本状况。中篇介绍工人中的弱势群体——女工和童工的社会生活。下篇介绍工人运动，包括工人组织、社会公益团体对工人生活的影响。

上篇包括四章，介绍上海工人阶级的形成与发展，农民如何转化为上海工人，上海工人的规模、分布与行业分层，以及决定生活状况的工作时间、工资与福利。

上海工人阶级的形成是在上海开埠之后。先是外资在沪企业的工人，后是民族资本企业的工人。它仍主要集中于纺织、缫丝、面粉、化工、卷烟、轮船修造等行业。到1949年前，上海工人有122.5万，占全市人口的25%。他们主要来源于上海本地和邻省地区的贫困破产农民，以及原来上海的手工业者和城市居民。据1926年调查，本地人占35%，近乡人占25%，外省人占40%。他们通过工头招工的私人途径、正式的招考与聘用，以及当临时工和包身工这四条途径成为上海工人。他们主要集中在纺织、缫丝和烟草行业，占工人的70%以上，年龄在15—35岁之间。到1934年，技术工人占25%左右，总体上有20%—30%的工人有一定文化。

工人之间工作条件与生活水平差别相当大。从工作时间来看，通常在12小时以上，低于10小时的很少，有的长达13小时，甚至15、16小时。全年劳动时间普遍在303—308日，最短为293—297日，最长为360日。一战前，名义工资为每日0.19—0.28元，略高于全国平均水平。1927—1936年，日工资为0.5—0.6元。抗战时期，维持生活的收入应为每月42.31元。女工的平均收入低于这个水平，需要家庭其他人的收入。就实际工资而言，1927—1936年有一定提高。工人生活费用中，食物占一半以上，衣服占20%。住在工厂所建的房屋中，或租赁房屋，条件都相当差。工人娱乐极少，偶尔看电影或看戏，也存在抽烟、喝酒、赌博等不良习惯。劳工及子女教育靠政府、民间团体和工厂企业。医疗保健由工人自己承担。有消费合作社，加入者相当多。从以上看出，上海工人总体生活状况相当悲惨，远不如同期西方国家工人的状况。

中篇介绍工人中弱势群体女工与童工的生活状况，共包括五章。

上海女工主要分布在缫丝、纺织、卷烟、火柴、食品等行业。这些行业工作条件与环境都极其恶劣。资方为节约成本，根本不考虑改善工作环境，丝厂和纱厂工作时间通常为12小时，还常常加班。女工还面临苛刻的管理，甚至肉体和精神上的折磨。上海女工在缫丝、纺织、卷烟等行业占绝对数量优势，但收入和待遇上绝对处于劣势。男女同工，但女工的收入仅为男工的60%，甚至更低。女工生活极为困难，连一日三餐都无法保证，甚至只能边工作边吃饭。住的地方非常拥挤、污秽，甚至只能住在草棚。衣服在开支中占的比例很小，许多女工与母亲穿同一件衣服。其他开支更少。女工的婚姻以买卖婚姻为主。生育无产假，这会导致各种妇科病。女工患职业病的也很多。包身工的生活更悲惨，正如夏衍先生《包身工》中所描述的。面对种种苦难，女工也有自发的或有组织的斗争。童工的出现与中国社会的贫困和义务教育缺失相关。丝厂的童工工作时间为12小时，工作条件极差，经常被虐待和欺压。纱厂童工比例高，收入低，受伤多。烟厂的童工还要忍受污染。社会对女工和童工的遭遇都相当同情，但无能为力。

下篇介绍工人中的工会、帮会与社会公益团体对工人生活状况的影响，包括三章。

上海的现代工会在20世纪前十年并未问世。1925年的五卅运动推动了工会的发展。1927年"四·一二"之后，工会受到沉重打击。经过整顿，上海有产业工会4个，职业工会37个，比以前大大减少。1931年"九·一八"事变和1932年"一·二八"事变之后，成立了在上海市党部备案的上海市总工会。到1939年，该会辖管的各行业工会合107个。上海工会形形色色，从政治倾向及与执政党的关系来看，可分为赤色工会和黄色工会。赤色工会信奉阶级斗争理论，接受中国共产党的领导。黄色工会有两个特点：一是政治上接受国民党党纲和三民主义，奉行"阶级调和，劳资合作，反对阶级斗争"；二是工会的活动接受资方的经济补助，例如，上海邮务工会、华成烟厂工会等。

帮会是近代上海势力最大的利益集团之一，其成员遍及各行业。上海工人中，有20%的人或加入帮会，或与帮会势力有联系。工人或正式加入帮会组织，或通过拜老头子投靠帮会势力。这些帮会分为青帮和洪帮，其中杜月笙的青帮在上海工人中势力最大。此外就是陆京士、朱学范的上海邮务工会。上海码头、港口是帮会势力较为集中的地方。

上海工人中还有一些社会公益团体。如人力车夫互助会，提供互助事业、教育事业，设立沐浴堂、经济食堂、饮茶室、书报室、游艺室、诊疗所，以及纠纷调解处、代笔处、问事处等，向人力车夫提供帮助。还有浦东劳工新村、沪西公社、沪东公社。这些公益团体对缓解工人的困难起到了一定作用。

在"结语"中，作者根据以上资料和分析得出三点重要结论。

第一，上海工人的生活呈现出复杂的状况。不同行业的工人在劳动时间、工作环境和收入等方面有较大差别。技术工人，如外资企业的高级蓝领一般收入较高，劳动时间也短。邮局及交通部门工人的待遇也好于其他部门。但这些部门工人相当少。因此，总体上工人的生活状况相当差。

第二，上海工人的苦难生活成为工潮迭起的基本原因。1921年中国共产党成立后，上海工人运动进入新阶段，这迫使国民党政府不得不通过频频立法来改善工人的状况，例如《工厂法》《工会法》《合作法》等。尽管并没有完全落实，但还是有作用的。

第三，上海是中国现代化程度最高的城市。尽管工人长期挣扎在贫困线上，但仍然受到现代文明的熏陶，接受了一些现代文明的观念，受到城市化生活方式的影响。

三

民国时期的上海不仅是中国经济的中心，而且也是中国文化的中心。上海有大量学校、出版社、报刊社和各种文艺团体，为各类文人提供了广阔的施展才华的舞台。来自各地的文人，著名的、无名的、革命的、反革命的、右翼的、左翼的，甚至无聊下流的，都在上海这个文化大舞台上表演，求生存，求发展。叶中强先生的《上海社会与文人生活（1843—1945）》（上海辞书出版社，2010年）正是介绍各种文人生活状况的。

文人是个极为广泛的概念，凡"知书能文者"，无论从事什么工作都可列入文人之列，但这本书所写实际上是专业作家。作者在"引言"中指出："本书所叙文人，主要指一批身历近代上海城市社会发展，参与或影响了近代中国文学史建构的作家或文化人。"他们从鸦片战争后分四个时期进入上海，这里发达的出版业和租界的存在为他们提供了生存发展的空间。全书共分十三章，按不同时期介绍上海滩的这些文人。

第一章和第二章聚焦于19世纪40年代到60年代或因仕途不畅，或因躲避战乱来上海的政客，以及因职业而进入上海的江浙文人。这一时期是1843年11月27日上海开埠以来，开放与城市空间扩大的过程，也是各方来的文人生活、思想形成的历史环境。

最早进入上海的王韬在《王韬日记》中记述了晚清上海的城市空间从老城厢向四马路进而大马路的发展过程，这决定了他以"邑城"为中心的上海视野。韩邦庆的《海上花列传》给了一幅当时的上海城市地图，马路、马车和名妓院成为新景点，展现它的开放容异之仪。四马路上的茶楼、酒楼和青楼是文人缔结关系的网络，也是重构文人社群的重要载体。张园的开放性与社会性是上海政治生态的缩影。

民国时期，航运、金融业的迅速发展引起城市空间扩大及社会生活变化。文人李伯元办报，先施等四大商业公司出现，电影院等新娱乐形式风行，构成了新的城市空间，与传统士大夫的空间不同。西风东渐，日益开放，形成了多样化文化与中西融合的文化特点。新时代文人代替了传统士大夫文人。

文人的生存与转型还取决于经济基础。第三章和第四章分析了稿酬制度使文人职业化，他们有了广阔的职业空间，在多方面显露身手。

近代稿酬制度的形成使文人可以不靠当官或经营工商业而生存，这就有了职业化的文人阶层。传统社会文人撰文或自娱自乐或有"润笔"与"润格"，但都无法成为稳定的收入来源。近代稿酬制度包括稿费、版权和版税。这就为文人提供了稳定的经济保证，使他们成为独立的、以撰文为生的人。从《申报》的"觅书"，到《新小说》的纪文启，都是稿酬的制度化。王韬登报谴责自己的《淞隐漫录》被盗版，李伯元的版权诉讼体现了文人对自己经济利益的保护。众多的报刊、出版社提供了这种经济保证。文人的职业空间扩大，新一代文人或厕身于报刊书局，或在各行业谋职，或成为职业写手，或译介外国作品，或结缘于电影。文人有了这个广阔的职业空间，新一代文人阶层形成了。

文人的收入如何呢？第五章和第六章介绍了一些案例。最早进入上海的王韬在英租界墨海书馆工作，与他人合作译书，并撰写介绍西方文化的文章。他当时的年薪为200两银子，并不低于同类文人，但他常去茶楼啜茗，酒楼畅饮，青楼访艳，生活并不宽裕。晚年他有担任格致书院山长的收入、挂名于洋务机构支取干薪、受雇于报馆的收入、为报纸撰稿收入、开设书局的收入，来源颇杂。包天笑当时是鸳鸯蝴蝶派的领军人物，在《时报》馆每月80元收入，写小说、编杂志的收入两倍于此。胡适在赴美留学前、父亲去世后已自立。1926年胡适从北大辞职后以教学、稿费、演讲、公职收入为生，不用为经济担忧。鲁迅在沪期间，有大学院的补助，版税收入以及稿费的收入，1927—1936年间，月均收入为685.7元。这在当时是相当高的收入，在同一时期，清华教授的月薪仅为450元。

上海文人的文化生活如何呢？第七章介绍他们的社交活动。清末的文人以血缘、地缘和政缘结成各种圈子，形成文化交流和精神互慰。比如清末民初的海上文社、南社、遗老文社及《青鹤》杂志、超社、淞社。他们也在开放的私人园林中形成公共空间，如景园、丰淞园、弦园。他们的聚会点有《时报》馆的息楼，大世界的寿石山房，慈安里的钻楼，日本人开的内山书店、新雅茶店，新雅大酒店东厅，以及双双咖啡馆等。第八章介绍文人的冶游。冶游就是寻花问柳，并玩传统的投壶，以及评花榜。从这些冶游活动中产生了青楼文学。

民国时上海繁荣的出版业既提供了文人与市场的交融，为文人提供了生存空间，也促进了新文学的诞生。第九章介绍了创造社与新月派的诞生。泰东书局成为创造社的摇篮。成仿吾和郭沫若从日本回国后，泰东老板仅为他们提供食宿和往来日本的差旅费，时或给些零钱，收入并无保证，但他们仍在泰东创办了《创造》季刊。尽管泰东在经济上给的收入不稳定，但作为一个小出版社为创造社开辟了一个得以迅速崛起的自由发表空间，使"创造"理想得以践行，创造社因此仍与泰东合作。上海商务印书馆是文学研究会的发祥地。新月书店和《新月》杂志成为游离于国家知识体系的自由主义新月派的基地。上海成为各文学流派的基地，中国新文化的中心。

上海也为那些处于边缘、贫困的文学青年提供了开拓、提升的空间。第十章的"亭子间作家"正是指这些人。"亭子间"是外地来沪文学青年的第一步，也是他们由边缘走向中心的开始。以后的文化名人，如丁玲、叶灵凤、周立波、谢冰莹、徐懋庸、草明、萧军等都从这里起步。书中用郁达夫的生活日程表说明了他们当时的生存状态。

上海是中西文化融合之地，20世纪20年代末的上海现代派正是其代表，第十一章介绍现代派的状况。1923年秋，现代派的"三剑客"施蛰存、刘呐鸥、戴望舒进入上海，此后他们创办了《现代》杂志。刘呐鸥等人创办《无轨列车》和《新文艺》杂志，现代派形成。1923年日本的关东大地震促进了日本现代主义流派新感觉派的诞生，中国的现代派深受他们影响。这是由于现代主义所表现的时空意识和感觉特征与文学家在上海的现代性经验不谋而合。他们的家庭生活都在小康之上，虽然仍住亭子间，但生活相当宽裕，与前一类亭子间作家不同。

第十二章和第十三章是两个不同特色的文人沈从文和张爱玲的个例。沈从文来自湘西乡下，从北京进入上海，从与都市对峙的立场，抨击都市里的绅士阶级和知识阶级，并构建了一个城乡对比的模式。他挑起了京派与海派的论战，他本人实际上是京派与海派的合流。才女张爱玲是大家族的名门闺秀，后成为上海的中产阶级。她的作品反映了居上海其中又与之隔离的生活形态与心理感受，以其优美的文笔和独特的超然状态成为一代名家。

最后的"尾声：一座城市的倾覆与记忆（代结语）"说明20世纪40年代，上海作为文化社会中心的政治生态已经改变，代之而起的是一个多元、开放、富有活力，能融合、整合各种文化的市民社会。但对它过去的辉煌，人们永远不会忘记。

我们选择这个题目和这两本书目的之一是向大家推荐上海社会科学院院长熊月之先生主编，上海辞书出版社出版的"上海城市社会生活史"丛书。这套书共出了两批，包括26种27本书。除了《非常与正常：上海"文革"时期的社会生活》外，都以民国时代的上海为主。我购买并阅读了其中的20种，深感这是一套值得推荐的好书。

首先，民国时的上海是中国经济文化的中心，又是最开放、最现代化的城市。研究民国时的上海对认识中国近代史、寻找中国开放的源头极为重要。这套书对民国时的上海进行了相当全面的介绍，内容包括政治、经济、文化，以及包括外国侨民在内的各阶层人的生活状态。据我所知，如此全面介绍民国时上海的，这是第一套书。

其次，这套书由上海众多学者执笔。不仅资料丰富、充实，而且也有许多发人深省的新观点。如对上海租界形成、买办资产阶级在历史上的地位，对黄色工会的分析等，都让人耳目一新，对当时在上海的犹太人、日侨、俄侨的介绍与分析都给人新的视野。

最后，这套书虽属于学术研究的范围，但总体写得通俗而有趣。用事实说话，分析独特，让你漫游于旧上海之中而不觉得学术书之枯燥与教条。每一本都有极强的可读性，既为研究者深入研究提供了基础和思路，又让一般读者可以重新认识民国上海。我常为没有买全、通读全部丛书而遗憾，可惜当我觉得它好时已经买不全了。

读了这套书，我想，中国的整体是由一座座城市、一个个地方组成的。如果每个城市、每个地方都有这样的丛书，我们对整个国家历史现状的认识不就更深入了吗？我期望着这样的优秀丛书不断出现。

商业名门望族：中国

——《儒商常家》《江南席家》

中国明清两代是商帮形成和最活跃的时代。这些商帮由一个个家族企业组成。可以说，商帮当年是商业活动的主体，家族企业就是商帮的细胞。研究各个商帮的家族企业历史，对了解当时的商业活动和经济状况是十分重要的。从细胞入手才能认识整体。本文介绍的两本书正是关于晋商和洞庭商中的两个影响甚大的名门望族的。

一

家族史的研究是一门大学问，国外称为谱牒学，著作车载斗量，涉及的家族也相当多，种类相当广泛。中国的家族史研究，我读的两本写得相当好的是萧华荣先生的《华丽家族：两晋南朝陈郡谢氏传奇》（三联书店，1994年）和《簪缨世家：两晋南朝琅邪王氏传奇》（三联书店，1995年）。这两个家族是中国历史上最有名的家族，留下了大量资料，书写得很成功。

但其他大家族就没有这么幸运了。本来中国的许多家族，甚至几乎不为人知的家族，都有家谱，知名的还留下了日记、信函、笔记之类的资料。但由于中国历史上的多次战争、内乱，都被毁了。太平天国就毁了许多江南大家族的资料。或者由于后世子孙不肖，不知保护这些资料，甚至把祖上留下的各种资料作为废物处理。各种正史中留下来的家族资料十分有限。各种笔记类小说稗史留下的传说,真真假假,道听途说者多,相当不可信。家族史资料的缺乏是我们这方面研究严重不足的一个重要原因。

  还有一个重要原因是思想上对这种研究的忽视。在历史上中国关于家族史研究的著作不多,有些家族为了"谦虚低调",不研究自己的家族史,甚至也不为别人研究提供方便。尤其是中国的观念上重视"能载舟,亦能覆舟"的"民",但这是一个抽象的概念,并没有看到组成社会的一个个具体的、活生生的个人。写历史时也只注意"民"如何如何,而忽视了组成"民"的个人和家族。

  我一直认为家族史的研究极为重要。家族是一个社会的细胞,不了解一个个的家族,如何能透彻地认识一个社会?特别要强调的是,值得研究的家族都是在历史上有过一定影响的大家族,即我们所说的名门望族。这些家族的成员都是当时社会精英中的精英,社会金字塔顶尖上的人物。这些家族的活动、兴亡与一个时代息息相关,从而构成了当时的历史。只有了解这些大家族才能通晓当时的社会。不了解谢、王两家,我们如何能知晓两晋和南朝的历史?

  特别从文化上看,这些大家族也是文化的创造者和传承者。从一方面看,物质财富是文化财富的基础。一个社会经济落后,文化必然落后;一个家族经济上贫穷,文化上也缺失。从另一方面看,仅仅有钱,当了大官,只能称为暴发户,至多二世而亡。只有在富足、有社会地位的基础上用文化来武装自己,这个家族才能成为名门望族,才能一代一代传下去。中国文化强调"耕读传家","耕"是有经济基础,"读"就是有文化。"读"可以创造文化,也可以传承文化。一个社会的文化正是在一代一代人的"读"中创造出来、传承下去的。

  从商业的角度看,研究名门望族更重要。在传统社会中,企业的基本甚至唯一形式是家族企业。即使采用了股份制也与当代的股份制完全不同,是以家族为骨干的。股份或者是家族划分财产的形式,或者仅仅为了吸收他人投资入股。大的家族企业下属企业众多,类似现在一个大企业集团，但仍然为一个家族牢牢控制。

任何社会中，经营企业或经商成功，都取决于物质资本、人力资本和社会资本。在现代社会，这些条件可以通过不同方式实现。但在传统社会中，这些只能通过家族内部实现。物质资本主要靠家族内部积累。一代人由于各种机遇白手起家，积累了一定量的资本，或用原有的土地之类资源创造的财富经商，或用做官的积蓄或受贿所得经商。这些都属于自有资本。成功后在经商过程中通过内部积累而不断把家族企业做大。数代人经商成功才有了那些历史上商业名门望族。当时并没有商学院、MBA、EMBA之类教育，人力资本的形成与积累还靠家族内老一代人对下一代人的经验传授。经验不断丰富，人力资本就在家族内增加了。家族的代际传授是人力资本增加的最有效途径。社会资本是一种社会关系网。家族是这个关系网的中心。一个家族通过家族人员扩大姻亲关系、师生朋友关系等各种血缘与非血缘关系形成一个广泛而稳定的社会关系网，这就是经商成功的社会资本。离开了家族成功，哪有经商成功。一个人可以白手起家成功，但要持续下去，不断做大，还要靠一个家族。

中国历史上的传统是轻商的，商人即使再富裕，也没有什么地位。商人进不了正史记载。我知道的仅有《清史稿》中有一篇晋商大家范毓馪的传记。而且他入正史并不是由于经商成功，是由于在康熙平定准噶尔时运粮有功。《清稗类钞》之类笔记中有一些商业家族、商人活动的记载，但过于零散，且可信度也值得怀疑。不少商业名门望族是有相当完整的家谱或其他文字资料的，不过经过多年战争或内乱，完整流传下来的并不多。80年代之后，仍有不少学者努力收集资料，研究商业家族，并写出了相当有水平的研究成果。我们本文中介绍的两本书就是这种成果。

二

第一本书是关于晋商常家的。这就是程光、梅生的《儒商常家》

(山西经济出版社，2004年)。

  我选常家和这本书有两个理由。一是常家在晋商中具有代表性。一说到晋商，大家就会想到乔家。关于乔家及其代表人物乔致庸已有许多虚构或非虚构的著作。尤其是电视剧《乔家大院》及同名小说在社会上影响甚大，许多人都是从乔家知道晋商，用乔家来概括晋商。其实这里有许多误解。晋商中最大最富的不是乔家，而是太谷的曹家。在晋商顶尖级的商家中，有乔家，更应有常家。在19世纪，常家被称为北方最大的对外贸易家族。他们对外蒙古、俄罗斯的茶叶贸易在晋商中首屈一指。在外蒙古、俄罗斯有多家商号、票号，影响极大。还有一点更重要的是，晋商重视文化传承。常家是晋商中最有文化的家族。乔家的知名度高还在于乔家大院的旅游业。其实常家庄园一点也不逊色，而且更充满文化气息。用常家来代表晋商也不比乔家差。

  二是常家保留下来的资料更充分，也更可靠。常家的家谱是《常氏家乘》，这部家谱详细记载了大量关于常家各方面的资料，而且完整地保留到今天。这是十分难得的。作者根据《常氏家乘》和其他资料写成的这本书就是严肃而可靠的，是非虚构作品，值得一读。

  本书共分为三部分。"晋商常家"写常家在经商，尤其是对外蒙古、俄罗斯茶叶贸易中成功的经历。这是常家作为商业名门望族的基础。"书香门第"写常家在文化上的传承与成就，这是常家作为商业名门望族的必要条件。没有文化，再富有也不能称为名门望族。"今日常家"写常家人在今天的状况。一个名门望族，即使时代变了，也会有许多优秀的传统保留下来，发扬光大。最后的"附录"，包括常家五百年纪事，对这个家族的发展做一个梳理。"参考资料"有利于读者进一步了解常家时用。从全书看，重点在前两部分，我们的介绍也以这两部分为主。

  我们介绍的常家是山西省晋中市榆次区车辋村的常氏。常家有悠久的历史，移民到这里的第一代始祖为常仲林。《常氏家乘》记载，他是一个牧羊人。看来常家和其他名门望族一样，也是白手起家，从贫困走向富裕的。第三代人建了作为家族基地的院子。明末清初的第七代常进麟已经在大同、繁峙、张家口、多伦诺尔、光化镇、苏州等地经商，以布匹生意为主。第八代常威在张家口开设了"常布铺"，经营当时有名的"榆次大布"。他成功后与子孙在山西、北京、天津、外蒙的库伦（今天蒙古首都乌兰巴托）经商。张家口为常家的发祥之地，以后常家的一支就移居这里。18世纪中期，中俄签订了《恰克图条约》，开放贸易，位处中俄边境（今日是蒙俄边境）的恰克图城成为中俄贸易的中心。当时的中俄贸易主要是中国出口茶叶和其他产品，进口皮毛、小麦等。以后以茶叶贸易为主，恰克图成为中俄贸易的茶市。这种贸易由晋商垄断。在恰克图的著名茶叶商号中，大升玉、大泉玉、独慎玉都是常家的。

常家和其他晋商家族开拓了茶叶之路。他们在福建武夷山以"仓买"的形式买卜茶叶，并加工成蒙俄人民饮用的茶砖。他们控制了茶山和茶厂，在离武夷山4公里的下梅村形成了"梅茶市"。加工好的茶砖经崇安、江西铅山河口镇，进入武汉。武汉的山陕会馆募资时，常家在此12家商号捐资占总数的7%，可见常家在武汉之实力。茶砖由武汉经汉水和中原陆路进入山西晋中，再运往张家口。从张家口由驼帮运往外蒙古、俄罗斯莫斯科。这就是著名的陆上茶叶之路，与海上丝绸之路一样成为中外交往的大通道。

在这条茶叶之路上，常家是最大的商家。生活在康雍乾时代的常万玘是北上库伦的开拓者，又是常家进入恰克图城的第一人。常氏兄弟分家后，常万玘设立"世茶堂"。他这一门住车辋村南，故称"南常"。"世茶堂"先后开设"大德川"等十家商号，称为"十大德"。以后"南常"的商号和票号遍及全国14个省及外蒙古、俄罗斯多地。

住在村北的"北常"始祖为常万玘的兄弟常万达。他曾参加乾隆皇帝的"千叟宴"，并被诰赠"武功将军"，可见当时已有相当多的财富和社会地位。他们的另一位兄弟常万旺移居张家口。"北常"设"大升玉"等十家商号，称为"十大玉"。"北常"人丁兴旺，其子孙辈称"三怀十秉"。他们把常家的商业推向顶峰。

"南常"和"北常"在清代出了许多商界重要人物。在张家口的常万旺家族经商也很成功，在同光年间已成为当地著名的"常财主"。他们在从事商业的同时也进入金融界，创办账局、票号和钱庄。常家经商致富后从康熙初年开始建院，经过一百多年形成常家的两条街。"北常"人丁兴旺，共建19个大院，每个院1500平方米左右，且建筑既有北方的宏伟气势，又有南方园林的绮丽灵秀，透出书香门第的古雅淡泊。"南常""北常"都有法帖碑廊，"南常"名为"听雨楼法帖"，"北常"名为"石芸轩法帖"。

19世纪后期，常家开始衰落。常家最繁荣时，从恰克图出口的茶叶中有四分之一是常家的。在外贸总额中，常家居于首位。19世纪后期，由于西伯利亚铁路的开通，俄商的不公平竞争，晋商茶叶外贸总体衰落了。19世纪末，常家的商业受到重创，向纺织业和轻工业转移并不成功。辛亥革命后，常家和其他晋商一样走向了衰亡。

山西人信奉"学而优则贾"，但深受儒家文化的熏陶，以"儒商"自居。常家以"仁"与"和"为经商原则，正确处理"义"与"利"的关系，"以义制利"，又以诚信为处世经商之本，奉行"天行健"与"满招损"的原则，处处显示出儒商的本色。

作为名门望族仅有钱是不行的，还必须有文化。历史上有少数家族是先有文化再去经商的。如徽商中的一些家族，移居徽州之前就是有文化的大家族。移居徽州后，这里的自然条件不适合像原来一样务农，遂走上经商之路。但大多数白手起家的家族是先经商富起来，后来才有文化的。晋商中的许多家族都是这种情况。

常家经商成功后，从第七代就重视文化，以后各代都读过书。他们在经商以及与上层官员交往中，编织自己的社会关系网，深感文化对商业成功和为人处世的重要性，极为重视对子女的教育。第十世"怀"字辈兄弟五人中，最少有四人在文化上超过前辈。从第十到第十一代，他们已有巨额财富，各家开始办家馆，聘请有名的举人或拔贡为子孙授课。光绪年间，常氏各门已有私塾17所，这远远多于其他晋商大家族。从第十二世起，常家子弟显示出相当高的文化素养。从咸丰到光绪，常家子弟考取进士、举人、拔贡、秀才和成为监生、贡生者176人，入仕者132人，占当时常家成年男性三分之二以上，这非晋商中其他家族可比。他们家族中也出了不少当地知名的文化人，如第十二世常龄是著名的儒医。第十三代38人，学业成就更出色，如常立德、常立爱为著名书法家，常立教曾参与"公车上书"。第十四世常望春组建"鞾华诗社"，该校成员进士1人，举人4人，各类贡生15人，都为常氏子弟，也都是山西文化名人。常家还开创家族女子教育，办常氏私立笃初学堂。1920—1934年，从省立第一女子师范学校毕业的常氏女子有10名。常家子弟们编写了《常氏家乘》。第十四世还出了文坛大师常麟书、国学名家常赞春和书法大师常旭春。他们在院中立"石芸轩法帖"和"听雨楼法帖"。在初笃小学之后设常氏中学堂，并把面向家族的女私塾改为面对社会的"知耻女子学堂"。第十四、十五世还有其他在教育、文化、艺术和科技界的名人。第十六世常燕生曾参加五四运动和狂飙社，在哲学、历史等文化领域皆有贡献，还是一名诗人。以后常氏子孙还参加抗日，常家还有许多优秀的才女。

"今日常家"介绍了第十五世到第二十世的优秀人物。常家的家风使后人虽然没有从事商业活动致富的，但在其他方面都有所为。至今常家的许多后人还活跃在各个领域。

对常家有兴趣的朋友到山西旅游时别忘了到山西晋中市榆次区常家庄园一游。在这里，你可以感受到常家当年商业上的辉煌，也可以品味常家耕读传家的文化气氛。

三

江苏省苏州市吴中区的东山镇和西山镇，明清时不过是两个面积仅176平方公里的小岛（现在东山岛已与陆地连了起来）。但明清两代以这两个小岛为基地的洞庭商帮却是一个不可忽视的商帮。

洞庭商帮在明代形成。在鸦片战争之前，他们在长江中游和下游地区及北方各地的大宗商品贸易中有举足轻重的地位。在鸦片战争之后，他们又实现了成功转型，洞庭商帮的许多家族来到上海，或在外贸洋行和银行充当买办，或者自己投资于各个产业，形成以后的苏商，在中国近代史上也有相当大的影响。

在洞庭商帮中，最有影响的家族是东山席家。他们在明清时代已成为洞庭商帮中的巨商。鸦片战争后，他们进入上海，在汇丰银行等外资银行中担任买办。他们的家族子弟及姻亲曾一度控制了外贸银行的买办职务，对近代中国金融发展有相当大的影响，现在东山镇和上海的席家花园仍然是热门的旅游景点。

马学强先生的《江南席家：中国一个经商大族的变迁》（商务印书馆，2007年）正是全面介绍席家的。这本书对席家的介绍全面而详尽。我们的重点是席家的经商经历及文化，且主要是两个阶段：传统洞庭商帮中的席家以及鸦片战争后上海金融界的席家。

席姓的历史也相当悠久。洞庭席氏的始祖是唐代官至武卫上将军的席温。他在唐代黄巢起义天下动乱时携三个儿子移居到东山岛。席温的这三个儿子就是后世洞庭席氏上席、中席和下席三个分支之祖。之后又有其他家族陆续迁入东山岛。当时东山岛是世外桃源，以农耕为生。席氏在明代之前并未外出经商。

从宋元到明代，东山岛人口增加，加之东山岛的土地宜于种果树和桑树，不宜于种粮食，广阔的太湖又提供了方便的水路交通，于是东山人开始经商，形成洞庭商帮。明初，洞庭商帮中有秦伯龄、沈季文经商成功。以后又有翁、许两个家族兴起。席家正在这时悄然兴起。明成化年间中席的席铁善于经营，颇有声誉。到其子席珠时已经营多年，颇为成功。他不仅善经商，还熟读诗书。这就奠定了席家诗书传家的基础。但席家真正蜚声商界的是明嘉靖年间的席端樊和席端攀。他们分别号为席左源和席右源，以转辗贩运出名，行销地区包括苏松、两湖和广大北方地区，以棉布为主。在席左源和席右源时代，席家已成为巨商富贾、名门望族。席左源一直在苏松，并北上临清经营，相当成功。以后开启席家在外资银行当买办的席正甫一支正是左源公的后人。右源公一支也兴旺发达。

在鸦片战争之前，席家主要从事长途贩运。他们的经商路线主要有三条。东线是在苏松地区，收购棉布、棉纱，也开设当铺，从事典当、质押业务。北线经运河北上，前往潍坊、齐鲁一带，把苏松地区的棉布送往北方，也开设糟坊、醋坊，并经营百货。他们还在南京设洞庭山会馆。西线沿长江而上，去往江西、湖南、湖北以及川蜀，经营棉布与米、土靛等。在经商过程中，有席氏子孙迁往河南开封、归德府，安徽凤阳，江宁六合，湖广等地。席氏子孙后代有常熟一支、昆山一支、济宁一支、金陵一支、嘉定一支、徐州一支等。席氏子孙遍及江南，这里的席氏都出自洞庭。

席氏经营的特点一是经营灵活，形式多样。二是在某些领域有一定的连续性。如经营书业的扫叶山房，从明末清初一直到民国，刻印了大量精美图书，至今享有极高的声誉。三是富有经营才智，有谋略。在组织人员经商、资金筹集与运作方面卓有成效。这些造就了席家在洞庭商帮和中国商业界的地位。

明代以来，席氏不仅经商成功，浮现出不少富商大贾，而且亦重诗书传家，从文习艺，著书立说，也为官一方建立功勋。席家形成温良敦厚的家风传统，成为江南的名门望族。明万历年间席洙的《居家杂议》对席家家风的形成有重大影响。席家子弟有著作、入仕者相当多。席家真正跨越了儒商之界。

鸦片战争后，尤其是清亡之后，十大商帮中不能适应时代而变者都走向衰亡。但洞庭商帮总体上转型成功，发展为苏商。苏商又与以宁波商帮为中心的浙商联合，成为左右中国近代经济的江浙财团。席家正是洞庭商帮中成功转型的好典型。

在以前，洞庭商人在苏松一带经营，也有进入上海的，但没有什么影响。太平天国之后，洞庭商帮不少人避难进入上海。东山席家席元乐四个儿子席素煊、席素贵、席素荣、席素恒进入上海，被几家银行、洋行聘为买办。此后以席元乐的子孙为核心形成近代上海颇具势力的买办家族、金融世家。其中心人物是席正甫,即席素贵。

席元乐娶妻沈氏,这位沈氏之兄是沙逊洋行买办沈二园。席家兄弟在上海的立足与发展得益于这位二舅。席家长兄席素煊先后在英商汇理银行和麦加利银行工作。席家兄弟也自办过银庄。后席正甫进入汇丰银行。先在汇丰银行买办间做跑楼。席正甫办事干练,又在商界有一定的声誉,被前任买办王槐山看重。1874年,由席正甫出面,远赴天津联络汇丰银行与清政府洽谈借款事宜。清政府以盐税为担保,向汇丰银行借款200万两白银,年息8厘,还款期十年,这就是历史上有名的"福建兵防借款"。这笔借款使汇丰银行获利甚丰,又扩大了在中国的影响。汇丰银行极为赏识席正甫的才干,经王槐山推荐,席正甫担任汇丰银行买办。由此开始了席正甫一家与汇丰银行长达半个世纪的合作。从晚清到民国,席家子弟在上海十多家外资银行充当买办,形成一个庞大的买办群体,在上海金融界有极强的实力。这个群体的核心人物正是席正甫。

汇丰银行看重席正甫的一个重要原因是他与政府的关系密切。他与上海道台袁树勋为结拜兄弟,又与清廷要员李鸿章、左宗棠、沈葆桢等过往甚密。在李鸿章保荐下,他接受了二品衔红领衣翎,并捐了个道台。他与洋务运动的重要人物盛宣怀关系密切。盛宣怀办中国通商银行也得到席正甫从资金到管理制度经验的支持。以后席正甫的儿子席立功、孙子席鹿笙三代人担任汇丰银行买办共55年。席正甫的子侄、姻亲中有29人在麦加利银行、有利银行等16家外资银行中担任买办。

席氏子孙19世纪中期在上海达到鼎盛。在金融业中,席家在上海开设的钱庄有7家。民国时,席氏子孙还担任中央银行理事、外汇局局长、中国银行官股董事等职。他们还从事传统的贸易行业,经销各种洋货、棉花进出口业务,从事丝绸、典当、银楼等行业,也投资新光房地产、工矿企业。在文化领域,他们办报纸、从事印刷出版业、担任《申报》的买办。1927年席玉书还出任上海总商会会长。席家在上海风云一时。随着席家的兴起,洞庭商帮和苏商在上海政界、商界、工界、警界都有极高的地位。

洞庭人民勤、俗厚、屋宇固、冠服朴、始表俭而少支,是节俭而勤劳的。经商成功后,民俗也有变化。席家在东山建了瑞蔼堂、凝德堂、敦裕堂,其建筑特别讲究雕刻及彩绘装饰,后又有澹香别业,启园或称席家花园,在苏州有天香小筑。在上海,他们成为收入颇丰的买办阶级。其收入来自独立商号,在钱庄、银行、金号、保险业、当铺、工矿企业的利润,投资外商企业的收益。他们过着中西混合的社会生活,购地建房。许多美轮美奂的建筑都是席氏子弟的杰作,也有汽车,吃穿颇为讲究。席家十分重视教育,子孙进入新式学校,女子也受到很好的教育。20世纪40、50年代以后,席氏子孙多移居海外。

席氏还重视维持大家族的统一与延续,并构建自己的社会网络。家族团结靠的是修祖墓、筑宗祠、祭祖先、修族谱、办义庄、置族田、兴学校。社会关系除了交友之外,还与同是名门望族的家族结亲,通过地缘同乡关系和同乡组织加强联系。

常氏与席氏在传统社会中都是有财富有文化的名门望族,但在近代却不同了。常家随社会转型而衰亡,但席氏迎来了更辉煌的时代。这还在于北方与南方思想开放程度的差别吧。不过他们两家都重视教育和文化,所以,无论商业上如何,子孙仍在不同领域为社会做出贡献,财富不会永存,但有文化的家风是永恒的。

《儒商常家》的作者是业余研究者,《江南席家》的作者是专业研究者。两书风格不同,但都介绍了我们中国商业名门望族的代表,也给了我们许多思考与启发。

商业名门望族：欧洲

——《美第奇银行的兴衰》《罗斯柴尔德家族》

任何一个国家的经济都离不开贸易和金融。从事这些活动的人或家族中，必然有一些由于各种原因而大富起来。如果这些人或家族大富之后，重视教育与文化，形成一种良好的家风，又有了社会地位，就会成为名门望族。中外皆如此。我们介绍了中国商业名门望族，这里再介绍欧洲商业名门望族。

一

哈耶克把社会分为两种，先有钱再有权的社会与先有权再有钱的社会。他认为前一种社会优于后一种社会。不过在历史与现实中，是先有钱还是先有权，是一个与"鸡生蛋还是蛋生鸡"一样，很难说清的问题。不过，无论是先有钱还是先有权，总是从白手起家开始的。

一个有经营天分和勤奋的人可以先有钱再有权，一个天生凶狠又不惜命的人也可以先有权再有钱。那些富可敌国的人，或者生来就有皇家或贵族身份的人，第一代总是一文不名或地位低贱的白丁。

如果一个家族有了权或有了钱，又知道文化的重要性，诗书传家，就可以成为名门望族。无论中外，一个名门望族必须有钱或权，有社会地位和文化。我们论述的是商业名门望族。它还不同于从权力上开始的名门望族。商业名门望族从有钱开始，再有权或社会地位,再有文化。不过中外社会的制度背景、意识形态、风俗习惯都不同,如何有钱,有钱之后对权的态度,以及如何用钱,都不完全相同。认识这些对我们更全面地了解名门望族是有帮助的。

首先是致富的方式不同。在工业革命前,中外的名门望族创造与积累财富的途径是不同的。中国的名门望族,除农业外,是以商业为主的,相对而言,金融业并不重要。我们讲到的常家和席家,都是从商业起开始创造并积累财富的。常家从事茶叶的对外贸易,席家从事长途贩运。常家后期也经营过金融业,但始终不占重要地位。席家后期以金融为主了,但那是因为鸦片战争后,外资进入上海,上海的经济环境与欧美相近了。欧洲的名门望族,早期也从事过贸易,但在他们致富的过程中起关键作用的还是金融业。没有金融业,中国的名门望族可以富到进入顶尖级社会阶层所要求的水平,而欧洲的名门望族,还是达不到这个程度。总之,中国的致富以商业为主,欧洲的致富以金融业为主。

形成这种差别的首先是两个社会的背景不同。在传统社会中,中国的金融业一直极其落后。1823年第一家票号"日升昌"诞生之后,中国金融业也不成气候,始终处于为商业服务的从属地位,从来没有起到左右经济的举足轻重的作用。更不用说票号之前的典当、钱庄、账局之类的金融机构了。这与中国自然经济一直处于主导地位,商业,尤其对外贸易不发达相关。欧洲在工业革命之前,贸易,尤其国际贸易发达,王室由于战争等需要发行债券,教会的财富也需要管理,金融业早已相当发达,且形成一套银行和金融业的规则。这样,从事金融业致富的机会就多得多,也容易得多。

其次,有权后对权力的态度也不同。中国社会是轻商的,即使商人再有钱,社会地位也不高,如果没有科举的功名,仅凭钱难以进入权力阶层。有了钱买一些头衔,与真正的权力并没有什么关系。而且,中国许多富起来的商人对官场的钩心斗角、变幻无穷也心生恐惧,不愿投身其中。欧洲社会尽管早期也有教会对商人和金融从业者的轻视,但宗教改革之后,致富成为上帝的旨意,真正是"有钱就有一切"了。他们有了权可以受封为贵族、当选议员，真正进入权力阶层，出任各种有实权的职务。进入权力阶层无须什么科举考试，只要有钱就行，这就是有了钱再有权。这些反映了中国和欧洲在政治制度和意识形态上的差别。

最后，中外名门望族用钱的方式也不同。中国商人是典型的守财奴，会用钱买土地、房子、珠宝，或者干脆窖藏起来，用于扩大再生产的并不多。比如第一家票号"日升昌"开业时资本30万两白银，尽管在近一百年的经营中，赚钱无数，但直到垮台，资本也没增加一两银子。地下银库里总有满满的不流动的银子。当然中国商人也会把钱用于奢侈性享受，买许多小老婆，或者有点艺术气质的养个戏班子。欧洲的名门望族则要把赚到的钱迅速用起来，流动起来，或把已有的产业做大，或进入新产业，总之要用于不断再投资，这是创财者的心态，追求无限的利润增加。这两种用钱的方式就使中国富人赚的钱没用于创造社会财富，欧洲富人的钱则使社会财富迅速增加。

名门望族在大富之后总要做一点社会公益事业，或回报社会，或为提高自己的社会地位。中国的富人以扶贫为主，施舍给穷人或帮他们解决一些困难。为社会的至多是修修乡间小路、门口的小桥或在村里办个小学。欧美的富人更多是关心社会，办大学、博物馆，或基金会。这种差别是观念上回报社会的不同，中国富人更注重于通过扶贫等为自己创造一个良好的生存环境，欧洲的富人更着眼于整个社会。至今中外名门望族这种回报社会的观念还没有什么改变。

我们通过介绍欧洲的美第奇和罗斯柴尔德这两个名门望族来认识中外名门望族的差别。

二

知道文艺复兴的都知道美第奇家族。国内译介的美第奇家族的书也不少。我读过的有保罗·斯特拉森的《美第奇家族：文艺复兴的教父们》(新星出版社，2007年)，蒂姆·帕克斯的《美第奇金钱》(中信出版社，2007年)，克利斯托夫·赫伯特的《美第奇家族兴亡史》(上海三联书店，2010年)。这些书从不同角度介绍美第奇家族，写得都相当好。我要推荐的是美国历史学家雷蒙·德鲁弗的《美第奇银行的兴衰》(上卷：管理教皇财富的银行家，下卷：左右欧洲政商的金融帝国，吕吉尔译，格致出版社，上海人民出版社，2019年)。

我选这本书有两个原因。第一，我写的是"商业名门望族"，这本书最合适。美第奇家族不仅是商业巨富，而且在政治、文化等各方面影响巨大。这个家族出了三个教皇、两个法国皇后，还长期统治佛罗伦萨，也是文艺复兴的有力推动者。这一切都以财富为基础。他们的财富靠金融业，美第奇银行是他们金融业的核心。其他书以政治为主线，相当全面，但对金融业写得简单。这本以美第奇银行为主线的书更符合"商业"。第二，在研究美第奇家族的书中，这本书评价极高。本书作者雷蒙·德鲁弗是著名的中世纪经济史泰斗。他在芝加哥大学获得博士学位，在哈佛商学院任教。他在1948年出版《美第奇银行：其管理、组织和兴亡》，获美国历史学会奖。1949年，他的夫人弗洛伦斯·埃德莱在佛罗伦萨的档案馆中发现大量原始档案，其中包括美第奇银行的"机密账簿"。这是银行家为自己私用而记下的银行各项保密资料。德鲁弗在夫人的协助下，用这些新发现的1397—1450年的机密账簿，以上一本书为基础写成这本书。这本书1963年由哈佛大学出版社出版之后获得学术界高度评价，甚至被称为"里程碑式著作"，至今仍然是研究美第奇银行最权威的著作。而且这本书也不是枯燥的学术作品，内容丰富且读来有味。

台湾清华大学赖建诚教授的"推荐序"介绍了这个译本的特点和自己学习经济史的心得。浙江财经大学丁骋骋教授的"导读"介绍了这本书的内容与作者，对阅读本书有引导作用。

上卷"管理教皇财富的银行家"共九章，论述美第奇银行的兴起与成功。

佛罗伦萨是意大利中世纪最大的手工业城市和金融重镇，也是资本主义最早萌芽之地，文艺复兴的发源地之一。被载入史册的美第奇家族成员是萨尔韦斯特罗·美第奇，但使这个家族兴起的是乔万尼·美第奇。他在1397年创办了美第奇银行，开启了这个家族的兴旺之路。

那时是中世纪，教会的高利贷戒律、商业道德规范和公众舆论，佛罗伦萨货币兑换商行会和资产税，都会影响银行业的结构、业务与运作。这些是美第奇银行发展的重要背景。乔万尼创办美第奇银行时，资本为1万弗罗林。乔万尼本人投资5500弗罗林，余下的由其他合伙人投入。当时佛罗伦萨有多家银行，最著名的有巴尔迪、佩鲁齐和阿恰伊沃利三家。但黑死病后，这些银行纷纷倒闭，美第奇银行弥补了这个缺口。1420年调整后，美第奇银行的资本为31500弗罗林。1470年后员工达57人，成为欧洲最显赫的银行。该行在罗马和威尼斯等地设了分行。在乔万尼手上，美第奇家族靠银行成为巨富，并操纵了佛罗伦萨的政治。

在乔万尼的儿子科西莫时，美第奇银行达到全盛时期。科西莫对银行体制进行改组。合伙人为美第奇家族、萨卢塔蒂和米奇。科西莫任总裁，其他两人为总经理。在他们的努力下，美第奇银行全盛，美第奇家族成为佛罗伦萨共和国实际统治者。科西莫开明、慷慨又慈善，被尊称为"国父"。他既有政治家的权谋，又有银行家的精明。在他的时代，美第奇家族的财富、权力和社会地位达到鼎盛。1439年美第奇银行的资本已达44000弗罗林。到1455年已形成相当规模。在意大利除佛罗伦萨总行外，有比萨、罗马、威尼斯、米兰四家分行。在欧洲其他地区有阿维尼翁、伦敦、布鲁日、日内瓦四家分行。在鼎盛时分行达11家，每年利息超过261292弗罗林。科西莫去世后，由孙子洛伦佐接手。科西莫和洛伦佐是美第奇家族史上的传奇人物。

与其他银行的集权化管理不同，美第奇银行实行分权管理。美第奇银行不是单独一家具有法人资格的银行，下面的分行都听命于它。它是由几家合伙公司联合而成的组合体，包括作为合伙人的美第奇银行和一两位外人。每家分行都是独立的法律实体，有自己的名称、资本、账簿和管理。银行之间谈合同与其他外单位一样，相互之间收取佣金和利息。两家银行之间的合作要谈妥利益分成和损失分担的方式。在这个组织架构中，美第奇家族保留很大的控制权。这种组织架构类似现代连锁控股公司制。美第奇银行的大部分资金来源于"Sopraccor po"，这个词译为"剩余"并不准确，它还包括未分配利润、合伙人投入的资金和客户的定期存款。其中定期存款尤为重要。美第奇银行的员工一般不超过10人，分为合伙人和雇员。合伙人是公司合约签约人，有权参与分红。雇员只领取固定工资，且工资低于其他竞争对手。但能干的雇员有机会成为合伙人。各分行经理可以是合伙人或雇员。这种激励机制是活力的来源。

当时银行的主要业务是汇兑，美第奇银行正是汇兑经营者。汇兑主要是汇票的兑付，这是当时商人常用的方式。这样，银行可以从放债转向汇兑方式投资，避开教会的高利贷戒律，把银行业与汇兑绑在一起。美第奇银行也作为贸易和经销商从事明矾矿、铁矿石生意，还有毛纺与丝绸作坊。但它的主要业务是罗马教廷的金融业务，为教皇管理财富。因此，罗马分行被称为"跟随罗马教廷的分行"。这种业务主要是征收税金、接受转移税款、兑换货币和提供贷款。这成为美第奇银行最主要的收入来源。从事这些业务的罗马分行的利润占美第奇银行的一半。这种服务通过排除外围汇票的贴现延迟可转让发展，改变了资本主义演化之路。

美第奇银行在欧洲有重大影响。下卷"左右欧洲政商的金融帝国"以此为中心。

美第奇银行用分权模式先在意大利设立佛罗伦萨钱庄、威尼斯分行、那不勒斯分行和比萨分行。佛罗伦萨钱庄是一家地方银行，主要从事货币兑换，接受活期存款并承诺替客户拨付。从账本中看出，它主要从事银行业务而非贸易。它利用美第奇银行其他分行的资金，主要是罗马分行和威尼斯分行。它的负债远大于留存现金，主要靠美第奇家族的私人资源支持。它还从事公撃债券买卖，以货币兑换为主。威尼斯分行尽管有过挫折，但美第奇银行并未撤出，而是组建了新的合伙公司。该行还从事寄售贸易，出售番红花，皮毛制品，英国布料、香料和来自威尼斯的进口棉花，还从事其他分行禁止的保险业。

那不勒斯分行是美第奇银行最早的分行之一，但远不如罗马分行、佛罗伦萨钱庄和威尼斯分行重要。米兰分行是应自封为米兰公爵的雇佣兵队长斯福尔扎的请求而建的，这不是出于生意上的考虑而是政治活动。它为斯福尔扎宫廷服务，提供珠宝和奢侈品，向它发放以转让未来收入为担保的信用贷款。它也结合了贸易与银行业务。佛罗伦萨占领比萨后，美第奇银行并未设分行，以后建了一家由佛罗伦萨钱庄分担4000弗罗林，责任以此为限的有限责任公司。美第奇银行不仅未投入资金，还把资金抽走。此公司负责人参与推翻当地政府以恢复美第奇家族权力的行动而被处死。

美第奇银行在欧洲各地也建了不少分行。巴黎当时银行业落后，日内瓦成为新的贸易和金融中心。日内瓦的商业集中于四个集市，这些集市吸引了欧洲各地的商人，并成为国际结算的票据交换中心。国际收支差额通过汇票来结算，金银市场应运而生。主要的意大利银行在此都有常驻或临时代表。美第奇银行罗马分行先派一名雇员，后建分行。它的活动不限于银行业，也从事各种纺织品贸易。以后又派一名作为科西莫得力助手的雇员。日内瓦分行的利润之丰令人满意。日内瓦集市冷落后，商业与金融中心转到里昂。美第奇银行在此有营业所，后成为公司。这家分行重点在银行业而非贸易。它比米兰分行稳健，风险也合理地分散。洛伦佐死后，该行衰落。阿维尼翁在教皇死后仍然是普罗旺斯和朗格多克的商业大都市和银行业中心。美第奇银行在这里设立分行，它将贸易和银行业结合在一起，获利颇丰。1451年前，美第奇银行在布鲁日和伦敦已有分行。它出售佛罗伦萨钱庄和威尼斯分行运来的寄售香料和纺织品，并参与应急处理教皇业务，声誉颇好。1451年后伦敦分行和布鲁日分行分开经营。伦敦分行状况不好，到1477年已不可救药。伦敦分行不再由美第奇银行控制。同时，布鲁日分行由于管理者失误也遇到麻烦。1473—1481年，由于合伙人托马索·波尔蒂的困境，布鲁日分行和伦敦分行受到毁灭性清算。

1469年，科西莫去世，美第奇银行开始走下坡路。它的衰亡有用人不当、管理失误等因素，但主要还是当时的环境和其他客观因素引起的。英国羊毛出口减少改变了国际贸易格局。哥伦布发现美洲后银产量剧增，金银比价变动对银行业的打击沉重。这也是中世纪晚期欧洲金融业的终结。一个新的时代开始了。

这本书根据丰富的资料，尤其是"机密账簿"，对美第奇银行的研究全面翔实。它不仅让我们更了解美第奇家族，而且也可以了解中世纪晚期欧洲的金融业。

三

中国不少人对罗斯柴尔德家族的了解还来自宋鸿兵先生2007年出版的极为畅销的《货币战争》。该书介绍，罗斯柴尔德家族控制了西欧各国政府，为自己的利益挑起一战、二战，至今仍控制着美联储。他们的财富达50万亿美元之巨。这些描述令许多专家大跌眼镜。仅就财富而言，据国际货币基金的估算，到2006年年底，包括各种衍生品在内的全球资产为350万亿美元。罗斯柴尔德家族有七分之一，这可能吗？书中的许多神话连罗斯柴尔德家族的人也坚决否认。2010年，罗斯柴尔德家族现任掌门人访问中国，央视组织对话节目时，他坚决拒绝宋鸿兵作为现场嘉宾。这本书是典型的"阴谋论"和新闻写作的"客里空"。记得契诃夫说过，流行的并不是好的，流行性感冒也是流行的，它好吗？看来《货币战争》的流行也和流感一样。

尼尔·弗格森教授是英国著名的经济学家。他是极少数能横越学术界、金融界和媒体的专家，他有深厚的学术功底和造诣，又善于用通俗有趣的方式把这些知识讲给公众。他的著作融学术性、通俗性与趣味性于一体，深受世界各地不同文化水平读者的欢迎，畅销全球。中信出版社已经翻译出版了他的十一种著作共十三本。这其中有在国内已相当畅销的《文明帝国》《虚拟的历史》《顶级金融家》《金钱关系》《罗斯柴尔德家族》《纸与铁》《货币崛起》《西方的衰落》《巨人》《战争的悲悯》。弗格森在研究了隐藏半个多世纪的文件，包括罗斯柴尔德家族成员之间数万封信件之后写出了三卷本的《罗斯柴尔德家族》，向世人描写了这个家族的真相。这本书被《纽约时报》《商业周刊》《华尔街日报》等著名媒体评为畅销本。到现在为止，它仍然是了解罗斯柴尔德家族最权威、最全面的著作。

德国诗人海涅说："金钱是我们这个时代的上帝，而罗斯柴尔德则是他的导师。"这句话说出了这个家族的富有，使它成为一种神话。作者在"前言：现实与神话"中概括地介绍，罗斯柴尔德家族如何创造了这个神话，以及神话背后的现实。这是对全书内容的概括，读者在读全书之前最好从这个前言开始。这本书分三卷，上卷从老罗斯柴尔德创业开始写到1836年，中卷从1834年写到1870年，下卷从1870年写到1945年。

每一个成功的家族都是从一个人开始的。时间久了，这个人就被传为神话。其实这个人可能只是有非凡的商业头脑，且勤奋，又有好机遇而已。罗斯柴尔德家族的这个人就是生活在德国法兰克福半封闭犹太区的迈耶·阿姆谢尔·罗斯柴尔德，通常称为"老罗斯柴尔德"。他出生的1743年（或1744年），犹太人是毫无人身自由的贱民。他胸怀大志，也深知在这样的社会里，自己唯一的出路是"傍大官"。要达到这一目的他必须投大官之所好。他发现，当时德国有许多公国，发行本国制作的精美货币和各种徽章。许多有身份的王公贵族以收集这些东西为嗜好。于是，他在捡破烂中注意收集各种货币与徽章，并把他收集的这些稀缺货币与徽章卖给或赠给这些王公贵族。这样他结识了许多显赫的王公贵族，包括法兰克福的统治者威廉王储。以后他又通过邮寄的方式出售古董。随着他客户范围的扩大与财富增加，他进入了银行业。1890年，罗斯柴尔德银行成立。这是罗斯柴尔德家族从"宫廷犹太人"迈向金融家的关键一步。

时势造英雄，罗斯柴尔德家族的成功也借助了当时的形势。15世纪以来，欧洲各国为了争夺霸权，战争频繁。为了筹措战争经费，各国政府不断向商人借债。作为债务的担保，各国政府也把未来若干年的税收抵押给商人。这些商人就成了"包税商"，替王室收税，归自己所有。有些商人还以贷款换得一些重要战略资源的垄断经营权。这就成了商人致富的捷径。政府用征税权换取贷款成为当时金融市场的基础。政府还用发行债券的办法来筹资。这些债券也由商人承包销售。这些债券的价格随战争的结果和政府财务状况而变动。战争失败，财务状况不好时，债券就贬值；战争胜利，财务状况好时，债券就升值。这就形成投机性的金融市场，炒作政府债券。

罗斯柴尔德家族正是在这样的时代背景下，通过向政府贷款和从事政府债券投机而迅速致富的。这个家族成功的一个关键因素是官商结合。老罗斯柴尔德与威廉九世、世袭王子、伯爵以及黑森·卡塞尔选帝侯之间的关系一直被看作"家族财富的基础"。老罗斯柴尔德利用这种关系成功的关键是向政府贷款。1800年，他们就参与了几家银行对丹麦王国的贷款。到1804年，他们已经独占了这一业务。老罗斯柴尔德重视不断加深这种关系。当拿破仑率领的法军把法兰克福统治者威廉赶出去时，他宁可自己受损失，也保护了威廉的财产。因此他们得以管理威廉的部分债券买卖。这是一批主要在伦敦金融市场买卖的债券。罗斯柴尔德家族第二代核心人物内森·罗斯柴尔德在英国正是靠这批债券的投机而成功。老罗斯柴尔德留给后人的传统是"最好与处在困难中的政府打交道"，要给这些处在困境中的政府"雪中送炭"。罗斯柴尔德家族一直坚守了这个传统。老罗斯柴尔德去世后，五个儿子分别在英国、德国、法国、意大利和奥地利执掌罗斯柴尔德银行在这些国家的分行，其中最成功的是在英国的内森·罗斯柴尔德。

罗斯柴尔德家族成功的另一个因素是善于收集信息。他们知道，信息对金融投机成败最为关键。在当时信息交流有限的情况下，多一份信息就是成功。他们在欧洲建立了庞大的情报网：有各种身份的人为他们搜集信息，并迅速传递给他们。罗斯柴尔德家族在滑铁卢大战后从英国公债中获得暴利，正在于他们完全掌握了战役进展的信息。当局势不明朗时，他们放出英国不利的信息，使英国公债价格大幅下跌。他们暗中收购，当英国战胜的消息传来时，英国公债大幅涨价，他们就成功了。这些判断都根据对信息的收集和判断。他们并没有能力挑起各国的战争，但善于利用战争的机会，是确实的。

罗斯柴尔德家族不仅是金融帝国，也是实业帝国，早期他们从事英国棉布贸易。19世纪铁路高潮时，他们投资铁路。他们还投资采矿业。他们的矿业从南非到缅甸，从美国蒙大拿到阿塞拜疆的巴库。直到今天，他们仍然是南非戴比尔斯钻石矿、澳大利亚铁矿等重要矿山的大股东。他们的实业遍及许多行业，数不胜数。

罗斯柴尔德家族至今已传到第九代，尽管不如19世纪时那么辉煌，但仍然是一个极为成功、极为富有的名门望族。世界上能与他们媲美的家族并不多。他们的企业采用家族合伙制，并非股份制，更没有上市。他们坚持男性后代才是核心传承人，保证了企业的完整性和连续性，不至于由于分家等原因削弱整个家族的实力。如此庞大的家族内部矛盾当然是不可避免的，但他们在对外时团结一致。这个家族第二代的五兄弟分别在五个国家。他们各自有自己的业务，但又互相协调配合。滑铁卢战役后英国债务的暴利就受益于英、法两国罗斯柴尔德兄弟的合作。这样的团结与犹太人的宗教信仰和传统是相关的，也与他们一直坚持家族内通婚相关。

这个家族极为重视保留犹太人的宗教信仰和传统，也极为重视对子孙的教育。他们不仅精于金融、商业，还有相当高的艺术品收藏、音乐和文学品位。国际知名的葡萄酒品牌拉菲、木桐都是这个家族的。他们的后代中也不乏科学家。有153种昆虫、58种鸟、18种哺乳动物、3种鱼、3种蜘蛛和2种爬行动物以罗斯柴尔德命名。他们在财富上是巨人，在文化上也是巨人。这才是真正的贵族、名门望族。

这套书三大卷，一百二十多万字，对许多读者来说的确太长了，我再推荐一本不完全替代品，这就是李隆旭先生编著的《万亿美元的神秘家族：正说犹太首富罗斯柴尔德》（世界知识出版社，2008年）。这本书根据各种资料编写而成，虽然谈不上有多高的学术水平，但也全面而简略地介绍了罗斯柴尔德家族，读起来容易多了。

从小说看商帮
——《白银谷》《大清商埠》

中国有悠久的商业历史,明清两代还出现了十大商帮(晋商、徽商、粤商、闽商、宁波商、龙游商、洞庭商、江右商、陕商和鲁商)。他们在中国文化背景下从事商业活动,创造过辉煌,但在转向现代化的过程中大多数衰败了。他们的成功和失败与中国文化有什么关系?认识这一点对中国今天的企业仍然有重要的意义。寻找这种意义正是我们了解历史上商帮的必要性所在。

一

了解历史有多种方法,读历史小说就是一种。

我的许多历史知识与观点不仅来自于读严肃的学术著作和同样严肃的非虚构作品,还来自历史小说。读各种正史或听专家讲,我对清代的雍正皇帝留下了极坏的印象,尤其是蔡东藩的《清史演义》更加深了这种印象。阴险、狡诈,爱用"血滴子"暗杀对手,又迫害自己亲兄弟。但二月河的《雍正皇帝》改变了我的看法。公正地说,"康乾盛世"的关键人物还是雍正。康熙晚年,朝纲松弛,早期的强盛已有衰败之势。雍正改变了这一切,大力整治官场腐败,又使用了"火耗归公""养廉银"等措施,扭转了败势。他留下的七千余万两白银财政盈余成为乾隆时太平盛世的基础。至于他残酷对待对手与兄弟的做法，不能作为评价一个历史人物的标准。在专制制度下，哪一个皇帝不是如此？唐太宗杀害了他两兄弟全家，不残酷吗？但谁不承认他的丰功伟绩？雍正为了统治稳定，残害对手兄弟，有什么可指责的？看历史人物，还要看大节，看他对历史、对当时社会的作用。雍正是康乾盛世的关键传承人。仅这一点，他就是功大于过。

其实对广大民众而言，历史小说是普及历史知识最好的方法。国人对从东汉末到三国结束这一段历史的认识，主要并不来自课堂、研究专著或《三国志》这样的正史，而是来自《三国演义》这本小说。尽管这本小说中的许多情节，如诸葛亮借东风、草船借箭等，是否真实历史并无根据，贬曹操、褒刘备的正统思想也为许多历史学家诟病，但它对历史的描述与真实历史基本一致，以刘氏为正统的观念也是当时的主流意识形态。增加的许多故事加强了小说的可读性，也无可厚非。总不能要求历史小说从大事到细节与历史完全一致，都有据可考。在今天，许多人对曾国藩的了解来自唐浩明先生的历史小说《曾国藩》，对胡雪岩的了解也来自高阳先生的历史小说《胡雪岩》。历史小说在普及历史知识中功不可没。过去如此，今天和以后也会如此。

历史小说如何用艺术手法再现历史一直是一个争议颇大的问题。记得 60 年代读过一本茅盾先生写的书，讲历史小说的历史真实与艺术真实的问题。他的观点是，艺术真实要以历史真实为基础，但并不等于历史真实。直至今天，我仍然坚信茅盾先生的看法。

我认为，历史小说要用艺术手法来再现历史应该有两个原则。一是历史小说的基本故事结构要与真实的历史一致，不能用"戏说""大话"的方式无中生有地编造历史。《三国演义》的主要故事历史上都发生过。《曾国藩》写的他一生的经历也都是真实的。唐浩明先生是认真整理阅读过曾国藩的相关资料的。二月河先生为写雍正帝也读过并摘录了许多史料。

二是虚构的故事情节要符合当时的历史背景。许多"抗日神剧"让抗日期间的地下党去搞青霉素就违背了历史背景。1945 年 3 月，青霉素才开始在美国上市，进入商业化销售。那时的青霉素哪能进入中国，并广泛使用？作者不了解青霉素的历史就编造出这样的神话，背离了历史的真实。电影、电视剧中服饰、语言、习惯不符合当时环境的还很多，"清冠明戴"或"今服民国穿"比比皆是。你想想，如果电视剧中有乾隆爷给和珅发微信该有多荒唐。细节违背历史真实就是这么荒唐的事。要让读者在真实的历史环境中体会虚构的故事才是历史的真实。

改革开放之后，神州大地掀起商帮热。各种以商帮为主题的小说、电影、电视剧成为热点。过去有商帮的地方，把今天的企业家称为新某商，如新晋商、新鲁商。过去没有商帮的地方，也要找出本地的商帮，如新豫商、新津商。这些说法都是为了传承历史上优秀的商业传统，无可厚非。不过，我们对历史上商帮的真相还应该有所了解。

学者们在商帮的研究中也颇有成绩，出版了不少学术研究著作，整理出不少商帮历史资料，写出不少有关商帮的非虚构作品。但我觉得，对一般公众来说，通过喜闻乐见的文艺作品来认识商帮更为方便。电视剧《乔家大院》、话剧《立秋》对弘扬晋商精神起到了极大的作用。本文中我介绍两本关于商帮的小说。一本是介绍晋商的，另一本是介绍粤商的。这两个商帮在十大商帮中都有代表性。

二

介绍晋商的小说不少，比如与电视剧同名的朱秀海的《乔家大院》（上海辞书出版社，2005年）、《乔家大院》第二部（中国青年出版社，2017年），成一的《茶道青红》（作家出版社，2009年），邓九刚的《大盛魁》（三卷，中国画报出版社，2008年，2008年，2010年）等。这几本小说都相当好，从不同的角度反映了晋商的辉煌与精神，也没有美化晋商的衰亡与缺陷，是符合历史真相的，也具有相当高的可读性。不过，我推荐的是成一先生的另一本更早的小说《白银谷》(上下卷，作家出版社，2001年)。

成一先生长期住在清代晋商的中心之一山西太谷县。他潜心研究晋商十余年，在此基础上写出这本小说。正因为他对晋商有深入的研究，写出的小说具有历史真实性，即使虚构的故事在历史背景方面也是真实的。根据《白银谷》改编的电影《白银帝国》由于没有忠于原著，编造的故事太脱离历史的真实，如虚构少爷与老爷的妾私通，这是一个清代版的《雷雨》，完全违背了当时晋商传统文化的背景，所以，尽管投了巨资，又有香港大牌明星加盟当主演，也不成功。《白银谷》曾进入当年茅盾文学奖最后的评选，尽管由于某些未知的原因没有评上，但一点不比评上的那部作品差。这本小说情节曲折跌宕，极为吸引人，所写的晋商历史都有据可查，是晋商类小说的精品。

《白银谷》写的是从光绪二十五年（1899年）到光绪二十八年（1902年）间太谷康家天成元票号发生的故事。我推测，小说中的主角、天成元票号的大东家康笏南是以乔家的乔致庸为原型的。乔致庸一生娶过六位夫人，不过是一个去世又娶另一个，不是同时纳妾的。小说中从这一事实出发，虚构了六位夫人并非病故，而是被康笏南以假死为名，送去当尼姑，以便他吐故纳新。这也算是一个合理的虚构，因为五位夫人在他不需要时故去有点离奇，过于巧合。这就留下了后人各种猜测的空间。当然这只是我的"大胆假设"，是否可以"小心求证"，是否作者的原意，我就不得而知了。

这三年是晋商回光返照的时期。这一段实际是晋商整体上衰亡的时期。由于慈禧太后有旨意，政府根据《辛丑条约》给各国的赔款分摊到各省，由各省交给当地的山西票号，再由票号汇至汇丰银行转交各国。这笔赔款本利在内近10亿两白银，汇费平均为3%—4%。何况各地政府财政困难，不能按时交赔款时还要向山西票号借贷，这就造成山西票号一个极度繁荣的时期，故而出现了回光返照，成为山西票号历史上最辉煌的一瞬间。晋商正是在这种顶峰时突然倒下的。这一回光返照时期也充满了晋商重诚信的传统文化，以及其他优秀传统。

小说中天成元票号经历了西安分庄老帮邱泰基和天津分庄老帮刘国藩违规腐败，康笏南的五儿媳在天津被绑架杀害，五儿子变傻，尤其是庚子事变，北京、天津分庄毁于一旦这一系列打击。但康笏南仍然沉着应对这一个个灾难性打击，坚守诚信精神，苦苦奋战，创造了辉煌。这三年的故事既彰显了晋商的顽强生命力，又暗含了晋商必然衰亡的内因。整个小说贯穿了一个思想，晋商兴于中国文化，也衰于中国文化。

晋商的兴起实际上是反传统文化的。传统文化重农轻商，以"学而优则仕"为人生的终极目标。但晋商奉行的是"学而优则商"，以经商致富为人生终极目标，做一个纯粹的商人。小说中康笏南反对六儿子去考举人，精明强干的何开生在中举后就失去了经商资格，这的确是晋商的传统。在历史上，山西也是人才济济，但清代山西从未出过一个状元，进士也屈指可数。晋商中祁县的名门望族渠家渠源桢的儿子渠本翘考中进士后，其父与其决裂。

晋商并不认为这是"反传统"。因为传统文化的基本精神是耕读传家。耕是经济基础。山西土地贫瘠，不适于农业的耕，就用"商"代"耕"，从商就是耕。书是必须读的，但不是为了参加科举考试，中进士当官，而是为了增加商业智慧和为人处世，做一个儒商。晋商骨子里仍没有摆脱传统的"官本位"崇拜，所以经商成功后还要花钱捐一个虚职的官，甚至为死去的先辈捐一个。他们弃农经商不是对传统的背叛，而是被逼换个形式。

成一先生在《白银谷》中总结出，西帮（晋商）的成功在于"以'博学、有耻、腿长'面世，以'赔得起'闻名，将智慧与德行化做它最大的商业资本"。"博学"是有广博经商所需的知识，"有耻"是有道德操守，"腿长"是勤奋，不辞劳苦，"赔得起"是讲诚信。"智慧与德行"是中国传统的精粹。这就是说，晋商以中国传统文化为基础，构建了一套成功的制度与商业伦理道德。这正是他们成功的原因所在。

中国传统文化是重视制度建设的，这就是"无规矩不成方圆"。从天成元票号看出，主要有三种制度。这些制度都体现出中国文化的内涵。

第一种制度是内部有效的管理体制。在天成元票号内是：大东家康笏南—总号老帮孙北溟—各地分庄老帮—不同层次的掌柜或伙计。这是一个尊长有序的金字塔式的等级管理体系。中国传统文化中维持社会与家庭秩序是一个重要问题，这就有了"君君臣臣，父父子子"的尊卑之序。且强调上一级对下一级的绝对权威，下一级对上一级的绝对服从，这就有了"君要臣死，臣不得不死；父要子亡，子不得不亡"的忠君思想。这种秩序自然与当代的民主、自由、平等完全背道而驰，但在当时社会条件下也维持了社会和家庭的秩序和稳定。在天成元票号内也维持了企业的秩序，保证了企业的有效运行。现代社会法律上人人平等，但社会和企业内也离不了这种等级制度。这是秩序和效率所需要的。在现代社会，有制衡机制防止上层个人的错误。但在没有制衡机制的中国传统社会，这种体制的最大弊病就是人治。金字塔最上层人的决策决定了整个社会或家庭、企业的成败。小说的主人翁康笏南就在金字塔最上层。他的能力和决策是天成元成功的关键，但他的保守也埋下了天成元衰亡的种子。

第二种制度是对员工的激励-约束制度。晋商票号和商号实行身股制。这就是员工可以根据职务、业绩和工龄获得身股（也称"劳股"）。身股参加分红，可以分享企业的利润，身股的收入远高于固定支付的"辛金"。晋商票号中，中级职务的管理人员一般每年"辛金"为70两银子左右，但4年一次分红，平均每年有1000两银子左右。小说中写到天成元"全号财股36股，劳股17股，共53股，每股生意可分得红利一万一千多两银子"。老帮有一股身股，分号老帮有5—6厘身股。除了员工享受的供给制和辛金，还有如此丰厚的劳股分红。这样的高收入当然有极大的激励作用，进入票号和商号为当年最热门的职业。但激励与约束是对应的，晋商也有严格而众多的约束惩罚机制。所以,天成元西安老帮邱泰基违反号规,再劳苦功高,也要受严罚。

第三种制度是商业伦理规范。中国传统文化强调"义"。"义"的含义极为丰富,但其中重要的是诚信。晋商奉行"以义制利"正是这种文化精髓的体现。诚信就成为晋商商业伦理的核心。"有耻"的道德操守最重要的是诚信。小说第27章"惊天动地'赔得起'"说的是,庚子事变后,天成元北京和天津分号毁于一旦,其他地方分庄也受冲击。许多高官显贵随慈禧太后西逃,到了太谷后要求取出存款或把银票换成银子。天成元面临巨大的挤兑压力,但康笏南坚持"赔得起"的原则,以自己家中的存银应对挤兑风潮,使天成元渡过危机。这正是晋商"宁可人欠我,决不我欠人"诚信精神的集中体现。

中国文化中的缺陷除了人治就是保守与封闭。最后决策者实行人治,又保守而封闭,危机就来了。天成元由康笏南一人说了算,是人治,但他既保守又封闭。"保守"是安于现状,不思变革;"封闭"是拒不接受外来的新思想。票号是传统社会的金融机构,康笏南对票号这种金融机构极为满意,不想进行任何改变。当时现代银行已在中国出现,且迅速发展,成为金融界主力。康笏南不知道现代银行为何物,也不想知道。在武汉与汇丰银行帮办见面时,沉醉于那位帮办对西帮票号别有用心的吹捧,根本没向那位帮办请教汇丰与天成元有什么差别,更无心"师夷之长"。这就使天成元失去向现代银行转型的机会。他还拒绝京号老帮戴膺、汉口老帮陈亦卿等人参与组建大清银行的建议。天成元失去这些机会,在中国进入现代社会时,只能被淘汰了。这也是整个晋商的悲剧。

当然,作为一部小说,它的内容比我们介绍的要丰富得多。这本小说全景式再现了一个完整、丰满的晋商,包括他们的商业活动、社会关系、个人隐私等广泛的内容。对豪门深藏的善恶恩怨、商家周围的官场宦海、士林儒业、武林镖局、西洋教会,都有丰满、鲜活的描述。小说所写的许多故事,甚至细节,都有历史事实为依据,即使虚构,也与当时背景一致。这本小说对我影响巨大。小说中的太谷正是我童年生活之地,这本书写的许多太谷风光和习俗让我穿越回到童年。读后心潮澎湃,写成《探求晋商衰败之谜》,发表于《读书》杂志。从此之后,开始研究晋商和其他商帮。

如果大家对晋商还有兴趣,我介绍一本我写的《游山西 话晋商》(北京大学出版社,2015年)。这是一本非虚构的作品,兼顾了学术性、通俗性和趣味性。这本书的初版是《小民话晋商》(北京大学出版社,2007年)。在市场上颇受欢迎。2015年增加了"游"的一些内容,进行了修改、补充,出了新版,改名《游山西 话晋商》。

三

如果说晋商代表了中国商帮中保守封闭的一面,那么广东的粤商就代表了中国商帮中开放的一面。我们读过了讲晋商的《白银谷》,就再读一部介绍粤商的小说。这部小说是祝春亭、辛磊合写的《大清商埠》(第一卷 《草莽晨曦》,第二卷 《中天惊雷》,第三卷 《残阳如血》,花城出版社,2008年)。

这部小说的作者之一祝春亭先生是华东师范大学教授,长期在广东考察研究粤港商业史,是粤商研究专家。另一位作者辛磊先生是记者。他们俩合作既保证了书的历史真实性,又能在文风上通俗、有趣而生动。这就使这部小说既有历史真实性,又有可读性。

这部小说以潘振承为中心来展开粤商的丰富多彩画卷。潘振承是历史上的真实人物,曾任粤商十三行行首。第一卷写他及粤商的兴起,第二卷写他的辉煌时期,第三卷写他的没落。不过他的没落并不是粤商的没落。他之后,他的账房伍国莹另立门户,成立作为十三行成员的怡和洋行,伍国莹的儿子伍秉鉴出任过十三行行首,粤商仍然在发展,并再创辉煌。2020年《华尔街日报》评选千年50名富人时,伍秉鉴入选,而且是中国入选的6人中唯一的商人。鸦片战争后,粤商才整体衰亡。

潘振承是福建人。他出身贫穷，但有一种敢冒险的拼搏精神。他少年时做过船工，年轻时三渡吕宋贩卖茶叶，经历艰险，九死一生，后来到广州经商。广州自西汉之后就成为重要的对外贸易口岸，早在明代就出现了作为中外贸易中介的牙行。清政府对外锁国，但又需要与洋人进行朝贡贸易。康熙二十五年（1686年），广东省政府招募了十三家有实力的行商，指定他们代表朝廷接受各国贡品，并从事对外贸易，代表朝廷征收关税，这就是十三行的来由。以后行商有进有出，并不一定为十三家，但仍称为十三行。乾隆二十二年（1757年），乾隆皇帝决定关闭泉州、宁波和云台山（今连云港）三个口岸，只保留广州作为唯一的通商口岸，十三行为仅有的对外贸易商。乾隆三十五年（1770年），两广总督李侍尧为强化对十三行的管理，接受潘振承的建议，奏报朝廷批准后设立十三行公行，潘振承在陈焘洋之后出任公行总商，即一般说的十三行行首。这就是潘振承成为举足轻重的粤商首领的开始。第一卷的重点在潘振承担任行首之后。

潘振承生活在"康乾盛世"。中国文化中自古就有"夷夏之分"，以为自己是世界的中心，其他各国都是"蕞尔小国"。同时，表面繁华的"康乾盛世"又助长了这种夜郎自大的心态。小说中，十三行的公堂上挂着一幅名为"皇朝山海万国朝贡图"的世界地图。在这个世界地图中，大清国位于世界中心，版图几乎占了世界的一半。四周稀疏地点缀着若干藩夷小国，如英吉利、红毛国（荷兰）等。当英国人企图通过当时十三行行首陈焘洋送给皇帝一个地球仪，以改变中国人错误的观念时，却触犯了龙颜。乾隆皇帝盛怒之下，还引出一起冤案。陈焘洋差点儿被满门抄斩，他的儿子陈寿山冤死狱中。

这种主流意识形态就导致了排外的外交政策。在对外贸易方面，清政府自认为，华夏地大物博，无一物求于洋人。外国人来进行朝贡，是向天朝敬奉自己的宝物，以表示自己的臣服。皇帝开恩允许他们进行贸易，这就是朝贡贸易。十三行的世界地图两边的对联"四海连天万国恭顺觐朝贡，九州动地皇恩浩荡赐贸易"，正是这种朝贡贸易所反映出的唯我独尊思想的写照。

当然，皇帝也需要这种朝贡贸易。一来可以显示大清王朝"四海来朝，八方来仪"的气势，表明各藩夷对天朝的臣服，满足君臣的虚荣心和大度，所以回赠的物品价值远高于朝贡的价值。二来可以满足王公贵族对异国珍品，如珍宝、钟表等的需求。三来还可以把贸易带来的关税和其他收入作为"天子南库"，供皇帝享用。

政府不仅要保持朝贡贸易，还有许多事不得不与外国人打交道。但政府官员又极不愿意与"未开化"的洋人直接打交道。所以，十三行的行商不仅要作为官商，接待外国商船，接受贡品，从事对外贸易，还要承办海关事务征收关税，按政府法令约束、教化外商，监督外商的活动，还要作为中介传达中外之间的一切交涉。这样行商就有了两重身份，既是商，又是官。他们都有花钱买来或皇帝赐予的名义官职。潘振承和以后的伍秉鉴都是三品大员。但他们本质上仍然是商人，无非是有皇帝授权的垄断商人。

从经商的角度看，由于广州一口通商，且只有十三行的行商才能进行，所以实际上他们垄断了对外贸易。外商要买茶叶、瓷器，必须通过他们；要把运来的洋货卖到中国，也只有通过他们。十三行有了对外贸易垄断权就可以抬高出口商品价格，压低进口商品价格，获利甚丰。潘振承和以后的伍秉鉴都富可敌国，生活奢侈，在广州城南建有豪华别墅（可惜现已被毁）。

但十三行并不是免费得到这种垄断权的。他们要向皇帝和王公大臣进贡、交钱，而且这些人是贪得无厌的。行商们受这种盘剥，苦不堪言。小说中描写了十三行行商，包括行首，如何饱受这种盘剥之苦，有不少行商甚至破产。台湾学者陈国栋先生根据官方档案统计，在潘振承之后的1773—1835年，不包括贡品，仅十三行行商"主动报效"或"捐输"就达白银五百多万两。但这仅仅是其中一部分。另一种代价是连坐制。清政府为了在洋人面前"保面子"而规定，外商欠行商的债务，政府不管，但行商欠外商的，一定要偿还。欠债者破产了，其他行商共同承担。外商欠政府的税款则由担保行承担。十三行公行对外商要承担无限责任。这被称为十三行的"保商制度"。

粤商就是在洋人与政府的夹缝中生存与受气。潘振承的孙子潘正亨说过,"宁为一只狗,不为行商首"。他坚决不出任行首。伍秉鉴也屡次要求捐出大部分家产而不当行首,也未获批准。两头受气,又两头受惠,了解这一点是理解粤商的关键。

潘振承作为陈焘洋之后的行首要面对行商与洋商的争执,行商与政府的冲突,行商之间的矛盾。尤其是十三行内,行商为争当行首,争当外商的保商而争斗,甚至到了不择手段、厚颜无耻的程度。小说中严济舟先与陈焘洋斗,后与潘振承斗,整整斗了一生,手段之卑劣匪夷所思。

在这样的局面下,潘振承八面玲珑,灵活变通。他对洋商以礼相待,与之保持良好的关系。以夷为友,师夷之长。对政府既要逢迎,又要阳奉阴违,巧妙斗争。对行商之间的争斗,既不是无原则地一味让步,又要以和稀泥的功夫调和。他的一生的确不平凡,也不容易。他去世后,东印度公司赞扬他:"确实是一位有大才的人,非常善于处事,但当他自己的利益或安全受到动摇而陷于困难时,他终究有能力将其解除,同时他是善于玩弄权术的。"

特别应该指出,粤商在对外贸易中接受了许多西方的理念,是开放的。潘振承暗中在瑞典投资,设立上海外贸公司,并瞒天过海地拥有数艘他为大股东的商船。以后的伍秉鉴也在美国投资铁路、房地产和股市,并有过移居美国的想法。鸦片战争后粤商作为一个商帮整体衰亡了,但许多粤商携带资本进入上海,成为第一代买办,也成为洋务运动的骨干。

如果大家对粤商有兴趣,我再推荐两本书。一本是杨黎光先生的《大国商帮:粤商发展史辩》(广东人民出版社,2016年);另一本是研究十三行的权威梁嘉彬先生的《广东十三行考》(广东人民出版社,1999年)。这两本书既可以加深对粤商的了解,也有助于了解《大清商埠》的背景。